GEOFROY TORY.

AUTRES OUVRAGES DE M. AUG. BERNARD

RELATIFS A L'IMPRIMERIE

NOTICE HISTORIQUE SUR L'IMPRIMERIE NATIONALE. 1 vol. gr. in-32. Paris, 1848.

DE L'ORIGINE ET DES DÉBUTS DE L'IMPRIMERIE EN EUROPE. 2 vol. in-8°, avec planches. Paris, 1853.

LES ESTIENNE ET LES TYPES GRECS DE FRANÇOIS Ier, complément des Annales stéphaniennes, renfermant l'histoire complète des types royaux, enrichie d'un spécimen de ces caractères et suivie d'une notice historique sur les premières impressions grecques. In-8°. Paris, 1856.

ARCHÉOLOGIE TYPOGRAPHIQUE. Recueil in-8° destiné à réunir quelques dissertations sur l'imprimerie trop peu considérables pour former volume, mais complétement distinctes par le titre et les folios ; la 1re livraison est intitulée :

VOYAGES TYPOGRAPHICO-ARCHÉOLOGIQUES EN ALLEMAGNE, EN BELGIQUE, EN HOLLANDE, EN ANGLETERRE, etc. Bruxelles, 1853.

Paris. — Typographie de Firmin Didot frères, fils et Ce, rue Jacob, 56.

GEOFROY TORY,

PEINTRE ET GRAVEUR,

PREMIER IMPRIMEUR ROYAL,

RÉFORMATEUR

DE L'ORTHOGRAPHE ET DE LA TYPOGRAPHIE

SOUS FRANÇOIS Ier;

PAR AUG. BERNARD.

PARIS,

EDWIN TROSS, LIBRAIRE,

28, RUE DES BONS-ENFANTS

(MAISON SILVESTRE).

1857

Droits de traduction et de reproduction réservés.

A MONSIEUR

AMBROISE FIRMIN DIDOT.

Monsieur,

Désirant associer, comme vous me l'avez dit, le présent au passé, vous avez bien voulu vous charger des frais d'impression de ce travail, consacré à faire connaître l'un de vos illustres prédécesseurs, celui qui a ouvert la liste des imprimeurs royaux, que vous avez close : mon livre vous appartient donc à ce titre ; mais il vous appartient à un autre titre encore ; car il a été écrit par un ancien ouvrier de votre maison, qui se rappelle avec plaisir le temps, déjà bien éloigné, qu'il a passé dans vos ateliers. A peine débarqué à Paris, tout frais éclos de l'imprimerie de mon père, je désirai travailler chez vous pour me perfectionner dans l'art typographique, et je m'y trouvais en 1830, lorsque la charge d'Imprimeur du Roi s'est éteinte en vos mains. Il y a vingt-six ans de cela; mais je ne l'ai pas oublié; et je me rappelle bien aussi la grande et placide figure de votre père, qui nous adressa une proclamation pleine de bons conseils à l'occasion du bris de machines exécuté par quelques ouvriers égarés.

Veuillez donc agréer, Monsieur, la dédicace de ce nouvel ouvrage, destiné à illustrer notre chère typographie.

Votre très-humble serviteur,

AUG. BERNARD.

Paris, le 10 avril 1856.

AVANT-PROPOS.

—

La première moitié du seizième siècle fut pour l'imprimerie (comme pour tous les autres arts) une époque de rénovation, non pas sous le rapport des procédés d'exécution, qui restèrent à peu près les mêmes qu'au quinzième, mais sous le rapport de la forme des livres, qui fut entièrement modifiée. Les dispositions typographiques, l'aspect des caractères et des ornements, et jusqu'à la couverture, tout fut changé presque à la fois, ou du moins en fort peu d'années. L'imprimerie abandonna alors l'imitation servile des manuscrits, qui lui avaient servi d'abord de modèles, et adopta des règles particulières, mieux appropriées à son mode d'exécution. Ainsi elle relégua toutes les notes au bas des pages, en les distinguant par des renvois, au lieu de les placer autour du texte, comme cela s'était fait jusque-là, au prix d'un travail immense, sans profit pour le lecteur; elle renonça aussi à l'usage des *capitales* [1] rouges, qui, doublant la besogne, rendaient les livres si chers, et remplaça ces capitales par des lettres *fleuries*, tout aussi distinctes, mais composées et tirées avec le texte. Ce genre d'ornement, si favorable à l'art, se développa rapidement, et s'étendit bientôt des lettres aux sujets, qui s'introduisirent en plus grand nombre dans les livres. Sous l'impulsion générale de la Renaissance, la gravure se transforma : au lieu de ces bois grossiers, dans le genre dit criblé, où le fond était noir et le dessin taillé en blanc comme à l'emporte-pièce, on vit paraître la gravure en relief, telle que nous l'avons aujourd'hui, perfectionnée, mais identique de forme. Une révolution analogue s'opéra dans les caractères : les lettres gothiques ou semi-gothiques qui avaient été employées jusque-là furent rempla-

---

[1] Ce nom, qu'on emploie aujourd'hui *abusivement* dans la typographie pour désigner toutes les majuscules, n'était jadis donné qu'aux lettres initiales des *chapitres*. C'est dans ce sens que Schoiffer disait, en 1457, que son Psautier était « venustate capitalium distinctus; » c'est dans ce sens encore que Chevillier a écrit, dans son *Histoire de l'Imprimerie*, p. 32, que les livres des premiers imprimeurs de Paris n'avaient point de *capitales*, les initiales des chapitres ayant été laissées en blanc pour être faites par les enlumineurs. M. Crapelet, prenant ce mot dans le sens actuel, en a conclu à tort que les livres de Gering et de ses associés étaient sans majuscules ; il attribue par suite l'introduction des lettres romaines à Paris à Josse Bade, au seizième siècle, ce qui est tout à fait inexact.

cées par des caractères romains d'une disposition nouvelle, empruntée aux monuments de l'antiquité (étudiés alors avec amour), et qui s'est perpétuée jusqu'à la Révolution. Enfin la couverture des livres subit également une transformation amenée par la force des choses : aux rouleaux, en usage chez les anciens, avaient succédé au moyen âge les volumes reliés, d'une forme plus commode pour la lecture; ces volumes, toujours en petit nombre chez ceux qui avaient le bonheur d'en posséder, étant destinés à être rangés sur les rayons des bibliothèques de manière à présenter l'un des *plats* à l'œil du visiteur, reçurent d'abord des ornements nombreux et divers sur ce côté de la reliure, afin qu'on pût les distinguer. Plus tard, on supprima ces ornements pour y substituer le titre du livre en grosses lettres noires ou gaufrées ; mais l'invention de l'imprimerie fit bientôt abandonner cette disposition. L'abondance des livres ne permettant plus de leur consacrer autant de place, on les rangea côte à côte sur les rayons, en ayant soin d'imprimer en lettres d'or, pour qu'il soit plus lisible, le titre du livre sur le dos, qui seul fut dès lors en vue. Cette circonstance força de supprimer dans la reliure les ornements en bosse, surtout ceux en pierres précieuses ou en métal, qui auraient déchiré les volumes voisins. La reliure en cuir devint alors d'un usage général ; on conserva encore pendant quelque temps les gaufrages sur les plats, mais ils furent aussi remplacés au seizième siècle par les dorures à filet, et la transformation fut complète.

L'homme qui contribua le plus à la triple évolution dont je viens de parler est Geofroy Tory, à peine connu aujourd'hui, malgré tous ses mérites, et quoiqu'il ait reçu en 1530, comme récompense de ses travaux, le titre d'Imprimeur du Roi, que François Ier n'avait encore accordé à personne. Je dis que Tory est à peine connu ; en effet, pour lui c'est ne pas l'être que de ne l'être, comme il l'est, qu'en qualité de libraire. Quelques érudits savent bien qu'il fut imprimeur; mais le fait est si peu certain que son biographe l'a nié [1]. Quant à son plus beau titre de gloire, celui de graveur, tout le monde l'ignore, et pourtant on doit à Tory la rénovation de la gravure en France. Historien de la typographie [2], j'ai pensé qu'il m'appartenait de signaler d'une façon particulière un des plus beaux fleurons de sa couronne. Tel est l'objet du travail qu'on va lire, et dans lequel on trouvera aussi, à l'occasion de l'honneur fait à Tory par François Ier,

---

[1] *Biographie universelle,* article *Tory,* par M. Weiss, bibliothécaire de la ville de Besançon.

[2] Voyez mon livre intitulé : *De l'Origine et des Débuts de l'Imprimerie en Europe.* 2 vol. in-8°, 1853.

quelques renseignements sur les premiers imprimeurs royaux, et une liste de ces officiers depuis leur origine jusqu'à leur extinction en 1830. François 1er doit, en effet, être considéré comme le créateur de l'office d'imprimeur du roi, car avant lui on ne trouve qu'un typographe qui ait porté ce titre, sans le transmettre à personne, tandis qu'à partir de François Ier la série des imprimeurs du roi ne fut plus interrompue. La nomination de Pierre le Rouge, auquel on voit prendre ce titre en 1488 [1], peut être un fait honorable pour Charles VIII, mais il fut sans conséquence. La gloire d'avoir fait de l'emploi si éminemment littéraire d'imprimeur du roi une charge permanente revient donc de droit et tout naturellement au prince qu'on a surnommé le *Père des lettres*. Ce prince ne se contenta pas, en effet, comme on le verra plus loin, d'un seul imprimeur : il en eut plusieurs à la fois, avec des

---

[1] Pierre le Rouge prend le titre d'imprimeur du roi dans la souscription de la *Mer des Histoires,* en 2 vol. in-fol., achevée en février 1488 (1489 nouveau style), où on lit : « Imprimee par maistre Pierre le Rouge, libraire et imprimeur du Roy ; » mais il ne l'a pris qu'une fois, et je crois que c'est par suite d'une erreur typographique, car il semble n'avoir été que *libraire du roi :* c'est du moins le titre qu'il prend sur les *Heures* publiées par lui en 1491. (Voyez le *Manuel du Libraire*, t. IV, p. 799.) Il se pourrait cependant que Pierre le Rouge eût pris justement le titre d'*Imprimeur du Roi ;* mais cela ne prouverait pas qu'il eût reçu des lettres patentes royales, comme cela eut lieu pour les autres imprimeurs royaux, ainsi que nous le verrons plus loin.

fonctions distinctes, et donna immédiatement des successeurs à ceux qui se retirèrent ou moururent de son vivant.

Mais, je le répète, le point capital de mon travail est de faire connaître Tory comme l'un des plus habiles graveurs que nous ayons eus. Sans doute je ne pouvais oublier en lui l'éditeur érudit de la *Cosmographie du pape Pie II,* de l'*Itinéraire d'Antonin,* etc.; le libraire de goût qui a publié les *Heures* de 1525, 1527, etc.; l'imprimeur élégant du *Sacre de la reine Éléonore;* le philologue distingué du *Champ fleury,* auquel on doit, comme nous le verrons, l'invention des signes orthographiques particuliers à la langue française [1], et peut-être aussi l'ordonnance de 1539, qui a chassé le latin du palais, son dernier refuge; mais ce qui en Tory m'a surtout captivé, c'est son rôle de graveur. Là il fut sans prédécesseur et sans émule, car ceux qu'on pourrait vouloir lui donner pour tels ne purent être que ses élèves. Jean Duvet seul a le droit de repousser cette qualification; mais, s'il fut le contemporain de Tory, il ne fut pas son maître, car celui-ci était allé s'initier à l'art aux sources mêmes, en Italie, avant que Duvet eût rien produit. Quant à Jean Cousin, à de Laulne, à du Cerceau, à Léo-

---

[1] Tory tenta aussi une réforme orthographique dans le latin, mais elle était moins heureuse, et ne réussit pas. Voyez p. 211.

nard Gauthier, etc., ils ne vinrent qu'après Tory, et ne purent être que ses élèves, comme Claude Garamond, Pierre Woeriot, Nicolas Chesneau, etc. L'honneur d'avoir renové la gravure en France appartient à Tory seul, à cheval sur deux siècles, le quinzième et le seizième, et dont quelques pièces sont même encore toutes gothiques. C'est, du reste, ce que j'espère démontrer dans la seconde partie de mon travail, après avoir dans la première raconté les faits généraux de la vie de notre artiste, où l'on verra se produire également une révolution au point de vue philologique ; car Tory fut entièrement adonné aux langues classiques avant de devenir un des plus vigoureux champions de la langue française.

Pour bien faire sentir l'importance de la réforme orthographique opérée par Tory, j'ai suivi exactement dans mon livre, pour les citations d'ouvrages anciens, l'orthographe du temps. Je ne m'en suis écarté qu'en un seul point, relativement à la lettre *u*, qui avait alors deux formes distinctes, l'une initiale (v), l'autre médiale (u), mais avec la même valeur grammaticale ; car ce n'est qu'au dix-septième siècle qu'on a attribué d'une manière exclusive à l'*u* consonne, comme on disait, la forme *v*, et à l'*u* voyelle la forme *u*. Ne pouvant me décider à écrire, par exemple, *vng* pour *un*, *vniuers* pour *univers,* ce qui aurait dérouté plus d'un lecteur, j'ai cru devoir adopter pour ce seul cas la méthode actuelle, beaucoup plus rationnelle, et que Tory aurait sans doute aussi réalisée si elle lui fût venue à l'esprit. C'est un anachronisme, à la vérité, mais il est sans conséquence dès qu'on est prévenu. J'ai cru aussi pouvoir, à l'occasion, corriger, sans les signaler au lecteur, les fautes d'impression qui se trouvaient dans les textes cités.

Je ne terminerai pas sans remercier publiquement les personnes qui ont bien voulu m'aider dans mes investigations sur Tory. J'ai eu occasion de les nommer déjà dans le cours de mon travail; mais cela ne me suffit pas : je les prie d'agréer ici l'assurance de ma gratitude. Il en est deux surtout que je tiens à remercier d'une manière toute spéciale, car elles ont considérablement accru mon contingent de documents : ce sont MM. Achille Devéria et Olivier Barbier, de la Bibliothèque nationale; c'est grâce à leurs bienveillantes communications que le catalogue des œuvres artistiques de Tory doit de n'être pas trop incomplet.

Je ne me fais pas illusion néanmoins sur l'imperfection de mon livre : il doit s'y trouver bien des omissions, par suite de la nouveauté du sujet; aussi n'hésité-je pas à faire un appel à ceux qui s'intéressent à ces sortes de travaux, pour qu'ils veuillent bien me signaler les monuments qui m'auraient échappé. Ces communications pourraient faire l'objet d'un supplément à ma notice : Geofroy Tory mérite bien cela !

DIVISION DE L'OUVRAGE.

Première partie. — Biographie de Tory........................... 1
Deuxième partie. — Tory peintre et graveur..................... 85
Post-scriptum... 204
Appendice... 207
    I. Additions à la biographie de Tory......................... 209
    II. Note sur la famille de Geofroy Tory...................... 213
    III. Extrait du privilége accordé par François Ier à Geofroy Tory le 29 septembre 1524, et imprimé en tête des *Heures* de 1524-1525... 217
    IV. Extrait du privilége accordé par François Ier à Geofroy Tory le 5 septembre 1526, et imprimé en tête des *Heures* in-8° de 1527 et du *Champ fleury* de 1529......................... 218
    V. Vers en l'honneur de Geofroy Tory, imprimés en tête de la *Grammaire* de Palsgrave..................................... 220
    VI. Traduction des lettres patentes de François Ier, qui nomment Conrad Néobar imprimeur du roi pour le grec............. 223
    VII. Quittance des gages de libraire du roi, montant à 240 livres tournois, donnée par Claude Chappuis......................... 228
    VIII. Extrait des lettres patentes de François Ier qui nomment Denis Janot imprimeur du roi................................ 229
    IX. Liste des imprimeurs du roi qui ont exercé à Paris depuis l'institution de cette charge jusqu'à son extinction......... 230
Table... 237

GEOFROY TORY,

PEINTRE ET GRAVEUR,

PREMIER IMPRIMEUR ROYAL,

RÉFORMATEUR

DE L'ORTHOGRAPHE ET DE LA TYPOGRAPHIE.

PREMIÈRE PARTIE.

BIOGRAPHIE DE TORY.

Moins de vingt ans après l'introduction de l'imprimerie à Paris, naissait à Bourges un pauvre enfant du peuple destiné à donner à la typographie française une vigoureuse impulsion artistique, ou, pour mieux dire, à y opérer une véritable révolution. Geofroy Tory [1]

---

[1] J'écris ces deux noms comme notre artiste les écrivait lui-même; mais on sait qu'au seizième siècle l'orthographe des noms propres était fort incertaine. Pour ce qui est du nom de famille en particulier, les ascendants et les descendants de Geofroy l'écrivaient indifféremment *Toury, Tory, Thory*; mais Geofroy n'a jamais varié : il a constamment écrit *Tory* en français, *Torinus* en latin (ce qui, à la rigueur, devrait se rendre par *Torin*). Voyez, au reste, sur ce sujet, la deuxième pièce de l'Appendice.

naquit dans la capitale du Berry vers l'année 1485, de petits et humbles parents, comme il nous l'apprend lui-même [1]. Tout semble démontrer en effet qu'il vit le jour dans le faubourg de Saint-Privé, habité encore aujourd'hui par de simples vignerons [2]. Comment, dans cette situation infime, a-t-il pu acquérir le degré d'instruction qu'il montra depuis? C'est ce qu'il est difficile de dire. Toutefois, il convient de se rappeler que Bourges était alors une ville métropolitaine et universitaire, où se trouvaient plusieurs écoles ecclésiastiques et laïques. On peut penser que, protégé de bonne heure pour son heureux naturel et son intelligence, il fut admis dans les écoles capitulaires, où il apprit les premiers éléments de la grammaire, et se perfectionna ensuite en suivant les cours de l'université. Nous lui verrons bientôt dédier les prémices de ses travaux intellectuels à un chanoine de l'église métropolitaine de Bourges qui fut sans doute son Mécène (voy. à l'Appendice, n° 1).

Quoi qu'il en soit, Tory alla achever son éducation littéraire en Italie, où il se rendit dans les premières années du seizième siècle. Il s'arrêta particulièrement à Rome, dont il fréquenta surtout le fameux collége appelé la Sapience [3], et à Bologne, où il suivit les cours du célèbre Philippe Béroal [4], mort en 1505.

---

[1] *Champ fleury*, fol. 1 v° : « Combien que ie soye de petitz et humbles parens, et aussi que ie soye pouvre de biens caduques... »
[2] Voy. l'Appendice, pièce n° 2.
[3] Il en parle à chaque page du *Champ fleury*.
[4] *Champ fleury*, fol. 49 v°.

Tory revint en France un peu avant cet événement, et fixa son domicile à Paris, qu'il aima toujours depuis comme sa ville natale [1]. Il fut admis peu de temps après, à titre de régent, autrement dit professeur, au collége du Plessis, où il commença sa carrière littéraire.

Le premier travail que nous connaissions de lui est un livre imprimé par Henri Estienne [2], et dont la dédicace, adressée par Tory à Germain de Gannay, chanoine de l'église métropolitaine de Bourges, récemment nommé évêque de Cahors [3] par le roi Louis XII, est datée du collége du Plessis, le 6 des nones d'octobre [4] 1509. C'est l'ouvrage bien connu du pape Pie II, intitulé : *Cosmographia Pii papæ*. L'édition de Tory (la troisième suivant lui) forme quarante et une feuilles d'impression in-4°, et est accompagnée d'une carte du vieux monde. L'avis au

---

[1] Voyez l'éloge qu'il en fait dans son *Champ fleury*, fol. 6 r°.

[2] Bibliothèque Mazarine, C, 16150, 4°.

[3] Germain de Gannay, Ganaye, ou Gannaye, fils de Nicolas et frère de Jean, chancelier de France, était devenu conseiller au parlement de Paris, sur la résignation de Jean Jouvenel des Ursins, par lettres de 1485; nommé évêque de Cahors par lettres du roi données à Vienne le 14 août 1509, en opposition à Guy de Châteauneuf, choisi par l'élection, mais qui lui céda ses droits, il fut reçu le 4 mai 1511. En 1512, il hérita des biens de son frère le chancelier, et fit hommage de la seigneurie de Persan le 18 juin. Il passa à l'évêché d'Orléans en 1514, et mourut en 1520.

[4] C'est-à-dire le 2 octobre. L'ouvrage fut achevé le 6 des ides, c'est-à-dire le 10 du même mois. L'épitre dédicatoire placée au verso du titre porte cette suscription : « Reverendissimo in Christo patri et domino D. Germano Gannaio, Cathursensium episcopo designato, Godofredus Torinus Bituricus salutem dicit humilimam. »

lecteur, également de Tory, est terminé en forme de signature par le mot CIVIS, sous-entendu sans doute *Bituricensis*. Il est vraiment curieux de voir, trois siècles avant J. J. Rousseau, un homme justement fier de sa science, qu'il ne devait qu'à lui-même, se parer de ce titre de citoyen, en si grand honneur jadis dans les villes municipales, et particulièrement à Bourges (le vieil *Avaricum* de César), dont Tory ne manque jamais d'ajouter le nom au sien propre : *Geofroy Tory de Bourges.*

L'année suivante, Tory fit imprimer une édition des *Institutiones* de Quintilien, soigneusement revues par lui sur plusieurs manuscrits. Ce travail avait été entrepris à la demande de Jean Rousselet, seigneur de la Part-Dieu, près de Lyon, et l'un des aïeux du maréchal de France Château-Regnaud [1]. Ce Rousselet, mort en 1520, était issu d'une des riches familles lombardes établies à Lyon depuis quelque temps, et qui faisaient, comme on voit, un noble usage de leur fortune. Son véritable nom était *Ruccelli*. Il avait épousé une dame de Bourges, Jeanne Lallemant, fille de Jean Lallemant, seigneur de Marmagne, un des amis d'école de Tory, que j'aurai occasion de nommer plus loin. C'est sans doute ce qui avait mis ce dernier en rapport avec Rousselet. Voici la lettre d'envoi qui précède le livre; elle est datée du collége du Plessis, le 27 février (1510?) :

---

[1] Né en 1637, mort en 1716.

Godofredus Torinus Bituricus Joanni Rosselletto, literarum amantissimo, S. D. P. [1]

Egregiam de te spem, Joannes ornatissime, tuis et cognatis et patriæ, non solum moribus imo et benefactis, te velle nobiliter ostendere, nunquam (opinor) tu prætermittes neque desistes. Quo tu Reipubl. vel consilio prodesses, curasti ut per me Quintilianus emendatior caracteribus et impressioni daretur bellissime. Multis exemplariis diligenter collatis, unum (mendis pene innumerabilibus deletis), castigatissimum, non pigra manu feci; ipsum, ut jussisti, a Parrhisiis Lugdunum misi. Utinam et qui impriment novos non superinducant errores. Vale, et me ama.

Parrhisiis, apud collegium Plesseiacum, tertio calendas Martias.

Ce livre, qui forme un gros volume in-8° sans pagination, en caractères italiques, et où on voit figurer du grec assez beau avec accents, fut achevé le 7 des calendes de juillet (c'est-à-dire le 25 juin) 1510. Le nom de l'imprimeur ne paraît nulle part, et le lieu d'impression (Lyon) n'est indiqué que dans la lettre de Tory [2].

La même année, Tory publia un petit volume de *mélanges*, sous ce titre : « Valerii Probi grammatici de interpretandis Romanorum literis opusculum, cum aliis quibusdam scitu dignissimis. » L'ouvrage, mis en vente chez les frères Enguilbert, Jean et Geofroy de Marnef, alors tous trois fixés à Paris, fut probablement imprimé par Gilles de Gourmont, car on y voit figurer son caractère grec sans accents [3]. Ce volume,

---

[1] Salutem dat perpetuum.

[2] Ce livre se trouve à la bibliothèque Sainte-Geneviève (X, 554).

[3] Voyez ce que j'ai dit de ce caractère dans la *Notice sur les premières impressions grecques*, à la suite de mon travail sur les Estienne.

qui forme douze feuilles in-8°, renferme deux gravures en bois (la marque des libraires sur le titre, et un peu plus loin un portique romain). On trouve aussi quelques petites figures gravées sur métal dans une des pièces. L'épître dédicatoire, datée du collége du Plessis, le 6 des ides (le 10 du mois) de mai 1510, et adressée par Tory à deux de ses compatriotes, qui avaient sans doute été ses condisciples, est signée de sa devise, le mot CIVIS. Voici le début de cette dédicace : « Godofredus Torinus Bituricus ornatissimos Philibertum Baboum et Joannem Alemanum juniorem, cives Bituricos, pari inter se amicitia conjunctissimos, salutat. » Philibert Babou et Jean Lallemant étaient alors deux personnages importants de Bourges : l'un était secrétaire et argentier du roi ; l'autre, maire de la ville. On voit que Tory s'était créé de belles relations dans son pays natal, malgré son origine plus que modeste. Au milieu d'extraits d'auteurs anciens, Tory a intercalé dans ce livre [1] plusieurs pièces de vers de sa composition. En voici une qui donnera l'idée de ses goûts littéraires :

Dialogus per Godofredum Torinum, in quo urbs Biturica, sub loquente persona, describitur.

Interlocutores Monitor et Urbs.

MONITOR. Urbs, tibi quod nomen ?
BITURICA.   · Biturix.
MON.   Tu dic age quodnam
Hæc sibi quæ video tecta superba volunt ?

---

[1] Bibl. Mazarine, C. 33678.

Bit.	Templa, domos, turres, divina palatia spectas.
Mon.	Hercle suis cœlos molibus exuperant.
	Hæc quæ templa, precor?
Bit.	Stephani protomartiris, ipsa
	Quæ Triviæ excedunt marmora celsa deæ.
Mon.	Quæ domus illa rubris excellens cordibus una,
	Memnonis anne ipsa est ædificata manu?
Bit.	Hanc Jacobus homo Cordatus [1] condidit olim,
	Dives opum; nobis quem abstulit invidia.
Mon.	Arcibus hæc Phariis quæ major cernitur, heus tu
	Quæ turris? miror cum satis aspicio.
Bit.	Celtarum populos regeret cum maximus ille
	Ambigatus, quondam condita tanta fuit.
Mon.	Dic ea dic palatia, sunt Capitolia nunquid
	Aurea? Responde, quid retices, Biturix?
	Non loqueris facili quæ (lisez quo) jam sermone loquuta es
	Hic mihi vis fieri quod fuit Harpocrates?
Bit.	Non, ea sed tanta (videas) sunt arte probanda,
	Talia quod totus non tulit orbis adhuc.
Mon.	Terra quid hæc tanto quæ se distendit hiatu?
Bit.	Est ubi turris erat constituenda mihi.
Mon.	Altera nonne tibi quanta est hæc?
Bit.	Altera tanta.
	Turribus a binis inde vocor Biturix.
Mon.	Nomine quo fertur nostro hoc sub tempore?
Bit.	Fossam
	Vulgus arenarum dictitat et vocitat.
Mon.	Quis tibi, quis fluvius memorandus?
Bit.	Avaricum.
Mon.	An ille est
	Quem memorat Cæsar Gallica bella notans?
Bit.	Ille est.
Mon.	Sunt alii?
Bit.	Duo sunt: sunt Ultrio et ipsa
	Innumeris pregnans Hebrya pisciculis.
Mon.	Quæ tibi sunt dotes?
Bit.	Omnis veneranda facultas
	Est mihi quæ nummos cudit et aula novos.

---

[1] Jacques Cœur. Sa maison sert aujourd'hui d'hôtel de ville.

Mon. Nil aliud quicquam est?
Bit.   Aquitania primam
    Me vocat, et leges accipit ipsa meas.
Mon. Numina quæ tecum?
Bit.   Sunt Juno, Juppiter et Pan,
    Vesta, Diana, Ceres, Liber et ipse pater.

M. Weiss, dans son article de la *Biographie universelle*, attribue à Tory une édition du Recueil des Histoires d'Annius de Viterbe, de 1511, in-4°. Je n'ai trouvé l'indication de ce livre nulle autre part, et je doute de sa réalité. Je ne connais rien de Tory à la date de 1511; mais cela ne prouve pas qu'il n'ait rien produit cette année, car nous avons la certitude qu'il a publié vers cette époque plusieurs ouvrages qui ne sont pas venus jusqu'à nous. En effet, il nous apprend dans son *Champ fleury* qu'il a « faict imprimer et mis devant les yeulx des bons estudians des *petitz œuvres latins*, tant en *metre* qu'en prose [1]. » Or nous ne connaissons rien de lui en vers avant 1530, si ce n'est ce qu'on voit à la suite du Valère Probus de 1510.

L'absence de toute publication de Tory en 1511 pourrait toutefois s'expliquer par les embarras de sa retraite du collége du Plessis, et de son installation au collége Coqueret, qui paraissent avoir eu lieu cette année, mais sur lesquels je n'ai aucun autre renseignement que la souscription d'un livre publié par lui l'année suivante.

---

[1] *Champ fleury*, fol. 1

En 1512, Tory édita pour Henri Estienne l'*Itinéraire d'Antonin*. C'était le second livre qu'il préparait pour cet imprimeur, chez lequel on dit (à tort, je crois) qu'il exerça l'emploi de correcteur [1]. Quoi qu'il en soit, la dédicace de ce nouveau livre, adressée par Tory à Philibert Babou, est datée du collége Coqueret, le 14 des calendes de septembre (19 août) 1512. Tory dit à Babou qu'il lui avait adressé à Tours, quatre ans auparavant (c'est-à-dire en 1508), une copie de ce livre, mais que la personne chargée de la lui remettre l'avait donnée en son propre nom à quelque autre. Cette fois, pour n'être pas frustré de son travail, il a fait imprimer sa copie, fidèlement revue sur un manuscrit à lui prêté par Christophe de Longueil. C'est un in-16 fort remarquable par son exécution. L'exemplaire en vélin que j'en ai vu à la Bibliothèque nationale sent encore son quinzième siècle. On y voit des vers du Bourguignon Gérard de Vercel en l'honneur de Tory [2], qui prouvent que ce dernier avait déjà une certaine notoriété scientifique et même

---

[1] *Biogr. univ.*, article *Tory*.
[2] Voici ces vers, fort difficiles à déchiffrer dans l'édition de Tory, par suite des abréviations alors en usage :

> Ergo hinc ergo procul manus profanæ
> Vulgi chalcographon inauspicati,
> Impuræque operæ procul facessant,
> Ne interdicto aditu improbaque fronte
> Res spurcetur et inquinetur alma.
> Ne quis nesciat : hoc sacrum est volumen.
> Heu chalcographi mali et miselli
> Nullas ne scholicas quidem aut aniles

bibliographique, car l'auteur l'oppose aux mauvais imprimeurs. Les pièces liminaires, de Geofroy Tory, sont également signées du mot civis, imprimé ici en rouge.

A la fin du volume, ce même mot reparaît dans un monogramme fort curieux, figuré avec les lettres C I V S, ainsi disposées,

ce qui permet de le lire dans tous les sens. On voit

> Nugellas dare formulis periti,
> Quid sanctas male taminatis artes,
> Incestaque manu nomen (*lisez* novem) Sororum
> Funestatis opes laboriosas?
> Quid non promitis ista ab officina,
> Illuc projicier fodique dignum,
> Quo ventris retrimenta deferuntur?
> Ergo hinc ergo procul profani abite;
> Vos o chalcographi mali et miselli.
> Sit dictum satis : hoc sacrum est volumen
> Quod noster Godofredus, ille noster,
> Ille, inquam, Biturix, Pii misertus,
> Lethæa carie eruit sepultum,
> Ductu Longuolii sui atque ope usus.

Le dernier vers se rapporte à Christophe de Longueil, à qui appartenait le manuscrit édité par G. Tory. (Bibl. Sainte-Genev., G. 18.)

déjà percer ici le goût de Tory pour les chiffres et devises, goût auquel il donna plus tard carrière dans son *Champ fleury*.

Peu de temps après, peut-être même à l'ouverture des classes en 1512, Tory entra au collége de Bourgogne comme régent ou professeur de philosophie. Ses cours, qui durèrent plusieurs années, furent fréquentés par un grand nombre d'auditeurs, si l'on s'en rapporte à une épitaphe poétique faite à sa louange, et publiée par la Caille [1]. Tory parle lui-même de ce professorat dans son *Champ fleury* [2]; mais je n'en ai pu trouver aucun monument, ce qui tient sans doute à la nouvelle direction qu'il donna alors à ses facultés, et qui exigea de lui un certain temps de préparation.

Voici ce qui arriva : Tory, dont l'activité était très-grande, ne se restreignant pas à son professorat [3], se mit à apprendre le dessin (probablement sous la direction de son ami Jean Perreal, dont j'au-

---

[1] *Hist. de l'imprimerie*, p. 100 :
Siste, viator, — et jacentes etiam artes colito. — Hic — Godofredus Torinus Bituricus, — ubique litteris librisque clarissimus, — qui — Parisiis multos per annos philosophiam — docuit maximo concursu, — in regio Burgundiæ collegio, — simulque artem exercuit typographicam, — novam tunc ac recentem brevi perpolitam — tamen reddidit. — Quisquis ad studium animum applicas — et inde quæris immortalitatem, — præcipuo cultori prius apprecare. — Amen.

[2] Fol. 49.

[3] Suivant la *Biographie universelle*, Tory se serait fait recevoir libraire en 1512; mais je n'ai aucun indice de ce fait, et il me semble peu probable.

rai occasion de reparler), puis la gravure, pour laquelle il avait un goût particulier. Cet *apprentissage*, joint à sa chaire, car Tory menait de front l'art et la philosophie, comme le dit l'épitaphe citée plus haut (*simulque artem exercuit typographicam* [1]), l'absorbèrent complétement pendant trois ou quatre ans; mais au bout de ce temps, peu satisfait de ses essais de peinture et de gravure, ou trop ardent pour se contenter d'un demi-résultat, il résolut d'aller étudier les formes antiques en Italie même, dont il avait conservé un si bon souvenir, qu'il en parle à chaque instant. En conséquence, il abandonna sa chaire, et se mit en route de nouveau. C'est dans ce voyage qu'il visita plus de « mille fois » le Colisée de Rome [2], qu'il vit l'amphithéâtre d'Orange [3], les monuments anciens du Languedoc [4] et d'autres lieux de France et d'Italie [5], qu'il cite à chaque page de son *Champ fleury* comme ses autorités.

Tory ne donne pas la date précise de ce voyage artistique; mais elle ressort d'un passage de son livre où il nous apprend qu'il a *vu* imprimer le livre des « Épitaphes de l'ancienne Rome » dans cette ville

---

[1] C'est sans doute ce mot qui aura fait croire que Tory avait été libraire en même temps que professeur; mais il est évident que ce mot s'applique aux travaux de gravure de Tory, et non à la librairie ou à l'imprimerie proprement dites, puisque Tory ne devint successivement libraire et imprimeur que plus tard.

[2] *Champ fleury*, fol. 20 v°.

[3] *Ibid.*

[4] *Ibid.*, fol. 19 r°.

[5] *Ibid.*, et ailleurs.

même [1]. Or ce livre des *Épitaphes* ne peut être que le recueil publié par le célèbre imprimeur Mazochi, sous le titre de : *Epigrammata sive inscriptiones antiquæ urbis*, in-folio, daté de 1516, mais précédé d'un privilége du pape de 1517 [2].

L'indication de Tory est doublement précieuse pour nous, car non-seulement elle nous fait connaître l'époque de son second voyage en Italie, mais encore elle nous révèle les goûts typographiques de notre artiste. On voit qu'il étudiait déjà l'imprimerie avec intérêt.

De retour à Paris vers 1518, Tory, qui était sans fortune, dut songer à utiliser ses talents pour vivre. Sa première ressource paraît avoir été la peinture;

---

[1] « On en peut veoir beaucoup dautres exemples au livre des Epitaphes de lancienne Romme, que iay veu imprimer au temps que iestoye en la dicte Romme. » *Champ fleury*, fol. 41. Il parle encore de ce livre au fol. 60 v°. « ... au livre des Epitaphes de lancienne Romme, nagueres imprime en ladicte Romme, ou pour lors iestois habitant. »

[2] Ce livre est le plus ancien recueil d'inscriptions imprimé : malheureusement, au lieu d'être prises sur les monuments originaux, qui existaient encore en si grand nombre à Rome, ces inscriptions furent simplement reproduites d'après un des recueils manuscrits qui se trouvaient dans les bibliothèques, et dont quelques-uns étaient déjà fort anciens. A peine le livre de Mazochi eut-il été publié, qu'on lui signala les erreurs qui s'y étaient glissées. Il essaya de les rectifier dans un supplément qui parut en 1523, mais ses rectifications ne portèrent pas sur toutes les inscriptions qui auraient pu encore être restituées d'après les monuments originaux. Un savant contemporain, dont on ignore le nom, entreprit de continuer ces rectifications sur son exemplaire imprimé, et ses corrections furent reportées sur trois autres exemplaires. Ces corrections donnent aujourd'hui une grande valeur à ces quatre volumes, aux yeux des épigraphistes.

mais, soit qu'il n'ait pas trouvé assez de travail en ce genre, soit qu'il ait jugé plus utile une autre branche de l'art, il se livra ensuite à la gravure, dans laquelle il acquit promptement une certaine réputation.

Tory se fit aussi recevoir libraire vers cette époque, suivant un usage assez général alors parmi les graveurs, usage que leur avaient transmis les miniaturistes leurs prédécesseurs, et qui s'est perpétué jusqu'au dix-huitième siècle [1]. Il était naturel, en effet, que les gens qui ornaient les livres les vendissent, ou, si l'on aime mieux, que ceux qui les vendaient les ornassent. C'était un moyen de gagner davantage. Voulant signaler son début dans la carrière *bibliopolique* d'une manière remarquable, Tory entreprit de graver pour lui-même une série de cadres à l'antique, qu'il destinait à des *Heures*, genre de livres fort lucratif alors, par suite du travail considérable qu'ils exigeaient ; mais cette besogne était longue, et il fut forcé de travailler en attendant pour différents imprimeurs. Un des premiers qui l'employèrent fut Simon de Colines. Devenu imprimeur en 1520, par son mariage avec la veuve de Henri Estienne, Colines fit faire à Tory des marques, des lettres fleuries et des cadres pour les livres qu'il publiait en son nom ; il le chargea même, je crois, de la gravure de ses caractères italiques, dont il fit bientôt usage concurrem-

---

[1] Durant les premiers siècles de l'imprimerie, en France, tous les graveurs ont été en même temps libraires.

ment avec les caractères romains qu'il tenait de son prédécesseur.

Mais l'esprit actif de Tory ne pouvait se contenter d'une seule occupation. Il était patriote avant tout, comme nous l'a prouvé sa devise. Loin donc de se laisser absorber par le souvenir des richesses littéraires et artistiques de l'Italie, il se mit à étudier avec amour les monuments de sa langue maternelle, non-seulement dans les livres imprimés en français, peu nombreux encore, qu'il avait sous la main dans sa librairie, mais encore et surtout dans de beaux manuscrits en parchemin que lui confia son « bon ami frère René Massé, de Vendôme, chroniqueur du roi, » dont il prône fort le mérite [1], parfaitement oublié de nos jours. Or, en étudiant ce français si déprécié par les savants de son temps, Tory y découvrit des beautés de premier ordre, qui ne demandaient qu'un peu de culture pour en faire la première langue du monde. A partir de ce moment, notre Berrichon, classique jusque-là, secoue entièrement le joug du grec et du latin, et ne songe plus qu'au moyen de faire prévaloir le français partout. C'est alors qu'il écrivit ce curieux passage :

« Ien voy qui veulent escripre en grec et en latin, et ne scavent encores pas bien parler francois..... Il me semble, soubz correction, quil seroit plus beau a ung Francois escripre en francois quen autre langage,

---

[1] *Champ fleury*, fol. 4 r°.

tant pour la seurete de son dict langage francois, que pour decorer sa nation et enrichir sa langue domestique, qui est aussi belle et bonne que une autre, quant elle est bien couchee par escript..... Quant je voy ung Francois escripre en grec ou en latin, il me semble que je voy ung masson vetu dhabits de philosophe ou de roy qui veult reciter une farce sus les chaufaux de la Basoche ou en la confrairie de la Trinite, et ne peut assez bien pronuncer, comme aiant la langue trop grace, ne ne peut faire bonne contenence, ne marcher a propos, en tant quil a les pieds et iambes inusites a marcher en philosophe ou en roy..... Qui verroit un Francois vestu de la robe domestique dun Lombard, laquelle est pour le plussouvant longue et estroicte, de toille bleue ou de treillis, ie croy que a paine celluy Francois plaisanteroit a son aise sans la dechiqueter bien tost et luy oster sa vraye forme de robe lombarde, qui nest de costume gueres souvant dechiquetee, car Lombards ne degastent pas souvant leurs biens a outrage. Je laisse toutesfois cela a la bonne discretion des scavans, et ne mempescheray de grec ne de latin que pour alleguer en temps et lieu, ou pour en parler avec ceulx qui ne scauront parler francois [1]. »

Tory avait enfin trouvé sa voie. Il résolut de démontrer la supériorité de sa langue maternelle dans un livre spécial illustré de gravures par lui-même, et

---

[1] *Champ fleury*, fol. 12, r° et v°.

destiné particulièrement aux imprimeurs et aux libraires, en position, eux, de la propager si rapidement à l'aide de leurs moyens d'action. Il nous a raconté dans quelle circonstance lui vint cette pensée généreuse :

« Le [1] matin du jour de la feste aux Rois, » dit-il, « que lon comptoit M.D.XXIII. (1523), me prins a fantasier en mon lict, et mouvoir la roue de ma memoire, pensant a mille petites fantasies, tant serieuses que joyeuses, entre lesquelles me souvint de quelque lettre antique que iavoys nagueres faicte pour la maison de monseigneur le tresorier des guerres, maistre Jehan Groslier, conseiller et secretaire du roy nostre sire, amateur de bonnes lettres et de tous personnages savans, desquelz aussi est tresame et extime tant dela que deca les mons. Et en pensant a icelle lettre attique me vint soudain en memoire ung sentencieux passage du premier livre et huittiesme chapitre des Offices de Cicero, ou est escript : « Non « nobis solum nati sumus, ortusque nostri partem « patria vendicat, partem amici [2]. » Qui est a dire en substance que nous ne sommes pas nez en ce monde seullement pour nous, mais pour faire service et plaisir a noz amys et a nostre pais [3]. »

---

[1] La lettre L qui commence ce passage est une charmante gravure qu'on verra plus loin, p. 34.

[2] Cicéron dit emprunter cette maxime à Platon : « Ut præclare scriptum est a Platone. » (T. XXXII, p. 20, du *Cicéron* de Panckoucke.)

[3] *Champ fleury*, fol. 1 r°.

Telle fut l'origine du *Champ fleury*. Maintenant voici sa composition, telle que l'auteur la donne lui-même en forme de table en tête du livre :

> Ce toutal œuvre est divise en trois livres.
> Au premier livre est contenue lexortation a mettre et ordonner la langue francoise par certaines reigles de parler elegamment en bon et plussain langage françois.
> Au segond est traicte de linvention des lettres attiques et de la conference proportionnalle dicelles au corps et visage naturel de l'homme parfaict. Avec plusieurs belles inventions et moralitez sur lesdittes lettres attiques.
> Au tiers et dernier livre sont deseignees et proportionnees toutes lesdittes lettres attiques selon leur ordre abecedaire en leur haulteur et largeur, chascune a part soy, en y enseignant leur deue facon et requise pronunciation latine et francoise, tant a lantique maniere que a la moderne.
> En deux caietz a la fin sont adioustees treze diverses facons de lettres, cest a scavoir : lettres hebraiques, greques, latines, lettres francoises, et icelles en quatre facons, qui sont cadeaulx, forme, bastarde et torneure. Puis ensuyvant sont les lettres persiennes, arabiques, africaines, turques et tartariennes, qui sont toutes cinq en une mesme figure dalphabet. En apres sont les caldaiques, les goffes, quon dit autrement imperiales et bullatiques, les lettres phantastiques, les utopiques, quon peut dire voluntaires, et finablement les lettres floryes. Avec linstruction et maniere de faire chifres de lettres pour bagues dor, pour tapisseries, vistres, paintures, et autres chouses que bel et bon semblera.

Je ne dirai rien ici du premier livre, dont le mérite a été signalé récemment par M. Génin, plus compétent que moi dans la matière [1], et qui a du même coup disculpé les Français du reproche qu'on leur a fait de s'être laissés devancer par des étrangers dans

---

[1] Voyez son introduction à *Lesclarcissement de la langue françoise* de Palsgrave, et ici même, l'Appendice n° 5.

l'étude intime de leur langue. Je ferai seulement remarquer que Tory écrivait un peu avant Rabelais, qui n'a pas craint de lui emprunter sa critique des *écumeurs de latin*, lesquels altéraient alors la langue française sous prétexte de la perfectionner. Le discours du beau parleur limousin qu'on lit dans *Pantagruel*, livre II, chap. 6, est littéralement copié dans l'épître au lecteur de Tory [1]. Rabelais y a seulement ajouté des vilenies auxquelles n'avait pas songé notre auteur. Celui-ci termine par un appel pathétique à ceux qui s'intéressent à la langue maternelle, dont il ne cesse de préconiser le mérite : « O devotz amateurs de bonnes lettres ! » s'écrie-t-il, « pleust a Dieu que quelque noble cueur semployast a mettre et or-

---

[1] Un des annotateurs de Rabelais (je ne me rappelle plus lequel, mais peu importe son nom) prétend que Tory a voulu critiquer ici l'auteur de *Pantagruel*, qui l'avait représenté dans son roman sous le personnage de *Raminagrobis*. Il n'y a qu'un petit défaut à ce conte, c'est qu'il a contre lui la chronologie : le *Champ fleury* est antérieur de plusieurs années à *Pantagruel*; cela ne s'oppose pas sans doute à ce que Rabelais ait fait figurer Tory dans son roman. Mais sur quoi, je le demande, est fondée cette attribution du personnage de Raminagrobis à Tory ? Sur l'assertion unique de quelqu'un de ces fabricants de notules du dix-septième siècle, qui vivaient des grands auteurs du seizième comme les rats vivent des manuscrits les plus précieux, en les *grignotant*. Quel rapport y a-t-il entre Raminagrobis, chanoine et poëte, que Rabelais fait mourir avant 1546, et Tory, laïque et prosateur, mort dix ans plus tard ? Cela ne rappelle-t-il pas cette fameuse clef de l'*Astrée*, dont j'ai eu occasion de prouver, dans ma monographie des d'Urfé, que pas un mot n'était vrai ? C'est à peu près de la même manière qu'on en a agi pour la *Satire Ménippée*, à laquelle on a donné de nos jours des pères qui seraient bien surpris et peu glorieux de leur œuvre prétendue. Voyez ce que j'ai dit à ce sujet dans la *Revue de la province et de Paris*, du 30 septembre 1842.

donner par reigle nostre langage francois! Ce seroit moyen que maints milliers dhommes se everturoient a souvent user de belles et bonnes paroles. Sil ny est mys et ordonne, on trouvera que de cinquante ans en cinquante ans la langue francoise, pour la plus grande part, sera changée et pervertie [1]. » Ce vœu patriotique fut bientôt exaucé. Le seizième siècle, comme on sait, ne manqua pas de beaux génies qui réglèrent la langue française et la portèrent à un grand degré de perfection. On vit même reparaître des mots très-expressifs dont Tory déplorait l'abandon [2]. Ainsi, *affaissé* et *tourbillonner,* qu'on avait remplacés de son temps par des périphrases, sont revenus; beaucoup d'autres mériteraient le même honneur, et l'auront peut-être un jour.

Le second livre du *Champ fleury* n'est, je crois, qu'un paradoxe; mais ce paradoxe est soutenu avec des raisons si ingénieuses, qu'on ne se sent pas le courage de le condamner. Tory fait dériver toutes les formes des majuscules romaines de la disposition du corps humain, qu'il considère comme le type du beau, et il se sert admirablement de la gravure sur bois pour expliquer sa pensée. Au surplus, si Tory se trompe, il faut reconnaître qu'il ne l'a pas fait à la légère. Je crois même qu'il eut pour complice son ami Perreal, auquel on peut attribuer la majeure partie des dessins sur bois qui figurent dans le deuxième

---

[1] *Champ fleury,* avis au lecteur.
[2] *Ibid.*

livre, à en juger par celui du troisième qui lui est formellement attribué par Tory, comme nous le verrons plus loin. Quoi qu'il en soit, Tory paraît avoir longuement étudié son sujet, non-seulement sur les monuments antiques, mais encore sur les monuments modernes, et dans les auteurs contemporains qui s'étaient occupés de la forme des lettres. Voici de quelle manière il juge ces derniers :

Frere Lucas Paciol, du bourg Sainct Sepulchre, de lordre des freres mineurs et theologien, qui a faict en vulgar italien ung livre intitule, Divina proportione [1], et qui a volu figurer les dictes lettres attiques, nen a point aussi parle ne baille raison ; et ie ne men esbahis point, car iay entendu par aulcuns Italiens quil a desrobe sesdictes lettres, et prinses de feu messire Leonard Vince, qui est trespasse a Amboise, et estoit tresexcellent philosophe et admirable painctre, et quasi un aultre Archimedes. Ce dict frere Lucas a faict imprimer ses lettres attiques comme siennes. De vray, elles peuvent bien estre a luy, car il ne les a pas faictes en leur deue proportion, comme ie monstreray cy apres au ranc desdites lettres. Sigismunde Fante, noble Ferrarien, qui enseigne escripre maintes sortes de lettres, nen baille aussi point de raison [2]. Pareillement ne faict messere Ludovico Vincentino [3]. Ie ne scay si Albert Durer en baille bonne raison [4], mais toutesfois si a il erre en la deue proportion des figures de beaucoup de lettres de son livre de Perspective [5]..... Ie ne vis onc homme qui les feist ne entendist

---

[1] In-fol. (Venise, 1509), avec 62 planches gravées sur bois.

[2] Dans son livre intitulé : *Theorica et pratica... de modo scribendi fabricandique omnes litterarum species.* Venise, in-4°, 1ᵉʳ déc. 1524. L'ouvrage est divisé en quatre livres ; on y voit des gravures assez semblables à celles du *Champ fleury*.

[3] Je ne connais pas l'ouvrage de ce dernier.

[4] Le doute exprimé par Tory provient de ce qu'il n'avait pu lire le texte de l'ouvrage de Durer, publié en allemand en 1525. La traduction latine ne fut publiée qu'en 1532, et la française encore plus tard.

[5] *Champ fleury*, fol. 13 r°.

myeulx que maistre Simon Hayeneufve, aultrement dict maistre Simon du Mans. Il les faict si bien et de proportion competente, quil en contente loeuil aussi bien et myeulx que maistre italien qui soit decza ne dela les mons. Il est tres excellent en ordonnance darchitecture antique, comme on peult veoir en mille beaulx et bons deseings et pourtraictz quil a faitz en la noble cite du Mans et a maintz estrangiers. Il est digne duquel on fasse bonne memoire tant pour son honneste vie que pour sa noble science. Et pour ce, ne faignons de consecrer et dedier son nom a immortalite, en le disant estre ung segond Vitruve, sainct homme et bon chrestien. Iescrips cecy voluntiers pour les vertus et grans biens que *iay ouy reciter de luy* par plusieurs grans et moyens hommes de bien et vrayz amateurs de toutes bonnes choses et honnestes [1].

La façon élogieuse dont Tory parle ici de Simon Haieneuve a fait penser à M. Renouvier [2] que notre artiste pourrait bien avoir appris l'art de dessiner les lettres de l'architecte manseau; mais c'est une hypothèse erronée : la fin de la citation prouve qu'ils ne s'étaient jamais vus. D'ailleurs Tory revendique un peu plus bas, d'une manière très-pertinente, l'honneur d'avoir été son propre maître dans cette matière : « Ie ne sache autheur grec, latin ne françois qui baille la raison des lettres telles que iay dicte, par quoy ie la puis tenir pour myenne, disant que ie lay excogitee et cogneue plustost par inspiration divine que par escript ne par ouyr dire. Sil y a quelcun qui laye veu par escript, si le dye, et il me fera plaisir [3]. »

On voit que Tory ne transige pas sur sa théorie,

---

[1] *Champ fleury*, fol. 14 r°.
[2] *Des types*, etc., 2ᵉ fascicule, seizième siècle, p. 166.
[3] *Champ fleury*, fol. 14 r°.

qui, pour être différente de celle de ses devanciers[1], n'en est pas meilleure. Au reste, quelle que soit son opinion sur le type original des lettres romaines, ce n'est là, à mon avis, qu'un avant-propos qu'on peut passer sans inconvénient. Le fond de son travail est dans le troisième livre. Il ne quitte pas le second, toutefois, sans revenir à la charge en faveur de sa langue maternelle.

« Ie scay, » dit-il[2], « quil y a mains bons esperits qui escriroient voluntiers beaucop de bonnes choses silz pensoient les pouvoir bien faire en grec ou latin, et neanmoings ilz sen deportent de paour de y faire incongruyte ou autre vice quilz doubtent, ou ilz ne veulent escrire en francois, pensant que la langue francoise ne soit pas assez bonne ny elegante. Saulve leur honneur, elle est une des plus belles et gracieuses de toutes les langues humaines, comme iay tesmoigne au premier livre par authorites de nobles et anciens autheurs, poetes et orateurs, tant latins que gretqs. »

Pour être juste, je dirai que cette idée de la *précellence du langage françois*, qui fut un peu plus tard l'objet d'un travail spécial de la part d'un autre célèbre imprimeur, Henri Estienne, n'était pas nouvelle ni particulière à Tory. Il y avait trois cents ans déjà qu'elle avait été exprimée en bons termes français par un auteur qu'on ne peut taxer d'illusions pa-

---

[1] C'était la mode de tout allégoriser, en ce temps de renaissance. Tory n'est pas le seul qui ait produit un système pour expliquer la forme des lettres.

[2] *Champ fleury*, fol. 24.

triotiques, car il était Italien. Voici ce qu'écrivait Bruneto Latini en tête de l'espèce d'encyclopédie qu'il rédigea au treizième siècle, sous le nom de *Trésor* :

« Et se aucuns demandoit por quoi cest livres est escriz en romenz selonc le langage des Francois, puisque nos somes Ytalien, je diroie que ce est por deux raisons : lune, car nos somes en France, et lautre porce que francois est plus delitaubles langages et plus communs que moult d'autres [1]. »

Comme je l'ai dit, le troisième livre est la portion capitale de l'ouvrage de Tory. Laissant ici de côté la théorie, il nous donne le dessin exact des lettres de l'alphabet et la manière de l'exécuter. Toutefois, il n'oublie pas ce fait essentiel, que le dessinateur de lettres et le typographe doivent être avant tout grammairiens dans le sens antique du mot; et en même temps qu'il nous donne la forme d'une lettre, il nous en fait connaître la valeur et la prononciation. C'est ici surtout que le livre de Tory devient intéressant pour nous : il y passe en revue la prononciation en usage dans chacune des provinces françaises, ou des nations, comme on disait alors. Nous voyons successivement paraître avec leurs idiotismes particuliers, qui sont devenus des mythes aujourd'hui, les Flamands, les Bourguignons, les Lyonnais, les Forésiens, les Manseaux, les Berrichons, les Normands, les Bretons, les Lorrains, les Gascons, les Picards, voire même

---

[1] Prologue du *Trésor*, ms. 7066, ancien fonds de la Bibl. nationale.

les Italiens, les Allemands, les Anglais, les Écossais, etc. Ses observations ne s'arrêtent pas à la langue un peu mêlée des hommes, elles descendent jusqu'à celle plus intime des femmes; ainsi il nous apprend que « les dames lionnoises pronuncent gracieusement souvent A pour E, quant elles disent : « Choma vous « choma chat affeta [1] », et mille autre mots semblables... » Qu'au contraire, « les dames de Paris, en lieu de A, prononcent E bien souvent, quant elles disent : « Mon mery est à la porte de Peris, ou il se faict peier. » En lieu de dire : « Mon mary est à la porte « de Paris, ou il se faict paier [2]. »

On voit qu'ici les dames de Paris ont fait prévaloir en partie leur prononciation, car on ne dit plus *paier*. Elles l'ont fait prévaloir dans beaucoup d'autres cas. Ainsi, il paraît que c'est à elles que nous devons de ne plus prononcer les *s* finales du pluriel que dans des circonstances exceptionnelles [3], comme, par exemple, lorsqu'elles sont suivies d'un mot commençant par une voyelle; car, parlant des cas où cette lettre s'élide en latin, Tory s'exprime ainsi : « Les dames de Paris, pour la plus grande partie, observent bien cette figure poetique, en laissant le S finalle de beaucoup de dictions,

---

[1] Quoique Lyonnais, j'avoue ne pas comprendre le sens de ces mots, dont, par une exception fâcheuse, Tory n'a pas donné la traduction.

[2] *Champ fleury,* fol. 33 v°.

[3] Il y a des provinces où on les prononce encore. Les Anglais ont aussi conservé cette prononciation, qui est une nécessité pour eux, attendu l'invariabilité de leur article, qui ne permettrait pas de distinguer le pluriel du singulier.

quant, en lieu de dire, « Nous avons disne en ung iar-
« din, et y avons menge des prunes blanches et noires,
« des amendes doulces et ameres, des figues molles, des
« pomes, des poires et des gruselles, » elles disent et pronuncent : « Nous avon disne en ung iardin, et y avon
« menge des prune blanche et noire, des amende doulce
« et amere, des figue molle, des pome, des poyre et des
« gruselle. » Ce qui paraît surtout révolter Tory,
c'est qu'elles font partager ce vice de prononciation
aux hommes : « Ce vice, » dit-il, « leur seroit excu-
sable, se nestoit quil vient de femme à homme, et
quil se y treuve entier abus de parfaictement pronuncer en parlant [1]. »

Au reste, si l'on s'en rapporte à Tory, les provin-
ciaux ont aussi, dans certains cas, fait prévaloir leur
prononciation, comme on peut le conclure du passage suivant, relatif à la lettre T : « Les Italiens le
pronuncent si bien et si resonent, quil semble quilz y
adjouxtent ung E, quant, pour et en lieu de dire, « Ca-
« put vertigine laborat, » ilz pronuncent : « Capute
« vertigine laborate. » Ie lay ainsi veu et ouy pronuncer
en Romme aux escoles que lon appelle la Sapience et
en beaucop dautres nobles lieux en Italie. Laquelle pronunciation nest aucunement tenue ne usitee des Lionnois, qui laissent ledict T, et ne le pronuncent en
facon que ce soit en la fin de la tierce persone pluriele
des verbes actifz et neutres, en disant Amaverun et
Araverun, pour Amaverunt et Araverunt. Pareille-

---

[1] *Champ fleury*, fol. 57.

ment aucuns Picards laissent celluy T a la fin de aucunes dictions en francois, comme quant ilz veulent dire, « Comant cela, comant ? monsieur, cest une ju-« ment, » ilz pronuncent : « Coman chela, coman ? « monsieur, chest une jumen [1]. » On voit qu'ici c'est la prononciation picarde qui a prévalu, car on ne prononce plus le *t* à la fin des mots *comment, jument*, etc.

Tory ne se contente pas de constater l'état de choses existant de son temps ; il propose des améliorations qui presque toutes ont été sanctionnées par l'usage. Ainsi au commencement du seizième siècle la prononciation du français était fort difficile à saisir, faute d'accents ; il propose d'en créer, et quelques années après, la typographie, cette grande régularisatrice de l'orthographe, les introduisait dans les caractères français : « En nostre langage francois, » dit-il, « navons point daccent figure en escripture, et ce pour le default que nostre langue nest encore mise ne ordonnée a certaines reigles, comme les hebraique, greque et latine. Ie vouldrois quelle y fust, ainsi que on le porroit bien faire....... En francois, » ajoute-t-il plus loin, « comme iay dit, nescrivons point laccent sus le O vocatif, mais le pronunceons bien, comme en disant :

O pain du ciel angelique,
Tu es nostre salut unique.

[1] *Champ fleury*, fol. 58 v°. De même que dans la note 3 de la p. 35, je ferai remarquer que les Anglais, beaucoup plus Français en cela qu'on ne le croit, ont conservé l'ancienne prononciation. Ils font sentir encore le *t* final des mots qu'ils tiennent de nous.

En ce passage daccent, nous avons imperfection, a laquelle doibvrions remedier en purifiant et mettant a reigle et art certain nostre langue, qui est la plus gracieuse qu'on sache [1]. »

Ailleurs il propose de remplacer les lettres élidées par une apostrophe, ce qui ne s'était pas encore fait dans le français : « Ie dis et allegue ces choses icy afin que sil avenoit quon deust escripre en lettre attique telz metres ou le S se debvroit evanoyr, on les porroit escripre honnestement et scientement sans y mettre ladicte lettre..., et escripre ung point crochu au-dessus du lieu ou elle debvroit estre [2]. »

Dans un autre endroit il fait sentir le besoin de la cédille, qu'on voit paraître dans les manuscrits français dès le treizième siècle, mais que la typographie n'avait pas encore adoptée : « C devant O, » dit-il, « en pronunciation et langage francois, aucunesfois est solide, comme en disant coquin, coquard, coq, coquillard ; aucunesfois est exile, comme en disant garcon, macon, francois, et aultres semblables [3]. »

Tory ne pouvait oublier la ponctuation, cette partie si essentielle, et malheureusement si négligée encore de nos jours, de l'orthographe ; mais, comme il n'avait qu'à s'occuper des lettres *attiques*, il ne nous a représenté que trois sortes de points, sans entrer dans les détails de leur emploi, lequel, au reste, à en juger

---

[1] *Champ fleury*, fol. 52.
[2] *Ibid.*, fol. 56 v°.
[3] *Ibid.*, fol. 37 v°.

par son livre même, n'était pas encore parfaitement réglé. La virgule, par exemple, ce signe si important pour la clarté du discours, y est placée souvent d'une manière fort peu rationnelle.

Depuis qu'il était devenu libraire, Tory avait abandonné sa devise *civis* pour adopter une enseigne, suivant l'usage. Celle qu'il choisit, et qui est connue sous le nom de *Pot cassé,* peut donner une idée de ses goûts et de ses études : c'est un vase antique brisé d'un côté. Ce vase fut seul d'abord, comme on le voit sur la couverture de plusieurs livres reliés chez lui [1]; les gaufrages de ces livres nous offrent en effet, au milieu des ornements des plats, le vase brisé dans sa simplicité :

Plus tard, Tory posa ce vase sur un livre fermé, par allusion à sa profession de libraire, et le fit bri-

---

[1] J'ai vu cette reliure de format in-8° sur l'*Ædiloquium* de 1530, qui est à la Bibl. nat., et sur le *Sommaire des chroniques de J. B. Egnasio* que possède M. Didot. Je l'ai vue encore d'un format plus grand sur les *Heures* de 1531, et sur le *Diodore* de 1535, deux volumes in-4° que possède également M. Didot; mais sur ce format le vase est traversé par le touret.

ser par un touret ou toret, comme on disait alors. La manière dont on prononçait le nom de cet instrument, sa forme affectant celle d'un T, et enfin son emploi par les graveurs, furent sans doute les raisons qui déterminèrent Tory à l'adopter. Ce touret qui traverse un vase antique, c'est Tory qui découvre les secrets de l'antiquité : c'était une enseigne *parlante*. L'emploi du touret ne peut, en effet, se justifier autrement dans la devise de Tory; car cet instrument, qui est encore employé par les raccommodeurs de faïence, leur sert, non pas à *briser*, mais bien à raccommoder les vases.

Quoi qu'il en soit, voici la devise de Tory ainsi disposée, et telle qu'elle est imprimée dans un des livres publiés par lui [1] :

Un peu plus tard, Tory surenchérit encore, comme on en pourra juger par le dessin qui suit, où on voit paraître de nouvelles additions [2].

---

[1] *Heures* de 1527.
[2] *Heures* de 1524.

Enfin nous trouvons la devise de Geofroy Tory ainsi composée définitivement dans son *Champ fleury* [1] :

MENTI BONAE
DEVS OCCVRRIT

SIC, VT. VEL, VT.
NON PLVS.

[1] Fol. 43 r°. Par suite d'une inadvertance sans doute, cette marque se trouve gravée à rebours sur la première page du *Champ fleury*. Tory attacha peu d'importance à cette erreur, car ce bois reparut souvent depuis.

« Vela, » dit-il, « ma sus declaree devise et marque faicte comme ie lay pensee et imaginee, en y speculant sens moral, pour en donner aucun bon amonestement aux imprimeurs et libraires de par dezca [1], a eulx exercer et employer en bonnes inventions, et plaisantes executions, pour monstrer que leur esperit naye tousiours este inutile, mais adonne a faire service au bien public en y besoignant, et vivant honnestement. »

Voici maintenant l'explication fort embrouillée qu'il donne de cette marque [2], explication qui me semble plus scientifique que réelle, et n'infirme pas celle que j'ai proposée plus haut, à propos du *touret*, quoiqu'elle n'en fasse pas mention :

Premierement en icelle y a ung vase antique qui est casse, par lequel passe ung toret. Ce dict vase et pot casse signifie nostre corps, qui est ung pot de terre. Le toret signifie Fatum, qui perce et passe foible et fort. Soubz icelluy pot casse y a ung livre clos a trois chaines et cathenats, qui signifie que apres que nostre corps est casse par mort, sa vie est close des trois deesses fatales [3]. Cestuy livre est si bien clos, quil ny a celluy qui y sceust rien veoir, sil ne scaict les segrets des cathenats, et principallement du cathenat rond, qui est clos et signe a lettres. Aussi apres que le livre de nostre vie est clos, il ny a plus homme qui y puisse rien ouvrir, si non celluy qui scaict les segrets, et celluy est Dieu, qui seul scaict et cognoist avant et apres nostre mort, quil a este, quil est et quil sera de nous. Le feuillage et les fleurs qui sont au dict pot signifient les vertus que nostre corps pouvoit avoir en soy durant sa vie. Les rayons de soleil qui sont au dessus et au pres du toret et

---

[1] Ici, et dans une foule d'autres endroits de ses livres, Tory fait allusion à l'Italie, dont il garda toujours un souvenir reconnaissant.

[2] *Champ fleury*, fol. 43 r°.

[3] Nous sommes en pleine renaissance.

du pot signifient linspiration que Dieu nous donne en nous exerceant a vertus et bonnes operations. Aupres dudict pot casse y a escript : NON PLVS, qui sont deux dictions monosyllabes, tant en francois quen latin, qui signifient ce que Pittacus disoit en son grec : Μιδεν αγαν [1], nihil nimis. Ne disons, ne ne faisons chose sans mesure ne sans raison, sinon en extreme necessite : « adversus quam nec Dii quidem pugnant. » Mais disons et faisons SIC.VT.VEL.VT. Cest a dire ainsi comme nous debvons, ou au moings mal que pouvons. Si nous voulons bien faire, Dieu nous aidera, et pour ce ay ie escript tout au dessus : MENTI BONAE DEVS OCCVRRIT, cest a dire Dieu vient au devant de la bonne volunte et luy aide.

Tory ne s'est pas contenté de nous donner son enseigne dans le *Champ fleury*, il a gravé sur la première page de ce livre, c'est-à-dire à la place d'honneur, ce qu'on pourrait appeler le *blason* de ses connaissances artistiques, autrement dit l'ensemble des instruments dont il faisait usage. Malheureusement il n'a pas cru devoir, comme pour sa devise, y joindre une explication, jugeant la chose fort claire de son temps, et de nos jours il devient assez difficile, vu les changements qui se sont opérés dans les habitudes des artistes, de préciser l'emploi de quelques-uns de ces instruments. L'ordre dans lequel il les a disposés peut cependant, jusqu'à un certain point, aider à les reconnaître. Je donne à la page suivante la représentation exacte de cette gravure, qui figure un L, lettre initiale du passage du *Champ fleury* que j'ai transcrit plus haut [2].

[1] Lisez Μηδὲν ἄγαν.
[2] Page 17.

A première série, celle qui est suspendue à la première arabesque, nous offre un compas, une règle, une équerre : ce sont là les instruments fondamentaux de l'art et de la géométrie. A la seconde arabesque, si je ne me trompe, on trouve une échoppe et un burin, instruments du graveur; à la troisième, une écritoire (ou galimart), un crayon et un canif au-dessus d'un livre : ce sont les instruments du calligraphe et du dessinateur. A la quatrième, on voit un objet que je crois être une petite boîte de couleurs, suspendue à un étui à pinceaux : ceci appartient au peintre. Tory fut en effet dessinateur, peintre et graveur.

J'ai dit précédemment que Tory avait probablement été initié dans l'art du dessin par le célèbre Jean Perreal. Il était lié, en effet, de la plus étroite amitié avec cet artiste, qui dessina plusieurs des vignettes du *Champ fleury*, si l'on en juge par celle qui lui est positivement attribuée, et qui est imprimée au folio 46 verso. Geofroy nous apprend que cette planche, assez insignifiante par elle-même (elle représente deux cercles dans lesquels sont figurées, d'après le corps humain, les lettres I et K), a été gravée d'après le dessin de son ami : « apres celle que ung myen seigneur et bon amy Jehan Perreal, autrement dict Jehan de Paris, varlet de chambre et excellent paintre des roys Charles huitiesme, Loys douziesme et François premier de ce nom, ma communiquee et baillee moulte bien pourtraicte de sa main. » Or cette figure est tout à fait semblable à celles qu'on voit dans le second livre du *Champ fleury*, et diffère complétement par la forme et le sujet de celles du troisième, où Tory l'a placée. Sans doute Perreal était mort durant l'impression de cet ouvrage ; et Tory, qui n'avait pas songé à le nommer de son vivant, pour les premiers dessins, s'empressa de le faire après sa mort, en publiant la dernière relique en ce genre qui lui restât de son ami, quoiqu'elle ne cadrât pas parfaitement avec le sujet : ce fut comme une fleur jetée sur la tombe du défunt [1].

Nous donnons aussi ce dessin comme la seule œuvre

[1] Cet éminent artiste, qui n'a point d'article dans la *Biographie universelle*, et qui n'est pas même mentionné dans les *desiderata* de la *Notice des tableaux du Louvre de l'école française*, publiée par M. Villot, n'est mort que vers 1528, si mon appréciation est exacte. On peut en effet constater son existence jusqu'en 1522 avec les documents publiés par M. de Laborde dans son livre sur la renaissance. Je possédais naguère encore de Perreal une lettre originale qui le montre plein de vigueur en 1511. Cette lettre, dont j'ai fait cadeau à M. Alexandre Sirand, juge à Bourg, a été publiée par lui dans ses *Courses archéologiques*, t. III, p. 5, à propos de l'église de Brou, dont Perreal s'occupa beaucoup. La lettre dont je viens de parler est du 15 novembre (1511), et est adressée à Marguerite d'Autriche (veuve du duc de Savoie), à laquelle Perreal offre ses services pour la direction des travaux. Cette princesse agréa sa proposition, comme on le voit par sa réponse de février 1511 (1512, nouveau style), portant : « Puisque Jehan Le Maire nous a laysse, nous [ne] voulons avoir « autre contreroleur en nos edifices de Brou que vous-mesme... » (Voyez l'ouvrage cité plus haut.)

qu'on puisse avec certitude attribuer à Jean Perreal, et comme un spécimen des gravures qui servent de base à la réforme des caractères romains proposée par Tory dans le second livre de son *Champ fleury*.

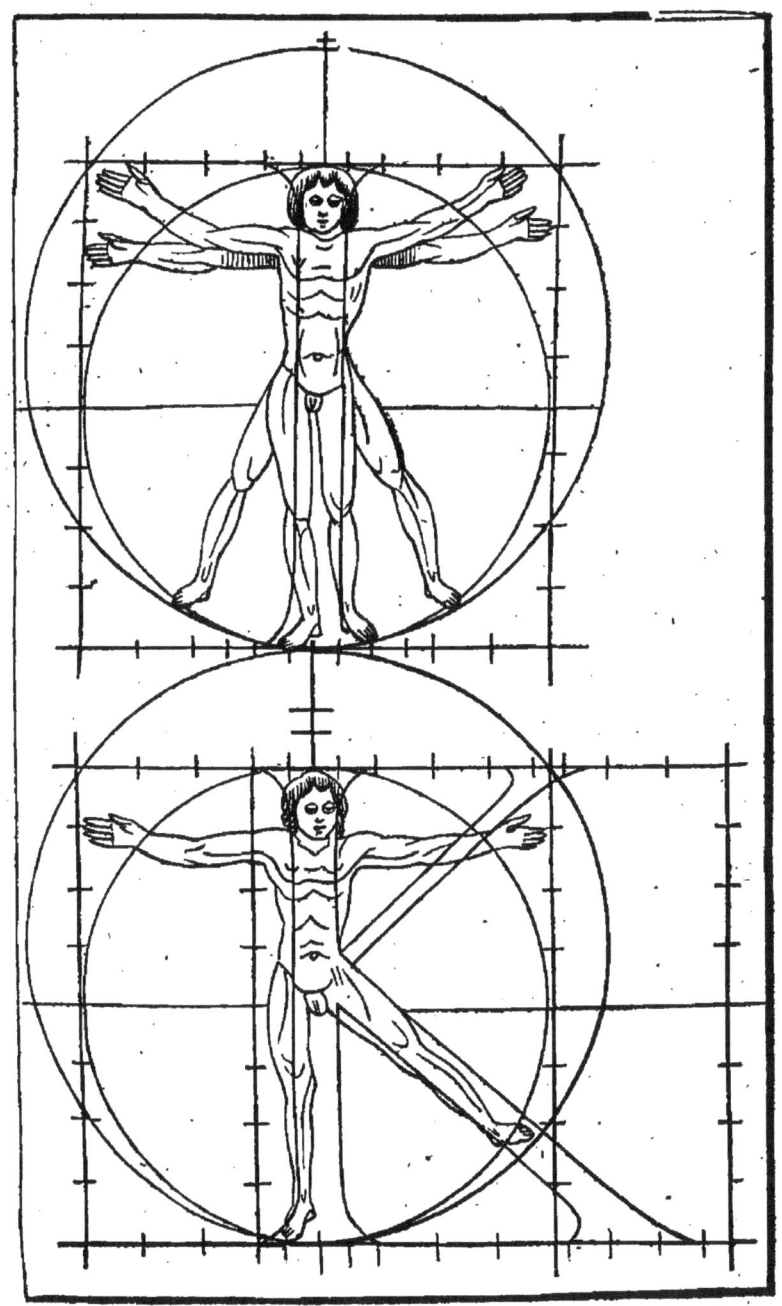

D'après ce que je viens de dire, on voit que le livre de Tory demanda plusieurs années de travail. On n'en est pas surpris quand on considère le grand nombre de gravures qu'il renferme. Mais même sans parler des gravures, on comprend qu'un ouvrage qui demandait tant d'observations exigeait de grandes pertes de temps. Commencé, ainsi que nous l'avons vu, en 1523 (1524, nouveau style), il ne fut complétement terminé qu'en 1529, c'est-à-dire au bout de six ans de labeur. Toutefois Tory ne voulut pas que ce temps fût perdu pour l'art. Désirant prêcher d'exemple encore plus que de paroles, il résolut de publier en attendant des livres où il donnerait carrière à son goût artistique. Il fit, en effet, imprimer des *Heures* d'une exécution admirable, et qui, quoique d'une forme différente, peuvent être comparées à celles de Simon Vostre, lequel s'était acquis une si grande réputation dans cette spécialité typographique. Tory reçut pour cela de François Ier un privilége de six ans, daté d'Avignon, le 23 septembre 1524 [1].

Ce privilége [2] nous apprend que Tory avait *fait* et fait faire « certaines histoires et vignettes a lantique et pareillement unes autres a la moderne, pour icelles faire imprimer et servir a plusieurs usages dheures, » et que pour cela il avait « vacqué certain long temps et faict plusieurs grans fraiz, mises et despens. »

---

[1] La Caille, *Hist. de l'imprimerie*, p. 98, a imprimé par erreur 28 septembre 1584.

[2] Voyez-en un extrait à l'Appendice, pièce n° 3.

I. Le premier livre de ce genre qu'il ait publié, à ma connaissance, est une édition in-4° des Heures de la Vierge selon l'usage de Rome, en latin. C'est un magnifique volume imprimé par Simon de Colines, avec des encadrements et des sujets à l'antique d'un goût et d'une exécution de gravure parfaits. Ce livre fut sans doute imprimé de compte à demi entre Tory et Colines, car on en connaît des exemplaires au nom de l'un et de l'autre. Ceux au nom de Colines portent sur le titre la date de 1524, et à la fin celle du 17 des calendes de février (16 janvier) 1525; ceux au nom de Tory ne portent qu'une date, à la fin, le 17 janvier 1525. — Je parlerai de ce livre plus loin en détail; mais je vais transcrire ici la souscription des exemplaires de Tory, qui nous fait connaître son domicile : « Ces presentes heures a lusage de Rome furent achevees de imprimer le mardy dix septiesme iour de Ianvier mil cinq cens vingt cinq : pour maistre Geofroy Tory de Bourges, libraire demourant a Paris sus Petit Pont, joignant lhostel Dieu, a lenseigne du Pot casse. »

II. Deux ans après, Tory publia une nouvelle édition de ces Heures en un volume petit in-8°, imprimé encore chez Simon de Colines, en caractères romains, avec des encadrements et des sujets du même genre, mais beaucoup plus petits. Le livre fut achevé le 21 octobre 1527. Il est précédé d'un nouveau privilége de François Ier, qui étend à dix ans les droits de Tory, non-seulement pour ce livre, mais encore pour le précédent, « pour aucunes histoires et vignettes a lantique par luy cy devant faict imprimer, » et en considération des grands frais que lui avaient occasionnés ses gravures. Ce privilége est daté de Chenonceaux, le 5 septembre 1526, et comprend le *Champ fleury*, dont l'impression était commencée, mais qui toutefois n'avait pas reçu ce titre poétique, car il est encore indiqué sous celui de : « Lart et science de la deue et vraye proportion des lettres. »

III. La même année, Tory fit exécuter chez Simon Dubois (*Silvius*) une édition in-4° de ces mêmes Heures, suivant l'usage de Paris. Ce livre, où l'on trouve encore le privilége du 5 septembre 1526, est imprimé en caractères gothiques, avec des encadrements et des sujets d'un goût particulier, dit à la moderne. Les cadres sont des arabesques formées de plantes, d'insectes, d'oiseaux, d'animaux, etc. On voit dans le bas l'F. couronné de François Ier et la salamandre, l'L couronné de Louise de Savoie, mère du roi, et l'écu mi-parti de France et Savoie, etc. Je reparlerai également plus loin de ce livre en détail.

IV. A une époque qu'il ne m'est pas possible de fixer exactement, mais qui est probablement antérieure au mois de septembre 1531, Tory fit imprimer un livre dans le format in-8°, avec des encadrements de même genre, c'est-à-dire composés de plantes, d'animaux, d'insectes, d'oiseaux, etc., comme dans les Heures in-4° de 1527, mais d'un dessin plus petit, naturellement. Je n'ai pas vu ce livre, mais son existence m'est démontrée par la publication d'un livre d'Heures, faite postérieurement par Olivier Mallard, et dont je parlerai dans la seconde partie. Je ne puis dire ni le nom de l'imprimeur ni la date de l'impression du livre de Tory. Cette dernière toutefois est facile à déterminer d'une manière approximative, grâce à certains ornements du livre de Mallard. Ainsi nous y retrouvons, comme dans les Heures de 1527, l'F couronné et la salamandre de François Ier, l'L couronné et l'écu mi-parti (France et Savoie) de sa mère, morte en septembre 1531, et un écu en blanc qui rappelle le veuvage du roi, et prouve par conséquent que ces bois ont été gravés avant le mois de juillet 1530. Quant à l'attribution que je fais de ces bois à Tory, elle ressort pour moi de la forme des cadres, copiés sur les Heures de 1527. Au reste, il y a mis un cachet tout particulier ; c'est l'écu des armes de Bourges (trois moutons, placés deux et un, et portant collier) qu'on voit figurer de temps à autre au bas des pages, à côté des insignes de François Ier et de sa mère. J'ignore le titre du livre auquel Tory a fait servir ces bois pour la première fois ; cependant il me semble qu'on peut conclure de l'emploi qu'en fit Olivier Mallard lui-même en 1541, que ce fut un livre d'Heures ; il aura voulu donner une édition in-8° de ses Heures à la moderne de 1527, comme il avait donné, en 1527, une édition in-8° de ses Heures à l'antique de 1524-1525.

Ces publications n'empêchaient pas notre artiste de

s'occuper de littérature. Pendant qu'il surveillait l'impression de ses *Heures* et de son *Champ fleury*, il préparait divers ouvrages, dont nous aurons occasion de parler plus loin. Ce sont en général des traductions destinées à enrichir la langue française, car Tory ne perdait pas de vue son idée patriotique. Tous ces ouvrages ont été imprimés plus tard, sauf un peut-être, une traduction des hiéroglyphes d'Orus Apollo, qu'il donna à un sien « seigneur et bon amy [1]. » On ignore si cette traduction a été imprimée. Il existe bien quelques éditions d'Orus, mais elles ne portent pas le nom de Tory.

Le *Champ fleury* parut enfin en 1529. Nous avons vu que ce livre avait été conçu *le jour de la feste aux Rois que l'on comptoit* M. D. XXIII, c'est-à-dire le 6 janvier 1524, nouveau style. Il ne fut *achevé d'imprimer* que « le XXVIII jour du mois dapvril mil. cinq cens XXIX [2], » comme on l'apprend de la souscription finale, c'est-à-dire qu'il demanda près de six ans de travail. Voici le titre exact qu'il porte sur la première édition :

Champ Fleury, auquel est contenu Lart et Science de la deue et vraye Proportion des Lettres Attiques, quon dit autrement Lettres Antiques, et vulgairement Lettres Romaines, proportionnees selon le Corps et Visage humain. — Ce Livre est privilegie

---

[1] *Champ fleury*, fol. 74.

[2] Plusieurs bibliographes, trompés sans doute par la date du privilége, mentionnent une édition du *Champ fleury* de 1526 ; mais elle n'existe pas. Il en a seulement été fait une édition in-8° en 1549, pour le libraire Vivant Gautherot. J'en parlerai plus loin.

pour Dix Ans Par le Roy nostre Sire, et est a vendre a Paris sus Petit Pont a Lenseigne du Pot Casse par Maistre Geofroy Tory de Bourges, Libraire, et Autheur du dict Livre. Et par Giles Gourmont aussi Libraire demourant en la Rue sainct Jaques a Lenseigne des Trois Couronnes.

On est heureux de voir figurer là le nom du premier imprimeur en caractères grecs de Paris. C'est Gourmont lui-même qui a imprimé ce livre savant, où on trouve des détails très-curieux sur les lettres des alphabets hébreu, grec et latin, dont il offre des modèles qui n'ont pas varié depuis; mais il le fut tout entier [1] avec un caractère gravé sans doute par Tory lui-même, car il s'en servit plus tard dans sa propre imprimerie. L'atelier de Gilles de Gourmont était rue Saint-Jean de Latran; mais on voit qu'il avait en 1529 un magasin de librairie rue Saint-Jacques, à l'enseigne des Trois-Couronnes, faisant allusion sans doute aux trois roses qui décoraient le chef de son écu. Ce magasin touchait à l'église Saint-Benoît, au nord [2].

Quant à Tory, on voit qu'il demeurait encore sur le Petit-Pont, « joignant l'Hostel-Dieu, » comme il le dit sur ses Heures de 1525. C'est là qu'il a écrit son livre, car il date ainsi son épître au lecteur : « En Paris, ce XXVIII. jour dapvril sus Petit Pont, a len-

[1] On ne voit dans tout le livre point d'autre caractère cursif que celui-là (c'est un cicéro). Il était naturel en effet d'avoir un caractère spécial dont la forme ne jurât pas avec les principes typographiques émis par Geofroy Tory.
[2] Sur Gourmont, voyez la *Notice historique* qui suit mon travail intitulé : *les Estienne et les types grecs de François Ier*.

seigne du Pot casse. » Il y resta peu toutefois, car nous le voyons à la fin de cette année dans la rue Saint-Jacques, en face de l'*Écu de Bâle*, enseigne du célèbre Chrétien Wechel.

En tête du *Champ fleury* se trouve le privilége du 5 septembre 1526, déjà publié dans les deux éditions des Heures de 1527, et qui concédait à Tory un droit de dix années, tant pour ces Heures que pour le *Champ fleury* même, qu'il imprimait alors, mais qui, comme je l'ai dit, n'avait pas encore reçu ce titre gracieux.

On voit dans ce privilége, publié à l'Appendice (pièce n° 4), que Tory songeait déjà, en 1526, à se faire recevoir imprimeur. Il le devint en effet bientôt après la publication de son livre, car nous allons voir qu'il publia, dans les premiers jours de 1530, un livre d'Heures imprimé chez lui. Toutefois, durant cet intervalle, il fit encore exécuter chez d'autres deux ouvrages au moins de sa composition :

I. « Summaire des chroniques contenans les vies, gestes et cas fortuits de tous les empereurs dEurope, depuis Iules Cesar jusques a Maximilien dernier decede... par... Iehan Baptiste Egnace, Venicien... et translate de ladicte langue latine en langaige francoys, par maistre Geofroy Tory de Bourges. » — Vol. in-8° de 16 feuillets de préambule, 99 feuillets de texte et 13 feuillets de table, en tout 128 feuillets. — On lit à la fin : « Ce present livre fust acheve dimprimer a Paris, le XIII. iour dapvril M.D.XXIX. pour maistre

Geofroy Tory de Bourges, qui le vend audit Paris, a lenseigne du Pot casse. »

Dans l'avis de Tory « a tous studieux et vrays amateurs dhonneste lecture, » il leur dit : « Ie vous avois promis nagueres au preface de la Table de Cebes[1] que en bref ie vous ferois quelque autre nouveau livre... » C'est pour accomplir sa promesse qu'il publia ce Sommaire des chroniques d'Egnasio.

La date d'impression donnée plus haut correspond au 13 avril 1530, nouveau style; car Pâques tomba cette année-là le 15 avril. Quelques bibliographes citent une édition de ce livre de 1520, mais c'est à tort, car le privilége est seulement de 1529. La Caille[2] dit que l'édition de 1529 fut imprimée par Tory; c'est une erreur : elle le fut, je crois, par Gourmont, car elle nous offre le caractère du *Champ fleury*. Du Verdier[3] cite une édition de 1543, in-8°, imprimée par Charles l'Angelier. Je n'ai pu la voir. Quant à l'édition de 1529, je ne l'ai trouvée que dans la bibliothèque de M. Ambroise Firmin Didot, qui a bien voulu me permettre de la décrire. Cet exemplaire est encore dans son ancienne reliure au *Pot cassé*.

II. « Ædiloquium ceu (*sic*) disticha partibus ædium urbanarum et rusticarum suis quæque locis adscribenda. Item, epitaphia septem de amorum aliquot passionibus, etc. Auctore Gotofredo Torino Biturico. »

---

[1] Voyez la description de ce livre, p. 54.
[2] *Hist. de l'imprimerie,* p. 98.
[3] *Biblioth. françoise*, article *Geofroy Tory*.

Paris, Simon de Colines, 1530, caractères italiques, 3 feuilles in-8°, avec privilége pour deux ans. Ce livret est orné, dans la seconde partie, de sept charmantes gravures sur bois. Je ne m'explique pas pourquoi il n'a pas été imprimé par Tory, qui était imprimeur en 1529. Serait-ce parce qu'il était d'usage alors d'imprimer les ouvrages de poésie en italique, et que Tory n'en possédait pas dans son imprimerie? Ce livre se trouve à la Bibliothèque nationale (Y, 2768, réserve), à l'Arsenal (B. l. 3435 *bis*) [1] et à Sainte-Geneviève (12635). L'exemplaire de la Bibliothèque nationale est encore dans son ancienne reliure au *Pot cassé*.

Faisant allusion à la première partie de son livre, Tory s'exprime ainsi dans son avis au lecteur : « Egregii quidam sunt felici hoc seculo pictores, lector hūmanissime, qui suis lineamentis, picturis et variis coloribus deos gentilitios et homines, itemque alias res quascumque adeo exacte depingunt, ut illis vox et anima deesse tantum modo videatur; sed ecce, lector humanissime, ego jam tibi illorum propemodum more, domum offero, non solum suis lineamentis et partibus elegantem et absolutam, sed etiam pulchre loquentem et encomio sese particulatim describentem. »

Mais tous ces travaux ne faisaient pas perdre de vue à Tory sa grande pensée patriotique. Il ne s'en tint pas à de simples vœux en faveur de la langue française. A défaut des autres *nobles cœurs* qu'il conviait

---

[1] Il y en a un second exemplaire non catalogué à l'Arsenal.

« a mettre et ordonner par reigle nostre langage [1], »
il entreprit lui-même ce travail. Riche de matériaux
comme il l'était, et avec l'ardeur qu'il apportait à
toute chose, il eut bientôt terminé sa besogne. Le privilége du Sommaire des chroniques d'Egnasio, daté
du 28 septembre 1529, comprend en effet un livre de
Tory intitulé : *les Reigles generales de lorthographe du langaige francois*, qu'il se proposait de mettre bientôt sous presse. Ce livre a-t-il été imprimé?
a-t-il même été achevé? C'est ce que je ne saurais dire,
car je n'en ai vu de trace nulle autre part : mais tant
d'autres livres imprimés ont disparu, que je ne serais
pas surpris d'apprendre que celui-ci a eu le même sort.

Nous venons de voir que Tory s'était fait recevoir
imprimeur à la fin de 1529. Il fut bientôt après
nommé imprimeur du roi par François Ier, qui n'avait
encore fait cet honneur à personne. Il était naturel,
en effet, de donner ce titre à celui qui venait de montrer une si parfaite entente de l'art typographique
unie à tant de connaissances littéraires, et dont le livre faisait une véritable révolution dans l'imprimerie,
tant au point de vue technique et pratique qu'au point
de vue grammatical et philologique; car c'est un fait
qui n'a pas été signalé encore, et que je suis heureux
de constater ici : c'est à partir de la publication du
Champ fleury que la typographie française [2] introduisit dans ses caractères les accents, les apostrophes,

---

[1] *Champ fleury*, Avis au lecteur.
[2] Elle est allée plus loin même que Tory ne le demandait, car elle

les cédilles, dont Tory regrettait l'absence, et dont il se servit lui-même bientôt après, comme nous allons voir.

Mais le résultat le plus remarquable qu'ait produit la publication du *Champ fleury* fut la réforme des vieux caractères. Non-seulement ce livre contribua à faire abandonner les caractères gothiques, mais il amena la refonte des anciens caractères romains. Robert Estienne, entre autres, réforma alors tous ceux qu'il tenait de son père Henri Ier, ou pour mieux dire de son beau-père Simon de Colines, et les remplaça par des caractères d'une forme nouvelle, gravés, je crois, par Tory (son élève Garamond ne paraissant pas avoir été en état de le faire encore), et qui s'est perpétuée presque sans changement jusqu'à l'époque de la révolution. C'est en ce sens qu'on a pu dire que Tory perfectionna les caractères de Josse Bade; car je ne pense pas qu'il ait gravé aucun caractère pour ce célèbre imprimeur, établi à Paris longtemps avant que Tory se fût occupé de gravure, et mort peu d'années après la publication du *Champ fleury* (en 1535), sans avoir rien changé dans son mode d'impression. C'est aussi Tory sans doute qui grava les

---

a inventé des accents orthographiques qui n'ont pour but que de distinguer des mots de même son, quoique de sens différents ; et en cela elle a abandonné la logique. En effet, non-seulement elle n'a pas distingué de cette manière tous les mots de même forme (*son*, par exemple, qui a trois sens totalement distincts, n'a pas reçu d'accents), mais elle en a mis sur des mots qui n'avaient qu'un sens, *déjà*, par exemple ; de quelle utilité est cet accent ? Bien mieux : elle en a mis dans certains cas sur des mots qui dans d'autres n'en ont pas. Ainsi elle écrit : *votre* ami est le *nôtre*, et *notre* ami est le *vôtre*.

caractères italiques de Robert Estienne, lesquels ont beaucoup de ressemblance avec ceux de Simon de Colines, que j'ai déjà attribués à ce graveur.

Le bruit que fit le livre de Tory, tant en France qu'à l'étranger, est constaté par les écrits des contemporains. A Paris, Antoine de Saix, l'auteur de l'*Esperon de discipline*, s'exprime ainsi dans une épître en vers dédiée à ses amis [1], parmi lesquels on voit figurer René Macé, qui était aussi l'ami de Tory, et plusieurs autres littérateurs de ce temps :

> Geoffroy Thory, qui divine as heu main
> Pour figurer dessus le corps humain
> La lettre anticque, ouyant que plume ay prise
> Pour te imiter, ce bourgeon ne meprise,
> Raisin sera, sil a temps de meurer (*mûrir*).

A Londres, Leonard Coxe, faisant allusion à la grammaire publiée peu de temps après par son compatriote Palsgrave, s'écrie : « Docte Geofroy, il est comblé le vœu si souvent exprimé dans ton *Champ fleury*, car voilà, moyennant des règles dûment autorisées, le français enseigné à fond [2]. »

Tory reçut sans doute le titre d'imprimeur du roi en 1530, mais je ne le lui vois prendre qu'en 1531,

---

[1] Elle est imprimée à la fin de son livre, qui a du rapport avec celui de Tory : « Lesperon de discipline pour inciter les humains aux bonnes lettres, etc. » Ce livre porte sur le titre l'écu de Savoie, comme indice de l'origine de l'auteur, qui était né dans la Bresse, appartenant alors à la maison de Savoie. M. Brunet (*Manuel*, t. II, p. 159) a eu tort de prendre cet écu pour une marque typographique.

[2] Voyez à l'Appendice, n° 5, la pièce de vers latins imprimée au verso du titre de *Lesclarcissement de la langue francoise*, ouvrage anglais réimprimé en 1852 par les soins de M. Génin.

et, faute de monuments, je ne puis le lui donner plus tôt. C'est sans doute sa nomination qui a fait dire aux auteurs de l'*Art de vérifier les dates* que « François Ier établit l'Imprimerie royale [1] à Paris, » à son retour de l'abbaye de Veyen, où il avait épousé, le 4 juillet 1530, Éléonore, sœur de l'empereur Charles-Quint. En effet, Tory fut alors chargé de plusieurs *impressions royales* relatives à ce mariage du roi. Ainsi il publia, le 16 mars 1530 (1531, nouveau style), un opuscule de Guillaume Bochetel, intitulé : *le Sacre et coronnement de la royne, imprimé par le commandement du roy nostre sire.* C'est une plaquette de douze feuillets in-4°, imprimée avec un certain luxe, et dont le privilége, signé DE LA BARRE [2], est ainsi conçu : « Nous avons donne a maistre Geofroy Tory, marchant libraire imprimeur, le privilege de imprimer le Coronnement de la Royne et deffences a tous autres imprimeurs ne limprimer jusques a ung an [3], sur peine damende arbitraire et confiscation dicelluy, etc. Fait a Paris, le dixiesme jour de mars [1530]. »

---

[1] Cette erreur a été commise par beaucoup d'écrivains. L'institution des imprimeurs royaux est si peu la fondation de l'Imprimerie royale, qu'il continua à y avoir des officiers portant ce titre, même après la création de l'imprimerie du Louvre, en 1640, comme on peut le voir plus loin.

[2] Jean de la Barre, chevalier, comte d'Étampes, conseiller et chambellan ordinaire du roi, premier gentilhomme de sa chambre, garde de la prévôté de Paris, délivrait alors les priviléges d'impression.

[3] A peine le privilége fut-il périmé, qu'on réimprima cette pièce, comme on le voit par un exemplaire d'une édition en caractères gothiques de huit feuillets in-8°, datée de 1531, et qui se trouve à la Bibliothèque nationale.

Le sacre de la reine avait eu lieu à Saint-Denis cinq jours avant, le 5 mars 1530 (1531, nouveau style).

Quelques jours après, Tory publia encore un autre livret du même auteur, c'est *Lentrée de la Royne en sa ville et cité de Paris, imprimee par commandement du roy nostre sire.* Vingt-quatre feuillets in-4°, même disposition que le *Sacre*. Le privilége de ce livret, daté d'Anet, le 26 avril 1531 (Pâques tombait le 9 avril cette année-là), ne donne plus à Tory que le titre de libraire, mais c'est évidemment par suite d'une simple omission [1]. Ce livret renferme deux pièces en vers latins de Geofroy Tory, l'une adressée à la reine (*ad reginam Leonorem*), l'autre au peuple français (*ad gentem gallicum*). On lit au verso du dernier feuillet : « Ce present livre fut acheve dimprimer le mardy neufviesme iour de may M. D. XXXI. »

Ce livret nous offre le spécimen de trois caractères différents de Geofroy Tory, un *saint-augustin* qui a servi à imprimer le texte, une *philosophie* et un *petit-texte*.

Sur toutes ces éditions nous retrouvons les encadrements et le *Pot cassé* de Geofroy Tory, et cette souscription : « On les vend a Paris, en la rue Sainct Jacques, devant lescu de Basle, et devant leglise de la Magdaleine, a lenseigne du Pot casse. »

Nous voyons ici que Tory avait abandonné son se-

---

[1] Il y en a bien une plus étrange, celle de la signature DE LA BARRE, qu'on a été obligé de *pousser* à la main sur chaque exemplaire, au-dessous du privilége.

cond domicile, situé rue Saint-Jacques, trop étroit sans doute pour recevoir son imprimerie, mais où il conservait encore un magasin de librairie, et était venu s'établir au milieu de la Cité, presque en face de l'église de la Magdeleine, qui occupait à peu près le coin des rues de la Juiverie et des Marmouzets. Son nouveau domicile se trouvait sur l'emplacement de l'ancienne et célèbre *halle aux blés de Beauce*, dans une maison où il transporta son enseigne du *Pot cassé* (qu'elle conserva pendant quelques années), et qui correspond au n° 16 actuel de la rue de la Juiverie, suivant les renseignements qu'a bien voulu me communiquer sur ce sujet M. Berty, si versé dans la connaissance du vieux Paris.

Quoi qu'il en soit, le premier ouvrage, à ma connaissance, où Geofroy Tory prenne le titre d'imprimeur du roi est une petite plaquette de deux feuilles et demie in-4°, de mêmes dispositions typographiques que les précédentes, mais d'un caractère particulier (c'est le *cicéro* du *Champ fleury*), qui me semble avoir été gravé par Tory. Ce livret fut publié à l'occasion de la mort de Louise de Savoie, mère de François Ier, arrivée le 22 septembre 1531. Cette pièce est composée d'épitaphes latines et françaises, faites en l'honneur de la défunte[1], et porte sur sa première

---

[1] Ces trois opuscules sont réunis dans un même volume à la bibliothèque de l'Arsenal (H. 7634). Ils se trouvent aussi, mais isolés, et plus ou moins défectueux, à la Bibliothèque nationale. C'est par erreur que le dernier né figure pas sur le nouveau catalogue de cet établissement, car il y est sous la cote L. 623, r. c. pièce.

page ce titre mi-parti : « In Lodoicæ regis matris mortem epitaphia latina et gallica. — Epitaphes a la louenge de Madame mere du roy faictz par plusieurs recommendables autheurs. » Au-dessous on lit : « On les vend a Paris, devant Leglise de la Magdeleine, a Lenseigne du Pot casse. » — Le privilége, daté de Paris, le 15 octobre 1531, et signé DE LA BARRE, comme les deux précédents, donne positivement à Tory le titre d'imprimeur du roi : « Nous avons donne a maistre Geofroy Tory, marchant, libraire et imprimeur du roy, privilege, etc. »

A la dernière page, qui, comme la première, est encadrée, on lit : « Imprime a Paris a Lenseigne du Pot casse, par maistre Geofroy Tory de Bourges, Marchant, Libraire et Imprimeur du roy. Le XVII. jour Doctobre M.D.XXXI. »

On peut, je crois, conclure des termes de cette souscription que Geofroy Tory était également libraire du roi ; mais il ne fut pas le premier pourvu de ce titre par François Ier, car il avait eu pour prédécesseur Jean de Sansay, qui avait succédé lui-même à Guillaume Eustache [1]. Ce dernier est déjà qualifié de libraire du roi sous Louis XII, en 1514, dans la souscription du troisième volume des *Chroniques de France*, dont l'impression avait été commencée par Antoine Vérard, mort avant son achèvement [2]. Jean

---

[1] Eustache avait peut-être succédé à Pierre le Rouge. Voyez ce que je dis de ce dernier dans l'avant-propos.

[2] Voici la copie de cette souscription : « Cy finist le tiers et der-

de Sansay avait remplacé sans doute Guillaume Eustache dans sa charge vers 1522[1], et la conserva jusqu'en 1530, car les comptes royaux nous apprennent qu'il reçut cette année 240 livres tournois pour ses appointements d'un an, commençant au 1er janvier 1528 (1529, nouveau style) et finissant au dernier décembre 1529 [2].

Quels appointements recevait Geofroy Tory pour ses deux charges? C'est ce qu'il m'est impossible de dire d'une manière positive : toutefois, si nous en jugeons par ce que je viens de rapporter au sujet de Jean

nier volume des grans croniques de France, imprimees a Paris lan mil cinq cens et quatorze, le premier iour doctobre, pour Guillaume Eustace, libraire du Roy et relieur iure de l'Universite de Paris. » (Bibl. nat., L^{358}, folio.) — C'est le premier livre, à ma connaissance, où Guillaume Eustache ait pris le titre de libraire du roi.

[1] Le dernier livre que je connaisse d'Eustache est une traduction française des Épîtres de saint Jérôme, in-folio, dont voici la souscription : « Cy finist la tierce partie des Epistres sainct Hierosme, imprimee a Paris pour Guillaume Eustace, libraire du Roy nostre sire et iure de l'Universite de Paris. » Ce livre fut achevé à la fin du mois de mars 1520, avant Pâques (c'est-à-dire le 31 mars 1521, nouveau style), comme on le voit à la huitième page. (Bibl. de l'Arsenal.)

[2] Archives générales de France, reg. KK. 99, fol. 116 v° :

« LIBRAIRIE.—A maistre Iean de Sansay, libraire ordinaire du roy nostre sire, la somme de deux cens quarante livres tournoys a luy ordonnee par le dict sieur et son estat, pour ses gaiges de libraire ordinaire d'icelluy sieur, par luy desserviz durant ceste presente annee commencee le premier iour de ianvier mil cinq cens vingt huict, et finye le dernier iour de decembre ensuivant mil cinq cens vingt neuf, de laquelle somme ce present commis a faict payement audict de Sansay par vertu du dessusdict estat, comme appert par sa quictance signeé a sa requeste de M^e ..... Huault, notaire et secretaire du roy, le vingt troisiesme iour de ianvier l'an mil cinq cens vingt neuf cy rendue. Pour cecy ladicte somme de ii^c xl l. t. »

Ce Jean de Sansay ne figure pas dans le *Catalogue* de Lottin parmi les libraires de Paris.

de Sansay et par des documents contemporains qu'on trouvera à l'Appendice[1], il devait avoir par an, comme libraire 240 livres tournois, et comme imprimeur 100 écus au soleil[2], qui, au taux courant de 45 sous pièce, faisaient 225 livres tournois. Cette somme est, en effet, celle que recevait encore, plus d'un siècle après (en 1671), l'imprimeur royal Jean le Petit.

Voici l'indication des seuls ouvrages publiés par Tory comme imprimeur qu'il m'a été possible de découvrir. On verra qu'il y en a encore plusieurs de sa composition, ce qui prouve son activité.

LISTE DES IMPRESSIONS EXÉCUTÉES PAR GEOFROY TORY.

Comme simple imprimeur.

I. « Les Tables de l'ancien philosophe de Cebes avec trente dialogues moraux de Lucian, translatez de latin en langage vulgaire par G. Tory[3]. » Le privilége est du 18 septembre 1529, pour dix ans. Le livre fut achevé d'imprimer le 5 octobre 1529. Il forme un volume petit in-8° en deux parties, avec encadrements assez grossiers à chaque page. Le tout se compose de douze feuillets préliminaires, contenant un long er-

---

[1] Pièces nos 6 et 7.

[2] C'est du moins le chiffre des appointements attribués à Conrad Néobar en 1538. (Voyez la pièce n° 6.)

[3] Gilles de Gourmont venait de publier les Dialogues de Lucien en grec (in-4°, 1528); mais la traduction de Tory est faite d'après une traduction latine. Quoiqu'il connût le grec, Geofroy ne s'en servait pas volontiers. C'est généralement d'après le latin qu'il a rendu les auteurs grecs dont il s'est occupé.

rata, et de deux séries de signatures, la première de A à T, la seconde de *a* à *v*. Le livre était en vente chez l'auteur « rue Sainct Jacques, devant lescu de Basle[1], a lenseigne du Pot casse, » et chez Jean Petit, « rue Sainct Jacques, a lenseigne de la Fleur de lys. » Rien n'indique où le livre a été imprimé ; mais comme il est exécuté avec le caractère qui a servi à imprimer les Épitaphes de Louise de Savoie, je pense qu'il sort de l'atelier de Tory. Dans ce cas, c'est le premier qu'il ait imprimé. Le long errata qu'il renferme semblerait en effet indiquer un début, et expliquerait pourquoi on s'est abstenu de nommer l'imprimeur. (Bibl. nation. Z anc. 1364, et de l'Arsenal, Sc. et A. 1580.)

Dans ce livre, Tory revient à la charge contre les *rufients* qui altéraient le français sous prétexte de le perfectionner. Il y a quelques tirades bien dignes de figurer dans le *Champ fleury*. Il finit son préambule par un passage curieux, qui, comme celui de l'*Ædiloquium*, que j'ai transcrit plus haut, nous donne une idée de ses goûts : « Je crois que si lancien et noble painctre Zeusis Herodeote, si Raphael durbin, Michel lange, Leonard vince ou Albert durer vouloient paindre philosophes et leurs diverses contenances, quils ne les porroient si bien ne si au naturel paindre que notre Lucian les vous y painct. »

II. Heures (en latin) suivant l'usage de Rome, in-16,

---

[1] C'était l'enseigne du célèbre imprimeur Chrétien Wechel ; elle était située à droite en montant dans la rue Saint-Jacques, près de l'église Saint-Benoit. La maison du *Pot cassé* était en face.

avec figures et bordures, en caractères romains, achevées le 8 février 1529, date qui correspond au 8 février 1530, nouveau style, et prouve que Tory s'était fait recevoir imprimeur en 1529. Voici le titre exact de ce livre, que je décrirai plus loin d'après l'unique exemplaire que j'en aie vu, celui de M. Salomon de Rothschild : « Horæ in laudem beatissimæ Virginis Mariæ secundum usum romanum. » On lit au dernier feuillet : « Parrhisiis, apud Gotofredum Torinum Biturigum. vIII. die Febr. anno Sal. M.D.XXIX. Ad insigne Vasis effracti. »

III. Les Politiques de Plutarque, traduites par Tory, et imprimées *probablement* par lui en 1530, petit in-folio. J'avoue n'avoir pas vu cette édition ; mais j'en ai trouvé l'indication quelque part, et elle doit exister en effet, car l'édition de 1534, dont je vais parler, en présuppose une antérieure. Il est possible que je me trompe quant au format et au nom de l'imprimeur ; mais la date me paraît certaine, et j'en conclus le lieu d'impression. Du Verdier, confondant les deux éditions, en cite une imprimée à Paris, in-8°, par Guillaume Boullé, en 1530 [1]. Il y a autant d'erreurs que de mots dans cette indication. L'édition de Guillaume Boulle ou Boullé, car ce mot, suivant l'usage du temps, ne porte pas d'accent, n'a pas été imprimée à Paris, n'est pas in-8°, et n'est pas de 1530. Malheureusement La Caille [2] n'a pas pris la peine de contrôler

---

[1] *Bibl. françoise*, art. *Geofroy Tory*.
[2] *Hist. de l'imprimerie*, p. 102.

ce renseignement de du Verdier, et il a fait de Guillaume Boullé un imprimeur libraire de Paris. Lottin, dans son *Catalogue*, n'a pas manqué de copier La Caille, et de mentionner, sous la date de 1530, un Guillaume Boullé, libraire et imprimeur, à côté de Jean Boullé, libraire[1]. Ce Jean, que La Caille appelle simplement Boulle, et qu'il fait exercer seulement en 1543, était-il en effet parent de Guillaume? C'est ce que je ne saurais dire. Quoi qu'il en soit, voici la description complète de l'édition des *Politiques* donnée par ce dernier. C'est un in-16 renfermant huit feuillets préliminaires et cent quatre feuillets de texte, en caractère dit de *civilité*. On lit sur le titre, qui est orné d'un cadre grossier :

« Politiques ou Civiles Institutions pour bien regir la Chose publ. iadis composees en Grec par Plutarche, et despuys translatees en francoys par maistre Geofroy Tory[2], et dediees par ledict Translateur a tres illustre prince et plein de bon Espoir en toute heureuse vertu Francoys de Valloys, Daulphin de France.

« Disputation de Phavorin philosophe nouvellement y a esté adioustée. — Item chapitre demonstrant combien sont destatz de la Chose publ.

« On les vend a Lyon en la rue Merciere, a la boutique de Guillaume Boulle, libraire a la fleur de lys d'or. — Avec privilege. 1534. »

---

[1] *Catalogue des libraires et imprimeurs de Paris*, t. I, p. 24. Lottin écrit aussi *Boulle*, t. II, p. 16.

[2] D'après ce que je viens de dire à l'une des notes précédentes

Au verso du titre est une gravure représentant la Justice, avec cette inscription : *Justitia in sese virtutes continet omnes.* Puis vient au feuillet suivant la dédicace de « Geofroy Tory de Bourges a son seigneur tres debonnaire Francoys de Valloys, daulphin de France [1]. »

— « En translatant ce petit livre (lui dit-il), iay souventesfoys en moy pense a qui de tous mes bons amys ie le devoys plustost dedier. Ou se ie le dediroye (comme iay par cy devant faict de certains autres livres que iay faictz et translatez en langage francoys) a tous studieulx et vrayz amateurs de bonne lecture et honneste passe temps. Mais enfin, cognoissant la vertueuse nature..... en quoy tu es...., iay en moy trouve que..... cest a ta florissante seigneurie que ie doibs et suis tenu le consecrer. »

Après la table on lit : « A ces Politiques on a nouvellement adiouste ce que sensuyt, cest a savoir : — La disputation de singulier philosophe Phavorin, en laquelle par efficaces raisons est desmontre comment la mere de son propre laict doibt nourrir son enfant. »

Cette note me confirme dans l'opinion qu'il y a eu une première édition de ce livre, ne contenant que les *Politiques*. Comment croire, en effet, que c'est à Lyon qu'on a publié pour la première fois sur le ma-

---

(p. 54, note 3), je doute que cette traduction ait été faite directement du grec par Tory.

[1] Il s'agit ici du fils ainé de François Ier, qui mourut quelques années après à Lyon d'une façon fort singulière. Cette mort donna lieu à un procès dont nous aurons occasion de parler plus loin (p. 68).

nuscrit le travail de Tory, qui exerçait alors l'imprimerie à Paris?

A la fin du volume se trouve la marque de Guillaume Boullé ou Boulle, car on ne voit d'accent nulle part.

Ce petit livre se trouve à l'Arsenal (S. et A. 3843), et à la Bibl. nat. (R. 2711 — 1.) Ce dernier exemplaire est incomplet du feuillet final, portant la marque du libraire, qu'un *collectionneur* a coupé pour enrichir son cabinet.

IV. « La procession de Soissons devote et memorable faite a la louange de Dieu pour la delivrance de nosseigneurs les enfans de France. A Paris, a lenseigne du Pot casse, rue Saint Jacques [1], chez maistre Geofroy Tory de Bourges. M. D. XXX, » in-4° [2].

V. « Science pour senrichir honestement et facilement, intitulee Leconomie Xenophon, nagueres translatee de grec et latin en langaige francoys par maistre Geofroy Tory. — Acheve dimprimer par Geofroy Tory de Bourges, lan 1531, » petit in-8° [3].

VI. « Apologie pour la foi chrestienne contre les erreurs contenues en un petit livre de messire Georges Halevin. Paris, G. Tory, 1531, in-8° [4]. »

---

[1] Nous avons vu précédemment que c'était là le second domicile de Tory.

[2] J'emprunte cette indication à Panzer (*Annal. typogr.*, t. VIII, p. 138), car je n'ai pu voir ce volume.

[3] J'emprunte ce renseignement au *Manuel* de M. Brunet (t. IV, p. 738), car je n'ai pu voir ce livre de Tory.

[4] J'emprunte ce renseignement au *Catalogue de la bibliothèque*

Par le commandement du roi.

VII. Le Sacre et couronnement de la royne, par Bochetel. (Voyez ce que j'en ai dit précédemment, p. 49.) In-4°, 16 mars 1530 (1531, nouveau style).

VIII. L'Entrée de la Royne, par Bochetel. (Voyez ce que j'en ai dit précédemment, p. 50.) In-4°, 16 avril 1531.

Comme imprimeur du roi.

IX. Épitaphes de la reine mère. (Voyez ce que j'en ai dit précédemment, p. 51.) In-4°, 17 octobre 1531.

X. « La Mouche de Lucian et la maniere de parler et se taire, » traduction de Tory (Bibl. nat. Z. 1918). C'est une petite plaquette de quelques feuillets in-8°, sans indices typographiques. Elle n'a peut-être pas été imprimée par Tory; mais comme il s'y qualifie d'imprimeur du roi, j'ai cru pouvoir la placer ici.

XI. « Heures suivant l'usage de Rome, in-4°, publiées le 20 octobre 1531, en latin. C'est une nouvelle édition des Heures imprimées en 1525 chez Simon de Colines. On y voit figurer les mêmes cadres et sujets; seulement on a ajouté ici quelques gravures qui avaient déjà paru dans les livres précédents. Je décrirai plus loin ce livre, qui est imprimé avec le caractère du

---

de feu M. de la Vallière (t. I, p. 275), car il m'a été impossible de voir cet ouvrage, qui devrait être cependant à la bibliothèque de l'Arsenal avec les autres livres de M. de la Vallière, et à celle de Sainte-Geneviève, où il a dû entrer avec la bibliothèque de Le Tellier, sur le catalogue de laquelle il se trouve également porté.

Champ fleury, et dont voici le titre : « Horæ in laudem beatiss. Virginis Mariæ. Ad usum romanum. »

XII. Histoire des empereurs de Turquie, traduite du latin en français par Barthelemy Dupré. 1532[1].

XIII. « Histoire ecclesiastique (d'Eusèbe), translatee de latin en francois par messire Claude de Seyssel, evesque de Marseille et depuis archevesque de Turin. » Imprimée *par le commandement du roy*, comme on le lit en gros caractère sur le titre, cette histoire forme un volume in-folio, achevé par Tory le 21 octobre 1532. « On la vend, etc... par maistre Geofroy Tory de Bourges, marchant, libraire, et imprimeur du roy. » Ce livre se trouve en deux exemplaires à la bibliothèque de l'Arsenal. (Voy. H. 12334 *ter*, in-fol. double, le premier exemplaire étant incomplet du dernier feuillet, où est la souscription.)

XIV. « Ladolescence clementine. Autrement les œuvres de Clement Marot de Cahors en Quercy, valet de chambre du roy, composees en leage de son adolescence. — Avec la complaincte sur le trespas de feu messire Florimond Robertet. Et plusieurs autres œuvres faictes par ledict Marot depuis leage de sadicte adolescence. Le tout revu, corrige et mis en bon ordre. — On les vend a Paris devant leglise Saincte Geneviefve des Ardens, rue Neufve Nostre Dame. A lenseigne du Faulcheur. Avec privilege pour trois ans. —

---

[1] J'emprunte ce renseignement écourté à une biographie de Tory publiée par M. Chevalier de Saint-Amand, bibliothécaire honoraire de Bourges, dans les *Annonces Berruyères*, n. 38 (21 septembre 1837).

(A la fin :) Ce present livre fust acheve dimprimer le lundy .xii. iour daoust. Lan m. d. xxxii. Pour Pierre Roffet, dict le Faulcheur. Par maistre Geofroy Tory de Bourges, imprimeur du roy. » In-8°, 1re édition. On n'en connaît qu'un seul exemplaire, aujourd'hui dans la bibliothèque de M. Coppinger[1], qui a bien voulu me permettre de l'étudier à loisir. Le volume se compose d'abord de quatre feuillets préliminaires (une demi-feuille), comprenant : 1° le titre que je viens de transcrire ; 2° au verso quelques vers louangeurs, parmi lesquels figure ce distique de Tory, qui n'était pas seulement l'imprimeur de Marot, mais aussi son ami :

> Vis lauros, cypriasque comas, charitesque, jocosque,
> Inde sales etiam nosse ? Marotus habet.

3° l'épître de Clément *a un grand nombre de freres...* datée du 12 août 1532, c'est-à-dire du jour même où Tory acheva l'impression du livre, et non pas du 12 août 1530, comme on l'a imprimé par erreur dans quelques éditions subséquentes, qui ont fait croire à une impression antérieure à celle-ci; 4° la table; 5° un feuillet entièrement blanc. Puis vient le texte de l'*Adolescence clémentine*, qui s'étend du folio 1 à 104, où

---

[1] M. Coppinger est un bibliophile américain fixé en France depuis quelques années, et qui, ayant pris goût aux anciens livres français, en a formé la plus curieuse et la plus riche collection qu'il soit possible de voir. Son obligeance double le prix de sa bibliothèque pour les érudits, auxquels il se plaît à communiquer ce trésor littéraire.

on voit le mot FINIS; et après cela le *Chant royal*, etc., allant de 105 à 115. Le livre est terminé par un *errata*, folio 116 non coté. La *table*, qui est dans les feuillets préliminaires, nous apprend qu'une ode avait déjà été publiée séparément, mais on n'en connaît pas d'exemplaire.

XV. Une deuxième édition de ce livre fut donnée par le même libraire, et achevée par Tory le 13 novembre 1532. Elle diffère de la première en ce qu'on a réuni au texte les pièces liminaires, ou pour mieux dire les deux premiers feuillets (car la table a été reportée à la fin du volume, à la place de l'*errata* supprimé). Le volume se compose de cent dix-neuf feuillets, le dernier non chiffré. Le mot FINIS paraît toujours au folio 104, après l'*Adolescence clémentine*; ensuite vient le *Chant royal*, etc.; puis enfin deux feuillets intitulés : *Autres œuvres faictes en sa dicte maladie*, signalés par cette phrase sur le titre : « Plus amples que les premiers imprimez de ceste, ny autre impression. » (Bibliothèque Mazarine, n° 21653.)

XVI. Une troisième édition fut imprimée par Tory le 12 février 1532 (1533, nouveau style), en tout conforme à la précédente, mais n'ayant que cent dix-huit feuillets. (Il s'en trouve à la Bibliothèque nationale un exemplaire auquel est jointe : *La suite de l'Adolescence clémentine*, ayant trois feuillets préliminaires, cent vingt-six feuillets de texte, au dernier desquels est la marque de Pierre Roffet, signée de la croix de Tory; mais non pas imprimée par lui, car le livre l'a été pour la veuve de Roffet, et ce dernier ne mourut, à ce que l'on croit, qu'en 1537, c'est-à-dire lorsque déjà Tory n'était plus imprimeur.)

XVII. Une quatrième édition parut le 7 juin 1533, conforme à la précédente, sauf les mots *plus amples*, etc., qui ont été remplacés sur le titre par ceux-ci : « Avec certains accens notez, cest assavoir sur le é masculin different du feminim, sur les dictions joinctes ensembles par sinalephes, et soubz le ç quant il tient de la prononciation de le s, ce qui par cy devant par faulte dadvis n'a este faict au langaige françoys, combien qu'uil (*sic*) y fust et soyt tres necessaire. » C'est le premier ouvrage où Tory ait appliqué le système orthographique qu'il avait proposé dans le *Champ fleury*. On s'en aperçoit à l'inexpérience des compositeurs, qui dans cet avis même ont fait plusieurs fautes que j'ai reproduites[1]. Ce livre, dont un des rares exemplaires se trouve à la Biliothèque nationale, nous offre encore une autre particularité intéressante. Le titre en est disposé d'une manière différente de celle en usage alors. Les

---

[1] Cette réforme si nécessaire se propagea bien vite. L'année ne s'était pas écoulée qu'un autre imprimeur de Paris, Antoine Augereau, publiait sur la matière un petit traité intitulé : « Briefve doctrine pour deuement escripre selon la propriété du langaige françoys. » Cette pièce curieuse, qui se trouve jointe au *Miroir de tres chrestienne princesse Marguerite de France*, in-8°, 1533 (Bibl. nat., Y. 4525), nous apprend entre autres choses que l'*e* final qui demande l'accent aigu (aveuglé) était alors qualifié de *masculin*, et qu'on désignait par le mot *féminin* celui qui ne comporte pas l'accent (aveugle). Ce sont en effet les expressions dont se sert Tory. C'est de là sans doute que vient l'épithète de *féminine*, donnée encore aujourd'hui dans la poésie française aux rimes muettes.

deux premiers mots, dans les trois premières éditions, forment quatre lignes de majuscules de même force et de même longueur, grâce à l'espacement (LADOLES— CENCE — CLEMEN — TINE); dans la quatrième, ce titre ne forme plus que deux lignes seulement (LADOLESCENCE — CLEMENTINE), mais également de même force, contrairement à ce qui se pratiquait chez les autres imprimeurs, qui auraient diminué d'un degré au moins la force et la longueur de chacune de ces lignes, sans se préoccuper de la logique. Ainsi ils auraient probablement imprimé de la sorte :

LADOLES
CENCE CLEMEN
tine.

Le mode d'exécution de Tory, emprunté à la disposition des inscription antiques, était peut-être moins agréable à l'œil; mais il était plus rationnel. C'était un acheminement à ce qui se pratique aujourd'hui, où la grosseur des caractères sur les titres est variée, mais appropriée à l'importance des mots qui composent ce titre. En tout, on le voit, Tory était un initiateur.

XVIII. « Jan Marot de Caen, sur les deux heureux voyages de Genes et de Venise victorieusement mys à fin par Loys douziesme.... et veritablement escriptz par iceluy Jan Marot, alors poete et escrivain de la tres magnanime royne Anne, duchesse de Bretagne, et depuis valet de chambre.... du roy François Ier. —

On les vent a Paris, devant leglise Sainte Geneviefve des Ardens, rue Neufve Nostre Dame, a lenseigne du Faulcheur, avec privilege pour trois ans. Acheve dimprimer le 21 de janvier 1532 (1533, nouveau style) pour Pierre Roufet, dit le Faulcheur, par maistre Geofroy Tory de Bourges, imprimeur du roy. » In-8° de 101 feuillets. (Bibl. nat., réserve, Y. 4482.)

XIX. M. Brunet cite une seconde édition de ce livre, exécutée par Tory en 1533 pour le même libraire, qui dans le même temps publiait aussi, comme on a vu, les œuvres de Clément Marot, fils de Jean.

XX. « Les troys premiers livres de lhistoire de Diodore Sicilien, historiographe grec..., translatez de latin en francoys par maistre Antoine Macault, notaire, secretaire et vallet de chambre ordinaire du roy Francoys premier. — Imprimé de l'ordonnance et commandement dudit seigneur. — Avec privilege a six ans. — On les vent a Paris, en la rue de la Juifverie, devant la Magdaleine, a l'enseigne [1] du Pot cassé. » (A la fin :) « Imprimé a Paris, en avril M. D. XXXV, » puis le *Pot cassé*; in-4°. — On voit dans ce livre une magnifique gravure représentant François Ier qui écoute la lecture du livre de Macault. Cette gravure est probablement de Tory, mais elle n'est pas signée. L'exemplaire de ce livre que j'ai vu à la Bibliothèque nationale (*Vélin*, I, n° 56) porte au verso

---

[1] Là et ailleurs on trouve l'apostrophe; mais le fait n'est pas encore constant; il se passa encore quelque temps avant que la réforme orthographique de Tory fût généralement mise en pratique.

du titre les armes d'Angleterre, peintes probablement sur un des cadres à devise de Tory [1]. Le nom de ce dernier, toutefois, ne paraît nulle part, et je suis porté à croire que ce n'est pas lui qui a imprimé le livre, mais son successeur, qu'il aurait déjà installé chez lui.

Ceci demande une explication.

Arrivé à cette période de sa vie, Geofroy Tory, qui ne paraît pas s'être beaucoup occupé de littérature, s'occupait, comme on voit, fort peu d'imprimerie, puisque depuis le 7 juin 1533 nous ne trouvons rien à son nom. Cependant les soins à donner à sa typographie, à sa librairie et à celle du roi surtout, suffisaient pour le détourner de son travail de prédilection, la gravure. En effet, nous ne voyons de lui aucune grande œuvre d'art qu'on puisse rapporter à l'époque où il a exercé l'imprimerie.

L'âge ayant naturellement diminué son activité, Tory résolut d'abandonner une partie de ses emplois pour pouvoir se livrer entièrement à la gravure, qui était plus dans ses goûts. Il choisit pour son successeur Olivier Mallard, auquel il céda jusqu'à son enseigne, et qu'il fit ensuite agréer par François Ier comme libraire et imprimeur royal. C'est, je pense, dans l'intervalle de cette cession à la nomination officielle de Mallard que le livre de Macault fut imprimé à l'enseigne du *Pot cassé*. Nous possédons, en effet, une autre impression [2] faite à la même enseigne, peu de

---

[1] M. Ambroise Firmin Didot possède un exemplaire de ce livre en papier, encore dans son ancienne reliure, avec le *Pot cassé*.
[2] Bibl. nat., Lb^{30} 72.

temps après, où le nom de Mallard [1] seul paraît : c'est la « copie de l'arrest du grand conseil donné à l'encontre du miserable empoisonneur de monseigneur le dauphin, etc. » Une feuille in-8° tirée en deux cahiers. Au verso du titre commence l'arrêt donné à Lyon le samedi 7 octobre 1536 ; puis viennent quelques pièces de vers de Jean Henon, et un *dizain par l'imprimeur de la presente en regret de la mort du dauphin* : dix vers assez mauvais, terminés par les mots *tout par moien*, en forme de signature, et dont je n'ai pu deviner le sens. On lit au verso du dernier feuillet : « Il est deffendu a tous libraires et imprimeurs de la ville et prevosté de Paris de non imprimer ne mectre en vente ceste presente copie dedans troys moys, sur penne de confiscation desdictes copies et damende, fors que a M. O. Mallard. Donné a Paris, ce XVIII octobre 1536. — I. MORIN. »

On voit que si Mallard n'était pas encore imprimeur du roi, il était du moins l'imprimeur officiel. Je ne pourrais dire l'époque précise de sa nomination ; mais il était certainement nanti de la charge avant 1538, puisqu'à cette date il publia [2] deux ouvrages

---

[1] Olivier Mallard l'imprimeur était sans doute parent de Jean Mallard l'écrivain, qui figure vers le même temps sur les comptes de François Ier :

« A Jehan Mallart, escripvain, pour avoir escript unes heures en parchemin, presentées au roy pour les faire enlumyner, en don à prendre sur les deniers de l'espargne à l'entour du roy... XLV liv. »
(Rôle non daté, mais des environs de 1538, publié par M. de Laborde, *Renaissance des arts*, t. I, p. 924.)

[2] C'est sans doute ce qui a fait dire à Papillon que Tory était mort en 1536. (*Traité de la gravure sur bois*, t. I, p. 509.)

de Jean Gillot [1] : *De juridictione et imperio libri duo* et *Isagoge in juris civilis sanctionem*, in-4° [2], sur le titre desquels on lit, au-dessous du *Pot cassé* : « Vænit O. Mallardo, regio typographo ac librario, « sub signe vasis fracti. »

François Ier ne fit nulle difficulté sans doute d'accepter un imprimeur du choix de Tory, pour lequel il avait beaucoup de considération ; mais il profita de la retraite de ce dernier pour donner une nouvelle organisation à l'institution des imprimeurs royaux. Il restreignit l'office de Mallard à l'impression du français, et nomma dans cette même année 1538 deux nouveaux imprimeurs du roi [3], l'un pour le grec, Conrad Néobar, l'autre pour le latin et l'hébreu, Robert Estienne, comme complément indispensable du collége *des trois langues*, aujourd'hui le Collége de France, qu'il venait de fonder.

D'un autre côté, si François Ier laissa à Olivier Mallard le titre de libraire du roi, qu'il prend en effet sur ses impressions, il paraît qu'il en fit un titre purement honorifique pour celui-ci ; car nous voyons dans le même temps un autre libraire du roi, Claude Chappuis, dont l'emploi était bien réel, comme le prouvent les extraits suivants des comptes royaux publiés par M. Léon de Laborde :

---

[1] « Caussarum in suprema Parisiorum curia patronus. » Cette belle phrase veut sans doute dire *avocat!*

[2] Bibl. nat., 4° F. 1840.

[3] Voir sur ces deux imprimeurs royaux mon travail intitulé : *les Estienne et les types grecs de François Ier*.

A maistre Claude Chappuis, libraire du dict seigneur, la somme de trente trois livres cinq sols tournois, à luy ordonnée par iceluy seigneur, pour son remboursement de plusieurs menues parties par luy fournies et paiées pour la garniture de livres que le dict seigneur a faict apporter de Thurin, port d'iceulx de Fontainebleau à Paris, et à Sainct-Germain en Laye, et dudict Sainct-Germain es lieux de Paris et Fontainebleau, et despense faicte par ledict Chappuis, cy xxxiii l. v s.[1].

A maistre Claude Chappuys, libraire du dict seigneur, la somme de six vingtz dix livres dix sols tournois pour son remboursement de semblable somme qu'il a desboursée de ses deniers à ung libraire de Paris, nommé le Faucheux, pour avoir, de l'ordonnance et commandement dudict seigneur, rabillé, relié et doré plusieurs livres de sa librairie, en la forme et maniere d'un evangelier, ja relié et doré par icelluy le Faulcheux, escript de lettres d'or et d'ancre[2].

Claude Chappuis se servait sans doute, pour faire dorer les livres de la bibliothèque ou *librairie* du roi, comme on disait alors, des fers que François Ier avait fait acheter récemment à Venise, ainsi qu'on l'apprend d'un autre rôle sans date, mais un peu antérieur, conservé également aux Archives[3], et où on lit :

« A Loys Alleman, Fleurantin, pour envoyer querir à Venise des fers pour imprimer aucuns livres italiens, et pour les frais d'icelle impression, la somme de xve livres. »

Chappuis recevait 240 livres d'appointements par an à titre de libraire du roi, comme le prouve un reçu

---

[1] *La Renaissance des arts*, t. I, p. 973.

[2] *Ibid.*, p. 925. — Le Faucheux dont il est ici question était probablement le libraire Pierre Roffet, dit *le Faulcheur* (cité précédemment comme éditeur des deux Marot père et fils), ou l'un de ses fils, qui, comme lui, avaient un *faucheur* pour enseigne.

[3] J. 960, pièce 95.

de lui qu'on trouvera à l'Appendice [1]. J'ignore ce que recevait Mallard au même titre; mais je suis tenté de croire qu'il n'avait rien autre que le bénéfice que lui procurait la fourniture des livres de la *librairie* du roi, ce à quoi dut se réduire son office. Je pense, en effet, qu'il y eut alors deux libraires du roi bien distincts : le libraire industriel, chargé de fournir les livres, et le libraire intellectuel ou bibliothécaire, chargé de leur garde et de leur conservation. Cela expliquerait pourquoi ni Claude Chappuis [2], ni Jean de Sansay, que j'ai cité précédemment, ne figurent parmi les libraires de Paris.

Mais revenons aux imprimeurs du roi, et par suite à Geofroy Tory, le premier titulaire.

Nous n'avons pas l'acte qui conféra à Robert Estienne le titre d'imprimeur du roi; mais nous avons la preuve qu'il le possédait dès 1539. Maittaire [3] prétend, je ne sais sur quel fondement, que Robert fut nommé le 24 juin de cette année. Je crois que sa nomination est antérieure, c'est-à-dire qu'elle remonte, comme celle de Néobar, à 1538, ou, pour mieux dire, au commencement de 1539. Nous lui voyons, en effet, prendre le titre d'imprimeur du roi (*typographus regius*) sur plusieurs ouvrages imprimés par lui cette année-là.

[1] Pièce n° 7.

[2] Ce personnage est sans doute celui qui, sous les mêmes noms, faisait partie de la maison que Jean du Bellay avait à Rome en 1536, lors de son ambassade.

[3] Voyez sur toute cette affaire mon travail intitulé : *les Estienne et les types grecs de François Ier*.

De plus je ferai remarquer que, dans un édit très-intéressant touchant les imprimeurs de France, daté du 31 août 1539, le roi rappelle déjà qu'il a « naguieres créé et ordonné... pour procurer copiosité de livres utiles et necessaires..... imprimeurs royaux es langues latine, grecque et hébraïque [1]. »

Si nous n'avons pas le titre de Robert Estienne, nous sommes plus heureux en ce qui concerne Néobar, car nous possédons encore les lettres patentes [2] qui le créèrent imprimeur du roi pour le grec. Ce document curieux, si honorable pour François Ier, est bien digne de faire oublier son malheureux édit de proscription contre l'imprimerie, rendu le 13 janvier 1535 (nouveau style), plusieurs fois déjà invoqué contre la mémoire de ce prince dans ces derniers temps, quoique n'ayant pas reçu d'exécution.

Néobar étant mort en 1540, Robert Estienne lui succéda comme imprimeur du roi pour le grec, tout en conservant le titre d'imprimeur royal pour le latin et l'hébreu.

L'amour du roi pour les langues classiques ne fit pas négliger le français à ce prince : en 1539 il rendit une ordonnance fameuse, à laquelle Tory ne fut sans doute pas étranger [3], et portant que « d'ores en avant tous arrest, etc., seroient prononcés, enregistrés et

---

[1] Crapelet, *Études pratiques*, etc., p. 48.

[2] On trouvera à l'Appendice, pièce n° 6, la traduction qu'en a faite M. Crapelet. J'ai donné le texte original dans mon travail sur les Estienne, p. 11 et suiv.

[3] Au moins comme auteur du *Champ fleury*. Voici en effet ce qu'on lit dans ce livre, fol. 1 v° : « Donques iescripray en francois

deslivrés aux parties en langage maternel. » Robert Estienne, devenu imprimeur du roi pour le grec, le latin et l'hébreu, ne fit pas oublier non plus Olivier Mallard. Cet imprimeur étant mort vers 1543 [1], François Ier lui donna pour successeur, dans l'office d'imprimeur du roi pour le français, Denis Janot, un des plus habiles typographes de Paris, comme le constatent les termes mêmes des lettres patentes de François Ier qui lui confèrent son titre, et qu'on trouvera à l'Appendice (pièce n° 8).

selon mon petit stile et langage maternel, et ne lairay, combien que ie soye de petitz et humbles parens, et aussi que ie soye pouvre de biens caduques, a faire plaisir aux devots amateurs de bonnes lettres... Je sembleray cy par avanture estre nouvel homme, pource quon na point encores veu enseigner par escript en langage francois la facon et qualite des lettres ; mais desirant enluminer aucunement nostre langue, je suis content estre le premier petit indice à exciter quelque noble esperit qui se evertura davantage, comme firent les Grecs iadis et les Romains, mettre et ordonner la langue francoise a certaines reigles de pronuncer et bien parler. Pleust a Dieu que quelque noble seigneur voulust proposer gages et beaux dons a ceux qui ce porroient bien faire. » François Ier lui-même fut ce noble seigneur.

[1] La dernière impression de Mallard, d'après La Caille (*Hist. de l'imprimerie*, p. 110), qui écrit mal ce nom Maillard, est une traduction des *Dialogues de Platon*, par Simon de Valembert, publiée en 1542. Je n'ai pu trouver ce livre à Paris, mais j'en ai vu un autre chez le libraire Techener, qui est probablement postérieur ; il est intitulé : « Le livre de Ange Bologninus, de la curation des ul-
« ceres exterieurs, traduit de latin en francoys.—Paris, au Pot cassé,
« en limprimerie de Olivier Mallard, libraire et imprimeur du roy.
« 1542. » In-8° de quatre feuilles d'impression. Le privilége étant daté du 1er décembre, ce livret est probablement la dernière impression de Mallard, puisqu'il était remplacé au 1er janvier suivant, comme on peut le voir à l'Appendice, pièce n° 7. Mallard publia aussi en 1542 un livre d'*Heures* orné des bois de Tory, et dont je parlerai plus loin. Après sa mort, l'enseigne du *Pot cassé* devint la propriété du libraire Michel de la Guierche, qui demeurait rue Jacob.

Tory contribua sans doute à la nomination de Robert Estienne et de Denis Janot, comme il avait contribué à celle de Mallard. Il était, en effet, en relations quotidiennes avec ces deux célèbres imprimeurs, pour lesquels il travaillait comme graveur, et avait été à même d'apprécier leur mérite. Il avait pour ainsi dire vu naître le premier, pendant qu'il travaillait pour son père Henri Estienne, chez lequel furent imprimés, comme nous avons vu, au moins deux ouvrages de Tory. C'est probablement encore Tory qui fit agréer à François Ier, pour graver les poinçons des types grecs que ce prince avait résolu de faire èxécuter dans l'intérêt des belles-lettres, son élève Claude Garamond, habile graveur de caractères, qui exécuta ce beau travail sous la direction de Robert Estienne, de 1541 à 1549. C'est avec ces célèbres types, connus sous le nom de *typi regii*, et conservés encore aujourd'hui à l'Imprimerie impériale, que les Estienne mirent au jour tant de belles éditions grecques dans le seizième siècle.

Quoique absorbé par ses travaux de gravure dans les dernières années de sa vie, Tory n'en trouva pas moins le temps de faire réimprimer quelques-uns de ses livres, et entre autres le *Sommaire des chroniques d'Egnasio*, en 1543, pour le libraire Charles l'Angelier, et le *Champ fleury*, en 1549, pour le libraire Gaultherot. Ce dernier livre, qui avait signalé son début dans la carrière artistique, en marqua donc aussi le terme. Je dis qu'il le fit réimprimer; mais je devrais peut-être dire qu'il le laissa réimprimer, car rien ne rappelle sa coopération dans cette réimpression, où on ne voit pas même figurer une seule fois le *Pot cassé*, quoiqu'on y ait laissé l'explication de cette enseigne. Ce fut sans doute une spéculation de librairie [1], basée sur la réputation que devait avoir Tory, âgé alors de plus de soixante ans. Quoi qu'il en soit, cette réimpression, où on a supprimé le titre gracieux de *Champ fleury*, forme un volume in-8° de cent soixante feuillets (l'in-folio en a quatre-vingts), outre les pièces liminaires, qui en ont seize (huit dans l'in-folio); il est intitulé : « L'art et science de la vraye proportion des Lettres Attiques, ou Antiques, autrement dictes Romaines, selon le corps et visaige humain, avec l'instruction et maniere de faire chiffres et lettres pour bagues d'or, pour tapisserie, vitres et painctures. Item de treize diverses sortes et façons de lettres; d'avantage la maniere d'ordonner la langue françoise par certaine regle de parler elegamment en bon et plus sain langage françois que par cy-devant, avec figures à ce convenantes, et autres choses dignes de memoire, comme on pourra veoir par la table; le tout inventé *par maistre Geoffroy Tory de Bourges.* »

Je n'ai copié intégralement ce long titre que pour

---

[1] L'année précédente avait vu paraitre un livre analogue publié à Rome, sous ce titre : « Libro di M. Giovanbattista Palatino, cittadino Romano, nel quel s'insegna a scrivere ogni sorte lettera, antica et moderna, di qualunque natione, con le sue regole et misure, et essempi; et con un breve et util discorso de le cifre, etc. » Rome, 1548, in-4° (avec 15 planches).

avoir occasion de faire remarquer les progrès qu'avait faits la typographie française depuis le jour où Geofroy Tory avait publié sa première édition, et grâce à cette publication même. En effet, nous trouvons ici les accents, les apostrophes et les cédilles, dont notre auteur avait signalé l'absence en 1529. Aussi peut-on dire que toute la partie grammaticale de son livre était devenue inutile précisément par suite de la première édition de ce livre. C'est à quoi ne prirent pas garde les éditeurs de la deuxième, qui laissèrent subsister les observations de Tory, tout en introduisant dans leur texte les signes nouveaux dont je viens de parler. Ainsi ils répètent que le *c* a deux sons en français, l'un solide dans *coquin*, etc., l'autre exile dans *françois*, etc. Mais en ajoutant une cédille au *c* de ce dernier mot, ils détruisent la justesse de l'observation que Tory faisait en 1529 [1].

On ne voit pas par qui le livre fut imprimé; on apprend seulement au dernier feuillet qu'il le fut le 26 août 1549, « pour Vivant Gaultherot, libraire juré en l'université de Paris, en la rue Saint-Jacques, à l'enseigne de Saint-Martin. »

Pour approprier les bois de Tory au nouveau format, on les a quelque peu mutilés : plusieurs même ont été complétement supprimés, et de ce nombre sont ceux représentant le *Pot cassé*, qui étaient probable-

---

[1] Il serait peut-être intéressant aujourd'hui de publier ce livre, devenu rare, en suivant scrupuleusement la première édition, comme on a fait pour *Lesclarcissement de la langue francoise* de Palsgrave.

ment restés chez Olivier Mallard, et qu'on ne jugea pas nécessaire de faire graver de nouveau pour cette réimpression, exécutée au meilleur marché possible, et comme pour utiliser les bois restés à la disposition de Tory [1]. On fit encore subir à cette nouvelle édition quelques autres modifications. Ainsi on supprima toutes les dates placées aux pièces liminaires, qu'on mit d'ailleurs dans un autre ordre. On retrancha même le privilége de François Ier tout entier, comme devenu inutile; mais, en somme, il n'y eut point de changement de rédaction, et pas une seule addition ou amélioration.

Tory put donc en mourant se flatter d'avoir contribué puissamment à améliorer sa *langue maternelle*, qu'il aimait tant; car il ne mourut qu'en 1554 au plus tôt, ainsi que nous le verrons plus loin, et non en 1550, comme le porte par erreur une épitaphe poétique rédigée près d'un siècle après la mort de notre imprimeur, par son compatriote Nicolas Catherinot, à la demande et sur les notes de Jean Toubeau, imprimeur lui-même à Bourges, et descendant de Tory du côté maternel.

La qualification que je viens de donner à Jean Toubeau, d'après Catherinot, m'amène à dire un mot de la descendance de Tory. Malheureusement j'en suis ré-

---

[1] Les lettres fleuries gravées par Tory, qui figurent dans le cours du livre, et dont l'alphabet entier se trouve fol. 78 v° de la première édition, ont été remplacées dans la deuxième par des lettres d'une toute autre fabrique.

duit aux hypothèses, car il n'a parlé de son intérieur nulle part. Il est certain qu'il s'est marié et a eu un enfant, au moins; mais quand eut lieu son mariage et comment s'appelait sa femme, c'est ce qu'on ignore.

Tout porte à croire que Bonaventure *Thorinus,* libraire de Bourges, qui fit imprimer dans cette ville, en 1595, chez la veuve de Nicolas Levez, l'*Epitome juris civilis,* d'un auteur inconnu, et *Julii Pauli receptarum sententiarum libri V*[1], était le fils de Tory, car il écrivait en latin son nom de la même manière que celui-ci, sauf l'addition d'une *h*; mais est-ce d'une fille de Tory ou d'une fille de ce Bonaventure que descendait Toubeau? c'est ce qu'il m'est impossible de dire. (Voyez à l'Appendice la pièce n° 2.) L'époque tardive où nous voyons figurer ce Bonaventure me porte à croire que Tory ne lui avait donné le jour qu'à un âge fort avancé. En effet, si nous rapprochons les dates, nous trouvons que ce fils de Tory ne pouvait être venu au monde avant 1530, car, en partant de cette année, il aurait déjà

---

[1] In-12. Voyez le *Manuel* de M. Brunet à ces titres. Je ferai remarquer seulement que cet auteur donne par erreur au premier livre la date de 1596, t. II, p. 192. On lit sur tous deux, à la première page : « Biturigis, apud Bonaventuram Thorinum, sub signo Anchoræ, vico Maiore, 1595, cum privilegio. » Et à la fin : « Excusus fuit hic liber typis viduæ Nicolai Levez, Avarici Biturigum, juxta scholas utriusque juris. » (Ces renseignements, qui m'ont été fournis par M. Ribault de Laugardière, avocat à Bourges, ont été par lui littéralement pris sur les deux ouvrages en question que possède M. Duchapt, conseiller à la cour impériale de la même ville.)

eu soixante-cinq ans en 1595, date de l'impression de son *Epitome juris,* et rien ne prouve qu'il soit mort bientôt après. Pour moi, je pense que Tory ne s'est marié qu'après la publication de son *Champ fleury* (circonstance qui expliquerait pourquoi il ne parle ni de sa femme ni de son enfant dans ce livre), et que le prénom que portait son fils fait allusion à la naissance tardive de celui-ci, qui, suivant moi, eut lieu vers l'année 1540, c'est-à-dire lorsque notre grand allégoriseur Tory avait déjà plus de cinquante ans [1]. On comprend alors pourquoi Bonaventure n'hérita pas de l'atelier paternel; il n'avait qu'une quinzaine d'années à la mort de Geofroy, et ne pouvait songer à le remplacer : ce soin incomba donc aux élèves de ce dernier, quels qu'ils fussent. Quant à Bonaventure, les traditions de famille le ramenèrent naturellement à Bourges, et la profession qu'il adopta le rapprochait encore de son père.

Au reste, je donne à la page suivante l'épitaphe de Geofroy Tory, dont j'ai parlé un peu plus haut, telle que l'a publiée La Caille dans son *Histoire de l'imprimerie,* p. 99. Mais, je le répète, la date donnée ici à la mort de Tory est une date approximative, que les documents publiés plus loin me permettent de reculer de quatre ans au moins.

---

[1] Le fils de Tory aurait-il eu pour parrain Bonaventure des Perriers, qui se suicida en 1544, afin de se soustraire à un procès pour cause de religion? Je ne le pense pas.

Godofredo Torino
Quem Ulvaricum (*lisez* Avaricum) Biturigum peperit,
Quem Lutetia Parisiorum fovit,
Viro linguæ tum latinæ tum græcæ peritissimo,
Litterarum denique amantissimo,
Typographo solertissimo
Et
Bibliographo doctissimo,
Quod de partibus ædium elegantissima distica scripserit,
Tumulos aliquot ludicros veterrimo stylo latine condiderit,
Xenophontis, Luciani, Plutarchi tractatus
E græco in gallicum converterit,
Parisiis in Burgundiæ gymnasio philosophiam edocuerit,
Primus omnium de re typographica sedulo disseruerit,
Litterarum sive caracterum dimensiones ediderit,
Et Garamundum calcographum principem edocuerit,
Viri boni officio, quoad devixit,

Anno M. D. L.

Semper defunctus, a monente (*admonente?*)
Joanne Toubeau,
Etiam typographo et auctore,
Mercatorum prætore,
Ædili Bituricensi,
Ob negotia civitatis difficillima
Ad regem et concilium legato,
Ejusdem Torini abnepote,
Et typographicorum insignium hærede,
Nicolaus Catharinus, nobilis Bituricus,
Regis advocatus et senator in Biturigum metropoli,
A teneris annis huc usque et deinceps
Rei typographicæ addictissimus,
Cursim raptimque scripsit, exeunte novembri

M. DC. LXXXIV.

DEUXIÈME PARTIE.

GEOFROY TORY PEINTRE ET GRAVEUR.

———

De même que j'ai fait connaître précédemment les livres qu'on devait à Tory, soit comme éditeur, soit comme auteur, soit comme libraire et imprimeur, il convient de faire connaître ceux qu'il a enrichis de ses peintures et de ses gravures pendant trente années de sa vie : c'est un nouvel aspect de son existence tout entière qu'il s'agit de mettre en relief; car si Tory fut quelque temps professeur, libraire, imprimeur, il fut constamment dessinateur et graveur, depuis qu'il eut pris rang parmi les hommes.

Mais, avant tout, il y a une question préjudicielle à vider : *Tory a-t-il été réellement peintre et graveur ?* Je l'ai dit dans la première partie; mais je n'en ai pas donné la preuve, et aucun des historiens de la peinture ou de la gravure n'en a parlé à ce titre. Pour résoudre plus facilement cette question, divisons-la.

Que Tory ait été peintre-dessinateur, cela ne peut faire l'objet d'un doute, car il le déclare lui-même en termes exprès, outre qu'il a pris soin de nous exhiber ses instruments de dessin sur la première gravure du *Champ fleury* (voyez ci-devant, p. 34). Avant de nous donner l'*Hercule français,* qu'on voit au folio 3 verso de son livre, il écrit : « Iai veu ceste dicte fiction en riche painture dedans Romme aupres de la tour Sanguine, non pas loing de leglise Sainct Loys.... et pour mieulx bailler la chose a lœil ien ay faict cy dessoubz ung deseing..... »

Puis vient ce dessin :

Au reste, on comprend qu'à cette époque un graveur (et nous allons prouver que Tory l'était) ne pouvait pas ne pas être dessinateur. L'artiste était alors un être complet, embrassant toutes les spécialités de sa profession : peinture, dessin, gravure, il faisait tout. Ce n'est qu'en se vulgarisant, en devenant une industrie, que l'art s'est subdivisé, et cela à son grand détriment. On sent, en effet, tout ce qu'il y a de défectueux dans l'œuvre de ces mercenaires de la gravure, qui, ignorant les premiers éléments du dessin, sont chargés de rendre à l'aide de l'échoppe des lignes qu'ils ne comprennent pas.

Nous pouvons donc affirmer qu'en général les gravures qui ornent les livres de Tory ont été dessinées par lui.

Mais il y a mieux : je crois qu'on doit lui attribuer aussi les admirables miniatures qui nous restent du peintre Godefroy. Si l'on compare, en effet, les gravures des livres de Tory avec les dessins de ce peintre inconnu, on y reconnaît aisément une analogie de faire qui semble démontrer l'identité des deux personnes. Ce *Godefroy*, qui signe ses œuvres tantôt en toutes lettres, tantôt avec un simple G, mais toujours en caractères romains, ce qui est assez remarquable à une époque où le gothique était dans toute sa puissance, n'est pas autre que Tory, dont le prénom en latin était, comme nous avons vu, *Godofredus* [1]. On sait combien peu on tenait aux noms de famille anciennement. Au seizième siècle il n'était pas rare de voir encore désigner les gens par leur simple nom de baptême, auquel on joignait tout au plus le nom de leur pays natal. On a vu précédemment que le célèbre peintre Jean Perreal, le maître et l'ami de Tory, n'était guère connu que sous le nom de Jean de Paris. Tory lui-même est appelé Godefroy le Berrichon (*Godofredus Biturix*) dans des vers que son ami Gérard de Vercel fit à sa louange en

---

[1] Voyez ci-devant, pages 3, 5, 6, 10, 11, etc.

1509 [1]. A la fin du seizième siècle même, nos deux premiers bibliographes, Antoine du Verdier et la Croix du Maine, qui portaient également des noms géographiques, ne crurent pas devoir adopter un autre ordre que celui des noms de baptême pour le classement alphabétique des auteurs qui figurent dans leurs livres intitulés *Bibliothèque françoise*. Il n'y a donc rien d'extraordinaire à voir Tory signer ses premiers travaux d'un simple prénom. Il est vrai que ce prénom diffère un peu de celui qu'il employa plus tard; mais il est bon de se rappeler la transformation qui s'est opérée vers cette époque dans les habitudes de notre artiste. Il signait sans doute Godefroy avant d'avoir complétement secoué le joug des langues classiques [2], et adopté le nom plus français de Geofroy, ce qui n'eut lieu que vers l'année 1523.

Les dates inscrites sur quelques-unes des peintures de Godefroy, 1519 et 1520, coïncident parfaitement avec les faits connus de la vie de Tory : c'est l'époque où, après son second retour d'Italie, il dut utiliser ses talents pour vivre. J'ajouterai qu'on a plusieurs gravures de ce temps-là même signées d'un G seul ou d'un G dans lequel paraît un petit F; d'autres signées d'un G surmonté de la double croix, avec un petit *s* à l'intérieur; d'autres enfin signées G T [3], qui servent à marquer la transition entre l'emploi par Tory

---

[1] Voyez-les ci-devant, p. 9 et 10, en note.
[2] Voyez page 16.
[3] Nous décrirons toutes ces gravures plus loin.

du simple G et l'inscription en toutes lettres de ses deux noms GEOFROY TORY. Ces deux noms paraissent à la fois sur quelques-uns des cadres de ses Heures de 1524, gravés avant qu'il eût adopté définitivement, comme signe artistique, la double croix, qui n'est rien autre que l'initiale de son nom de Tory, ou pour mieux dire son *toret*, emprunté au *Pot cassé*, dont il était la pièce essentielle. On comprend, en effet, qu'il ne put adopter ce signe particulier que lorsqu'il eut acquis une certaine notoriété dans la profession de graveur.

Quoi qu'il en soit, je vais donner ici, au moins pour mémoire, l'indication sommaire des œuvres du peintre *Godefroy*, renvoyant le lecteur, pour plus amples renseignements, au curieux travail qu'a publié sur ce sujet M. Léon de Laborde dans la *Renaissance des Arts*, t. I, p. 891 à 913, et plus tard dans la *Revue universelle des Arts*, n° 1 (1855).

Les seuls manuscrits connus jusqu'ici comme renfermant des dessins de cet artiste sont : 1° les *Commentaires de César*, en trois volumes petit in-4° oblong, et 2° les *Triomphes de Pétrarque*, en un volume petit in-8°; le tout sur vélin et en langue française. Le premier ouvrage n'est pas, comme on pourrait le croire par son titre, une traduction du livre célèbre du conquérant de la Gaule, c'en est un commentaire en forme de dialogue entre César et François Ier, à qui le livre est dédié. Le premier volume se trouve maintenant au Musée britannique, à Londres;

le second, à la Bibliothèque nationale de Paris, et le troisième, dans la collection de M. le duc d'Aumale.

Toutes les miniatures du premier volume, et elles sont en grand nombre, sont signées d'un G; quelques-unes portent la date de 1519.

Même observation pour le deuxième volume.

Une des miniatures du troisième volume est signée en toutes lettres GODEFROY (fol. 52); plusieurs autres, signées seulement G, sont datées de 1520.

Quant au volume des *Triomphes de Pétrarque*, qui est à la bibliothèque de l'Arsenal, les miniatures ne portent point de dates, mais elles sont toutes signées du G, et l'une d'elles porte aussi en toutes lettres le nom de GODEFROY.

Dans les deux ouvrages, les dessins ont le même aspect : ils se distinguent de ceux des miniaturistes de profession par une sobriété de couleur très-caractéristique. Ils sont d'ailleurs d'une délicatesse et en même temps d'une netteté qui ne peuvent provenir que de la main d'un graveur; or ce graveur ne peut être un autre que Tory, dont on retrouve là les écussons et jusqu'aux arabesques antiques. Non-seulement je suis convaincu qu'il fut le dessinateur de ces ouvrages, mais encore je ne suis pas éloigné de croire qu'il fut l'*auteur* du premier. S'il ne continua pas dans cette voie, c'est que sans doute la générosité des Mécènes de notre artiste ne répondit pas aux espérances qu'il avait fondées sur son labeur. Nous ne connaissons, en effet, aucune autre œuvre de peinture de lui. Il ne renonça cependant pas à l'art, mais il changea de pratiques : il se fit miniaturiste du public, c'est-à-dire graveur. Ceci nous amène à la seconde partie de notre proposition.

Tory a-t-il été graveur ? Ni Zani ni Papillon ne l'ont mentionné comme tel; toutefois il y a un préjugé en sa faveur. La Croix du Maine, qui fut presque son contemporain, nous apprend [1], sans entrer il est vrai, dans aucun détail, que Tory était connu sous le nom de *Maître au Pot cassé;* d'autres ont dit qu'il avait perfectionné les caractères de Josse Bade [2]. M. Renouvier [3] a écrit récemment que Tory avait eu « le rare privilége de se servir aussi bien de l'*eschoppe* que de la plume. » Le *Champ fleury*, dit-il, est « un traité d'esthétique comme pouvait l'imaginer seul un graveur de caractères. » Mais c'est là, comme on voit, une pure hypothèse de la part de M. Renouvier. Il semble même se rétracter un peu plus loin. « L'on peut donc penser, dit-il, que Tory fut l'inventeur et le dessinateur des lettres fleuries, des vignettes et des sujets qui décoraient ses livres, et que, s'il ne les grava pas lui-même, il les livra plus ou moins terminés et dessinés sur le bois aux tailleurs de métier. »

Ce que M. Renouvier avait pressenti, je l'affirme

---

[1] *Bibliotheque françoise*, article *Geufroy Tory.*
[2] Lottin, *Catalogue des libraires*, etc., t. II, p. 234.
[3] *Des Types et des manières des maîtres graveurs*, etc., seizième siècle, p. 165.

sans crainte d'être démenti par les faits. Tory, à la vérité, n'a dit nulle part positivement qu'il eût été graveur; mais il l'a donné à entendre indirectement. Ainsi on lit dans le privilége qui lui fut accordé par François I*er*, pour l'impression des Heures, le 23 septembre 1524 : « Nostre cher et bien amé Geufroy Tory......... nous ha presentement faict dire et remonstrer que puis nagueres *il ha faict* et faict faire certaines histoires et vignettes a lantique, et pareillement unes autres a la moderne, pour icelles faire imprimer, et servir a plusieurs usages dheures, dont pour icelles il ha vacque certain long temps, et faict plusieurs grands fraitz, mises et despens. » Évidemment les mots *il ha faict* ne s'entendent pas ici du dessin, mais bien de la gravure de ces histoires et vignettes, qu'il avait *dessingnées* auparavant. Et ce qui confirme cette explication, c'est que tous les bois de la première édition de ces *Heures*, celle de 1524-1525, sont signés de sa croix. Ceux qu'il avait *faict faire* sont des gravures *à la moderne* qui paraissent sur les Heures de 1527, et ne sont pas signées.

Ailleurs Tory nous dit que, parmi les fantaisies qui lui vinrent à l'esprit le 6 janvier 1523, et donnèrent lieu à la rédaction du *Champ fleury*, il lui souvint de *quelque lettre antique* qu'il avait « naguères faite pour la maison de monseigneur le tresorier des guerres, maistre Jehan Groslier, conseiller et secretaire du roy nostre sire [1]. » Qu'était-ce que cette lettre

---

[1] *Champ fleury*, fol. 1. Voyez aussi ci-devant, p. 17.

antique faite pour le célèbre bibliophile Grollier, sinon les poinçons de ces beaux caractères romains dont on se servait dans la maison de cet érudit pour décorer ses livres, et y imprimer en or cette belle devise, entre autres [1], si connue des amateurs : « Ioannis Grollerii et amicorvm (à Jean Grollier et à ses amis). »

Enfin tout le monde convient que Claude Garamond fut l'élève de Tory. Or que put-il donc apprendre de son maître, sinon la gravure des caractères d'imprimerie, lui qui n'a pas fait autre chose toute sa vie? Et cela vient confirmer l'opinion, que j'ai émise déjà, que Tory avait gravé les caractères italiques de Simon de Colines, vers 1525, et un peu plus tard les caractères romains et italiques de Robert Estienne. Mais ceci est plus hypothétique, et nous écarte de la question principale, à laquelle je me hâte de revenir.

Beaucoup de personnes avaient remarqué déjà que les principales gravures des livres de Tory, celles qui lui étaient le plus personnelles, comme, par exemple, celle de l'*Hercule français* que j'ai reproduite p. 82, et celle du *Pot cassé* qui accompagne la description de cette enseigne dans le *Champ fleury*, et qui est reproduite également ici, p. 31, portaient un signe; mais, ce signe, on n'osait le lui attribuer, parce qu'il s'est perpétué sur les gravures, seul ou accompagné d'initiales, pendant plus d'un siècle. M. Robert-

---

[1] La devise habituelle des livres de Grollier est : Portio mea, Domine, sit in terra viventivm.

Dumesnil, dans son intéressant ouvrage intitulé : *le Peintre-Graveur français*, a publié [1], à l'article de Woeriot, qui se servait lui-même de ce signe, un catalogue de gravures marquées de la double croix qu'il appelle croix de Lorraine ou de Jérusalem, allant de 1522 à 1632. Il en conclut que ce signe a été « fréquemment employé chez nous, comme signature factice, sur des gravures en bois, par des artistes dont les noms resteront probablement toujours ensevelis dans l'oubli. »

Pour faire disparaître ce fantôme, qui a arrêté M. Renouvier lui-même sur le chemin de la vérité, il suffit de l'approcher : c'est ce que je vais faire; mais d'abord je dois remercier M. Robert-Dumesnil d'avoir bien éclairci un point important du sujet. Jusqu'à lui on avait attribué à Woeriot presque toutes les gravures marquées de la double croix, ou pour mieux dire les gravures de ce dernier venaient augmenter l'embarras des classificateurs. En constituant l'œuvre distincte de Woeriot, M. Robert-Dumesnil a débrouillé considérablement la question. Il ne reste plus à attribuer qu'un certain nombre de pièces au sujet desquelles M. Robert-Dumesnil s'exprime ainsi : « Aucun des morceaux antérieurs à l'existence de Woeriot et au commencement de sa vie d'artiste ne saurait être de lui; parmi les autres, nous avons hâte de le dire, pas un ne nous a paru ni de son exécution ni de son

---

[1] Tome VII, pag. 48 et suiv.

dessin. » Voilà qui est clair. Ajoutons, pour clore cette discussion, que Woeriot n'a pu commencer à graver que lorsque Tory allait cesser de le faire, puisqu'il n'avait guère plus de vingt ans lors de la mort de celui-ci, et que sa croix est presque toujours d'ailleurs accompagnée de ses initiales ; quelquefois cependant il signe de la croix seule, mais alors la date de la pièce empêche la confusion. C'est ce qui a lieu, par exemple, sur les *Emblesmes et devises chrestiennes composées par damoiselle Georgette de Montenay*, dont la première édition est de 1571. Il est impossible d'attribuer ces gravures à Tory, qui était mort près de vingt ans avant.

Parmi les autres artistes qui se sont servis de la croix, on peut établir trois catégories, d'après le livre de M. Robert-Dumesnil. D'abord on voit la croix seule de 1522 à 1561 ; puis, après un long intervalle, en 1599, on voit paraître la croix accompagnée des initiales I. L. B., et enfin un peu plus tard deux graveurs sur cuivre, ayant nom *Jean Barra* et *Claude Rivard*, signent également leurs œuvres de la croix. Je ne mentionne pas ici la simple croix vue par M. Robert-Dumesnil sur la marque typographique d'un livre de 1632, parce que cette marque est celle de Gilles Corrozet, gravée un siècle auparavant, comme on le verra plus loin.

En résumé, il n'y a donc, en effet, d'anonyme que ce qui a été produit entre les années 1522 et 1561. Toute la question est de savoir si les gravures exécutées entre ces deux dates, et qui portent la croix sans initiales, appartiennent à un ou plusieurs artistes.

Je ferai d'abord remarquer que cet intervalle n'embrasse que quarante années, et qu'il n'y a pas de raison pour attribuer à plusieurs artistes contemporains et anonymes une marque bien caractéristique qu'un seul aurait pu employer pendant plus longtemps encore. Mais il y a mieux : cet intervalle peut être resserré de plusieurs années, car les pièces prétendues postérieures à 1554, citées par M. Robert-Dumesnil, ne portent pas de date ; elles paraissent sur des livres imprimés, il est vrai, après la mort de Tory, mais ont été gravées longtemps avant, comme je le démontrerai plus loin. Les bois ne sont pas des objets éphémères ; comme les caractères, ils resservent indéfiniment, et leur emploi à un moment donné ne prouve pas leur récente confection. Nous venons d'en citer un, la marque de Gilles Corrozet, qui, à l'aide d'une simple suppression, a pu figurer plus d'un siècle sur les livres.

Ce qui m'étonne, ce n'est pas que M. Robert-Dumesnil ait vu des gravures de Tory imprimées en 1561, c'est qu'il n'en ait pas trouvé d'une date postérieure, qui lui auraient permis de combler la lacune qu'il a laissé subsister entre l'artiste anonyme à la croix seule et celui qui l'accompagnait des lettres I. L. B.; il aurait pu rencontrer les beaux sujets du Missel de 1539, décrit plus loin, dans des livres du dix-septième et même du dix-huitième siècle. Nous voyons bien paraître des bois marqués de la croix de Tory dans une publication faite à Troyes en 1850 !

D'un autre côté, je m'étonne que M. Robert-Dumesnil n'ait pas rencontré des gravures à la croix accompagnée d'initiales à une époque bien antérieure à 1599, car j'en ai vu, moi, de contemporaines à Tory. La Bibliothèque nationale possède, en effet, un livre d'Heures à l'usage de Paris, imprimé dans cette ville, en 1548, par la veuve de Jean de Brye, dont toutes les gravures sont marquées de la croix et des lettres L. R. C'est un volume in-8° en caractères gothiques, imprimé en rouge et en noir. Un fait curieux à noter ici, c'est que ces gravures sont la copie améliorée d'autres gravures non signées, appartenant à l'imprimeur Thielman Kerver [1], et figurant dans un grand nombre de livres publiés par lui ou sa veuve, Iolande Bonhomme, dès l'année 1522 [2] au moins, et qu'on voit

---

[1] Cela ne doit pas surprendre : l'idée de *propriété*, en fait de choses d'art, est toute moderne. Les premiers graveurs n'ont rien signé ; ce n'est qu'assez avant dans le seizième siècle qu'ils marquèrent leurs œuvres d'un signe particulier, et cela moins dans le but de s'en assurer le monopole que dans celui de se faire connaître aux personnes qui pouvaient avoir besoin de leurs services pour d'autres travaux. Peu à peu cette espèce d'enseigne devint un titre effectif de propriété : c'était dans l'ordre naturel des choses. Il en fut de même des travaux de l'esprit. Ce n'est qu'assez tard que les érudits et autres gens de lettres ont pu tirer un bénéfice de leurs œuvres. Dans les premiers temps de l'imprimerie même, un imprimeur qui voulait reproduire un livre ne se croyait pas tenu d'obtenir l'agrément de l'auteur. Du moment que celui-ci avait rendu son livre public, ce livre était considéré comme une richesse sociale.

[2] Heures in-4° à la Bibliothèque nationale. Il y en a également une édition de 1525, et une édition in-8° bien postérieure, mais in-

encore dans le Missel de Paris publié par son fils Jacques en 1559[1].

J'ai vu aussi des gravures de l'artiste aux initiales I. L. B. (cité par M. Robert-Dumesnil sous la date de 1599) dans un livre de 1584, ayant pour titre : « Les quinze effusions du sang de Nostre Sauveur et Redempteur Jesus Christ, en la fin desquelles sont adjoustez les douze vendredis blancs. — Nouvellement imprimees a Paris, M. D. LXXXIIII [2]. » Et l'état de ces gravures [3] prouve qu'elles avaient été exécutées bien antérieurement à cette date. Pour moi, je ne serais pas surpris de les voir figurer dans un livre du temps de Tory.

Ces faits ne sont pas contraires à ma proposition; ils prouvent seulement que Tory a fait école, et que ses élèves ont adopté sa marque (qui n'est rien autre, comme je l'ai dit déjà, que son initiale, ou pour mieux dire son *toret,* transporté du *Pot cassé* sur ses gravu-

---

complète des premiers et des derniers feuillets. M. Silvestre en possède une édition in-8° de 1530.

[1] Bibl. nat.

[2] In-8° gothique sans nom d'imprimeur, à la Bibliothèque nationale. J'ai vu le même ouvrage imprimé en caractères romains dans le cabinet de M. Prosper de Baudicourt, mais il est sans indice typographique. C'est un petit cahier in-8°, qui paraît toutefois d'une impression antérieure à 1584. Les gravures sont dans un bien meilleur état de conservation que dans l'édition que je mentionne plus haut. J'ai vu également chez M. Capé, relieur, une édition gothique de ce livret sans date.

[3] Ce sont probablement les mêmes que celles imprimées dans le livre cité par M. Robert-Dumesnil (*Abrégé des méditations de la vie, etc., de Jésus-Christ*, in-8°, Paris, Guillaume Chaudière, 1599), et que je n'ai pu voir nulle part, malgré toutes mes investigations.

res), en y ajoutant leurs initiales pour se distinguer du maître dont ils arboraient l'enseigne, et conserver leur personnalité. Je reviendrai plus loin sur ce sujet.

La grande raison qui a empêché M. Renouvier d'attribuer à Tory, comme il y était naturellement enclin, les gravures marquées de la double croix seule, c'est l'impossibilité, suivant lui, de les donner à un même artiste. « M. Robert-Dumesnil, dit-il, a noté un grand nombre de livres de 1522 à 1599 sur le frontispice et les planches desquels on rencontre la croix de Lorraine. Cette liste pourrait être augmentée, et les pièces devraient être comparées avec soin par celui qui voudrait y chercher la marque d'un atelier de gravure sur bois ou de plusieurs tailleurs de bois travaillant pour les libraires Pierre Gaudoul, Simon de Colines, Robert Estienne, Étienne Grouleau, Gilles Corrozet, Vincent Sartanas, etc.[1] »

J'ai répondu déjà à l'objection tirée du livre de M. Robert-Dumesnil, et à laquelle il a renoncé lui-même avec grand plaisir, prenant un vif intérêt à ma découverte. Quant à ce qu'ajoute ici M. Renouvier, cela ne fait pas obstacle à ma proposition. Aucun des noms cités par lui n'est postérieur à Tory, et je ne vois pas pourquoi on voudrait attribuer à deux artistes contemporains des pièces marquées du même signe. J'ai fait un relevé rapide de tous les imprimeurs et libraires dont les marques sont signées de la croix

---

[1] *Des Types*, etc.; seizième siècle, p. 167, note.

en forme d'if, et, quoique bien incomplète sans doute, cette liste est venue confirmer mes premières observations. Sur une trentaine d'imprimeurs-libraires qu'elle mentionne, il n'y en a que deux dont il ne me soit pas possible de prouver l'exercice avant la mort de Tory; ces deux individus tenaient sans doute leur marque de leur prédécesseur immédiat, suivant un usage fort commun et dont je citerai plus d'un exemple.

Mais c'est assez de discussions; venons aux faits : ils prouveront mieux que toutes les dissertations la vérité de notre assertion concernant Tory; ils démontreront, en effet, que toutes les œuvres signées de la croix seule ont été gravées du vivant de cet artiste, et ne peuvent par conséquent lui être contestées.

Pour rendre la démonstration plus claire, je diviserai ce catalogue en deux parties. Dans la première je rangerai les marques d'imprimeurs-libraires, dont il n'est pas possible de donner une chronologie rigoureuse; dans la seconde, toutes les autres gravures rangées dans l'ordre des dates probables. La première nomenclature des œuvres de Tory me dispensera de signaler les livres innombrables où elles figurent.

MARQUES TYPOGRAPHIQUES GRAVÉES PAR TORY.[1]

COLINES (Simon de), imprimeur-libraire à Paris de 1520 à 1546. — *Quatre* marques au moins. Voyez les deux que je décris plus loin, sous la date de 1520-1521, comme faisant partie de frontispices, et les n°s 80 et 329 de la collection des *Marques typographiques* de M. Silvestre. Ces deux dernières passèrent ensuite à Regnault Chaudière, libraire à Paris dès 1516, et qui paraît avoir acheté l'imprimerie de Colines, car il imprima lui-même, sous le nom latin de *Calderius,* de 1546 à 1547, une édition des comédies de Térence[1], à la fin de laquelle on voit paraître le n° 329 de M. Silvestre, qui (comme le n° 80) représente le *Temps* armé d'une faux, avec cette devise dans une banderole : *Hanc aciem sola retundit virtus.* Chaudière, qui avait une autre marque auparavant (voy. Silvestre, n° 96), conserva depuis celle du *Temps,* et la transmit à ses descendants (voyez Silvestre, n°ˢ 286 et 287). Voici, je crois, dans quel ordre furent gravées les diverses marques de Simon de Colines par Tory : d'abord, en 1520, celle aux lapins ou *conils,* qu'on dit adoptée par Colines comme un jeu de mot faisant allusion à son nom, ce qui me semble d'autant moins probable que ces lapins servaient déjà d'enseigne à la boutique d'Henri Estienne, premier du nom, en 1502 [2]. Quoi qu'il en soit, Colines paraît avoir gardé cette marque pendant tout le temps qu'il resta dans la maison d'Henri Estienne. Lorsqu'il céda cette demeure, en 1525,

---

[1] Cette édition, fort précieuse, est précédée d'une dissertation sur les accents latins (Bibl. nat., 4°, Y, 662 A).

[2] Voyez la souscription du premier livre publié par lui en société avec Volfgang Hopyl, sous le titre : *Artificialis introductio Jacobi Fabri Stapulensis,* etc. In-fol., 1502. Ce livre est à la Bibliothèque Sainte-Geneviève (Y, 84²).

à Robert Estienne, qui s'établit à son tour dans la maison paternelle, Colines descendit un peu plus bas dans la rue de Beauvais, et prit pour enseigne le *Soleil d'or,* qui paraît sur la seconde marque ; enfin, en 1528, il prit pour enseigne le *Temps.*

ESTIENNE (Robert), imprimeur-libraire à Paris de 1526 à 1550. — *Six* marques au moins, représentant l'*Olivier* de différentes manières. Voyez-en quelques-unes dans l'ouvrage de M. Silvestre, n°s 162, 318 et 319 ; joignez-y la grande marque in-folio qui se trouve sur la Bible de 1528, et sur celle de 1540, décrite plus loin ; une petite marque qui paraît sur le Virgile in-16 de 1549, et enfin une marque semblable au n° 163 de Silvestre, mais où le personnage est chauve, et qui paraît dans *Caroli Stephani de Nutrimentis,* etc. In-8°. Paris, 1550, Robert Estienne (Bibl. nat., T. 3039). La plupart de ces marques furent sans doute gravées pour le début de Robert Estienne dans la carrière typographique, c'est-à-dire aux environs de 1526 ; il les emporta avec lui à Genève en 1550, et son fils Henri II s'en servit à son tour.

ROIGNY (Jean de), libraire à Paris de 1529 à 1562. — Je connais *deux* marques de Roigny, signées de la croix de Tory ; mais il paraît qu'il y en a une troisième que je n'ai pu voir ; elle est mentionnée par M. Robert-Dumesnil dans *le Peintre-Graveur français* (t. VII, p. 49), comme se trouvant sur le titre d'un ouvrage que je n'ai pu trouver à Paris,

Psalmi Davidici ad Hebraicam, etc., in-fol., 1532, sans nom de lieu, mais avec l'adresse des libraires Josse Bade, Jean Petit et Jean de Roigny. La plus ancienne marque de Roigny, signée de la croix de Tory, que j'aie vue est celle qui paraît sur une magnifique édition des Épîtres de Pline, imprimée par Josse Bade, en 1533, in-folio. Elle représente un homme et une femme tenant chacun une banderole où on lit une phrase latine; celle de l'homme porte : *Nec me labor iste gravabit,* et celle de la femme : *Spes premii solatium est laboris*. Dans le ciel est la Fortune avec sa roue et la corne d'abondance, et dessous cette devise, dans une banderole : *Quod differtur non affertur*. La seconde marque, adoptée par Jean de Roigny après la mort de Josse Bade, son beau-père, c'est-à-dire après 1535, est le *Prelum ascensianum,* mais gravé par Tory, car le matériel typographique de Bade passa à un autre gendre de cet imprimeur, Michel de Vascosan, qui se servit des vieux bois de son beau-père, et en particulier de sa marque, tout usée qu'elle était. Quant à Robert Estienne, troisième gendre de Josse Bade, la mort de son beau-père n'amena aucun changement dans ses habitudes typographiques : il conserva toujours l'*Olivier,* qu'il a rendu si célèbre.

LE NOIR (Philippe), imprimeur-libraire à Paris de 1520 à 1539. — *Trois* marques. (Voyez Dibdin, *Decameron bibliogr.,* t. II, p. 43; Silvestre, n° 61 [1] ; et, plus loin, la liste des gravures de Tory, sous la date de 1522-1523.) Ces marques représentent deux *nègres* qui tiennent un écu chargé des initiales de Philippe le Noir.

MARNEF (de). Les frères Enguilbert, Jean et Geoffroy de Marnef furent, ensemble ou séparément, imprimeurs et libraires à Paris et à Poitiers de 1510 à 1550. Ils avaient pour marque un pélican qui se perce le flanc pour nourrir ses petits. Tory leur grava au moins *deux* marques : l'une qui paraît sur un livre imprimé par Enguilbert et Jean, à Poitiers, en 1536 [2], et ayant pour devise : *Eximii amoris typus :* elle a été reproduite par Dibdin (*Decam. bibliogr.*, t. II, p. 32) et par Silvestre (n° 152 [3]); l'autre, qu'on voit à la Bibliothèque nationale, section des estampes, œuvre de Tory [4]. Le pélican et ses petits sont dans un cadre ovale ; autour on lit cette devise : *Principium ex fide, finis in charitate.*

ROFFET (Pierre), dit le *Faucheur*, libraire à Paris de 1525 à 1537. — *Une* marque publiée par Silvestre, n° 150. Cette marque, représentant un *fau-*

---

[1] Cette marque est sans doute la réduction de celle qu'on voit à la fin des *Coustumes et statuz particuliers de la pluspart des baillages*, etc. (in-4°, 1527), laquelle est de grand format et également signée de la croix de Tory.

[2] *Les angoyses et remedes d'amour du Traverseur en son adolescence* (Jean Bouchet). In-4°, achevé le 8 janvier 1536 (1537, n. s.).

[3] Les n°s 153 et 154 semblent bien du même artiste, mais ils ne sont pas signés.

[4] C'est une nouvelle création de M. Devéria, qui, ayant pris un vif intérêt à mes recherches sur Tory, les a aidées de tous ses moyens.

cheur, paraît déjà dans un livre imprimé en 1532. (Voy. le *Manuel du Libraire*, t. IV, p. 824, col. 1.)

KERVER (Thielman II), imprimeur-libraire à Paris de de 1530 à 1550 au moins. — *Une* marque représentant deux licornes tenant un écu où l'on voit la marque des Kerver accompagnée des lettres T. K. J'ai vu cette marque sur un livre d'Heures in-8° imprimé par Thielman en 1550, dont je parlerai plus loin.

GOURMONT (Jérôme de), libraire à Paris de 1524 à 1553. — *Une* marque représentant la Renommée (c'est une femme nue, sur le corps de laquelle on voit un grand nombre d'yeux et de langues); dans une banderole on lit cette devise : ECQVIS IN-CVMBERE FAMÆ, sous-entendu sans doute *poterit*, et plus bas, dans un cartouche, les initiales H. D. G. (Hierome de Gourmont). J'ai vu cette marque sur un volume imprimé à Paris en 1534, sous ce titre : *Pauli Paradisi... de modo legendi hebraice dialogus* (Bibliothèque nationale, in-8°, X, 64), et sur un autre imprimé à Saint-Denis (*Dionysiæ*), en 1535, sous un titre grec dont voici la traduction latine : *Apollonius Alexandrinus, de Constructione* (Bibl. Mazarine, in-8°, 20061). Gourmont a encore publié au moins un autre ouvrage à Saint-Denis, en 1535, mais j'en ignore le titre, que je n'ai pu voir. Tout ce que je puis dire, c'est qu'Ausone est cité dans la préface latine placée au verso du premier feuillet, dont j'ai vu un fragment. Je pense que Gourmont exerça l'imprimerie, quoiqu'on ne le mentionne que comme libraire dans les ouvrages de bibliographie. Les livres que je viens de citer prouvent que c'était un érudit qui suivait les traces de Gilles de Gourmont. Le premier de ces livres, en effet, qui est en latin, renferme quelques mots d'hébreu; le second est tout entier en grec.

CORROZET (Gilles), libraire à Paris de 1538 à 1568.— *Une* marque, représentant, par allusion au nom du propriétaire, une *rose* sur un *cœur* (*cor* en latin), et au bas les mots *Gilles Corrozet*. Voyez Silvestre, n° 145. Cette marque, que j'ai vue figurer sur un livre de 1539[1], et qui fut sans doute la première qu'ait eue ce libraire, était très-probablement de la composition de notre allégoriseur Tory, qui l'a gravée. Elle passa aux héritiers de Gilles, et son petit-fils Jean s'en servait encore un siècle après sur le *Trésor des histoires de France,* ouvrage d'un autre Gilles Corrozet, qu'il réimprima plusieurs fois, de 1622 à 1644. Jean avait simplement retranché sur cette marque le prénom de son grand-père, sans se préoccuper de l'irrégularité que ce retranchement occasionnait sur la gravure. Ainsi voilà une gravure qui servit plus de cent ans et fut imprimée à plus de 100,000 exemplaires sans doute. C'est un curieux exemple de la durée des bois.

---

[1] Lottin ne le fait commencer qu'en 1555. Voyez son *Catalogue*, t. II, p. 30.

Vivian (Thielman), libraire à Paris en 1539. — *Une* marque qui paraît sur la *seconde partie* du *Grand Marial de la mère de vie*[1] (traduit par Adam de Saint-Victor), intitulée : *A la très-pure et immaculée Conception de la Vierge*, in-4°, 1539. Vivian demeurait au clos Bruneau; sa marque porte cette devise : *Post tenebras spero lucem*, dans une banderole au-dessus d'une fontaine gardée par deux licornes; au-dessous les lettres T. V., et plus bas Thielman Vivian.

Sartenas (Vincent), libraire à Paris de 1534 à 1561. — *Une* marque employée au titre de plusieurs ouvrages imprimés pour lui, et notamment sur le *Recueil de rymes et proses de E. P.*, in-8°, 1555 (Bibl. nat. Y, 4557). Elle représente la chute d'Icare, avec cette devise dans une banderole : *Ne quid nimis*.

Guillard (Charlotte), imprimeur-libraire de 1542 à 1556. — *Une* marque représentant son enseigne, un soleil d'or dans un ciel étoilé. Au-dessous deux lions debout tenant un écusson où sont ses initiales, C. G. Cette dame exerça l'imprimerie pendant plus de cinquante ans. Elle épousa d'abord, en 1502, Berthold Rembold, associé du premier imprimeur de Paris, Ulric Gering. Berthold, qui avait fixé son domicile rue Saint-Jacques, *au Soleil d'or*, ayant

---

[1] Ce livre se trouve à la bibliothèque de l'Arsenal, T. 5131. La première partie est en caractères gothiques, sans indices typographiques; la deuxième, en caractères romains.

laissé Charlotte veuve en 1518, elle exerça seule jusqu'en 1520, époque où elle épousa Claude Chevallon, qui vint habiter la même maison. Claude Chevallon étant mort à son tour en 1542, Charlotte continua à exercer jusqu'en 1556. C'est évidemment durant ce second veuvage que fut gravée la marque en question (voyez-la p. 112), car Claude Chevallon portait sur la sienne, par allusion à son nom, deux chevaux debout (cheval-long). M. Silvestre a pourtant publié une marque de lui où l'on voit les lions (n° 395). A l'ensemble de la gravure, je la crois également de Tory, quoiqu'elle ne soit pas signée.

NIVERD (Guillaume), imprimeur-libraire à Paris de 1516 à... — *Une* marque, ou pour mieux dire un petit cadre dans le goût de celui de Simon de Colines que nous donnons plus loin, en tête de l'Appendice. On lit au bas, dans une banderole : NASCI, LABORARE, MORI. Ce cadre paraît dans un petit livret sans date, en caractères gothiques purs, intitulé : *la Réformation des tavernes et destruction de gourmandise, en forme de dialogue*, 4 feuillets, petit in-8°, dont M. Cicogne possède l'unique exemplaire connu. On lit à la fin : « A Paris, par Guillaume Niverd, imprimeur. » C'est donc à tort que Lottin le dit seulement libraire. Il ne donne qu'une date pour son exercice, celle de 1516; mais notre gravure est certainement postérieure à 1520. M. Silvestre étend l'exercice de Niverd, qu'il ne qualifie également que libraire, jusqu'en 1550, je ne sais d'après quels renseignements. Le texte de la *Réformation des tavernes* a été imprimé dans le tome II, p. 223, du *Recueil des poésies françoises des XVe et XVIe siècles*, recueillies et annotées par M. Anatole de Montaiglon (in-16, Paris, Janet, 1855).

CHAUDIÈRE (Guillaume), libraire à Paris de 1516 à 1546, succèda cette année, comme imprimeur, à Simon de Colines, dont il utilisa les marques *au Temps*. Il en fit graver une nouvelle par Tory, avec la même figure, mais avec une devise un peu différente ; elle porte : *Virtus sola aciem retundit istam*. Cette marque paraît sur l'édition des comédies de Térence imprimée en 1546. (Voyez ci-devant, p. 97, à l'article de Simon de Colines.)

BADE (Conrad), imprimeur-libraire à Paris de 1546 à 1560, époque où il se retira à Genève pour cause de religion. — *Une* marque, qui paraît sur la première édition des *Poemata* de Théodore de Bèze, de 1548, ornée d'un portrait de ce dernier, également signé de la croix de Tory. La marque de Conrad représente le *Prelum ascensianum* de son père Josse Bade.

MOREL (Guillaume), imprimeur-libraire à Paris de 1548 à 1564. — *Une* marque publiée par M. Silvestre (*Marques*, n° 164, et *Manuel*, t. IV, p. 675), qui m'apprend que son graveur a, par erreur, oublié la croix de Tory. « Cette marque, ajoute-t-il, a été employée plus tard par Étienne Prevosteau, gendre de Morel, qui l'a ensuite regravée ou fait regraver, en mettant ses initiales E. P. à la place de la croix de Tory¹. » Elle représente un thêta majuscule (Θ) autour duquel sont enroulés deux serpents ailés, et dans le champ un ange assis sur la traverse du thêta, et tenant à la main gauche une torche enflammée.

PALLIER (Jean), dit *Marchand*, imprimeur-libraire à Metz de 1539 à 1548. — *Une* marque donnée par Silvestre, n° 156. Elle représente une fleur de lis tenue en l'air par deux enfants nus, et dans le champ les lettres I. P. (Voyez *le Second Enfer d'Estienne Dolet*, 1544, in-8°. Bibl. nat., Y, 4497, réserve.)

PARIS (Nicole), imprimeur à Troyes, etc., de 1542 à 1547. — *Une* marque donnée par Silvestre, n° 175. Elle représente un enfant se tenant aux branches d'un palmier (?), au-dessous de la devise *Et colligam*.

PERIER (Charles), libraire à Paris de 1550 à 1557. — *Une* marque paraissant sur le titre du livre in-folio intitulé : « Les quatre livres d'Albert Durer... de la proportion des parties et pourtraicts des corps

---

¹ Je l'ai vue, en effet, avec la croix de Tory, sur un alphabet grec de 1560 imprimé par G. Morel (Bibl. nat., in-8°, X, 273, réserve), et sur plusieurs autres ouvrages imprimés par Prevosteau, son gendre : je citerai particulièrement *Adriani Behotii diluvium* (in-8°, 1591, Bibl. nat., P, 426), où la marque est fendue, ce qui explique pourquoi elle fut regravée avec les lettres E P.

humains, traduits par Louys Meigret, etc., chez Charles Perier... à l'enseigne du Bellerophon, 1557. » (Bibl. du Jardin des Plantes et Sainte-Geneviève.)

Petit (Oudin), libraire à Paris de 1541 à... — *Une* marque donnée par Silvestre, n° 103. Elle représente un écu chargé d'une fleur de lis et tenu par deux lions. Dans le champ les lettres O. P.

Porte (Maurice de la), libraire à Paris de 1524 à 1548.—*Une* marque employée par sa veuve sur le livre intitulé : *M. A. Mureti Juvenilia*, in-8°, 1553. (Bibl. Mazarine, 21352.) La veuve de Maurice de la Porte céda son établissement à Gabriel Buon, qui se servit des marques du défunt de 1558 à 1587. Elles représentent un homme chargé d'une valise, *à la porte* d'une maison, et sur l'une d'elles on lit cette devise : *Omnia mea mecum* porto.

Bonfons (Jean), libraire à Paris de 1548 à 1572. — *Une* marque publiée par Silvestre, n° 125. Elle représente un oiseau sur un arbre, dans un cercle formé par un serpent, et autour cette sentence tirée de la Bible : « Estote prudentes sicut serpentes, et simplices sicut columbæ. »

Fezandat (Michel), imprimeur-libraire à Paris de 1541 à 1553. — *Une* marque. Voyez Silvestre, n° 423. Cette marque, qui, par allusion au nom de son propriétaire, représente un *faisan* sur un *dauphin*, avec les lettres M et F placées, la première à gauche, la seconde à droite du faisan, était déjà employée sans ces initiales en 1549, comme on le voit sur le titre du *Temple de chasteté,* imprimé cette année par Fezandat, dans le format in-8° (Bibl. nat., Y, 4572). En 1550, un certain Guillaume Alard (peut-être gendre de Fezandat), qui demeurait « *e regione collegii* de la Mercy, » s'en servait également ainsi. Voyez à la Bibliothèque nationale, section des estampes, œuvre de Tory. Ce G. Alard n'est pas nommé par Lottin dans son *Catalogue des imprimeurs-libraires de Paris.* Je trouve encore cette marque dans un petit volume intitulé *le Bouquet des fleurs de Sénèque.* A Caen, de l'imprimerie de Jacques le Bas, imprimeur du roy, 1590, in-8°. (Bibl. nat., Y, Falconet, 1576.)

GRANDIN (Louis), imprimeur-libraire à Paris de 1542 à 1553. — *Deux* marques. Voyez Silvestre, n°ˢ 277 et 416. Elles représentent deux hommes, dont un reçoit une sphère de la main de Dieu; l'autre en tient une qui se brise entre ses doigts. Sur la dernière marque on lit : « Confidere in Domino bonum esse quam confidere in homine. Ps. 117. »

DAVID (Matthieu), imprimeur-libraire à Paris de 1544 à 1566. — *Deux* marques. Voy. Silvestre, n°ˢ 227 et 394. L'une de ces marques paraît sur un livre de 1549, qui est à la Bibl. nat. in-8°, Z, 716 (Ravisius Textor, *Epistolæ a mendis repurgata*). Elle représente un guerrier portant sur ses épaules une femme qui lui applique une épée à la gorge.

Sur l'une de ces marques on lit, d'un côté, *odiosa;* de l'autre, *veritas.*

ESTIENNE (Charles), imprimeur-libraire à Paris de 1551 à 1561. — *Trois* marques au moins. En embrassant la carrière typographique, Charles adopta l'*Olivier* de son frère, c'est-à-dire qu'il fit tout simplement copier les marques de Robert, dont il venait continuer l'œuvre, et Tory, l'ami de la maison, fut naturellement chargé d'exécuter ces gravures. J'ai vu la première de ces marques, semblable au n° 163 de Silvestre, sur une édition des épîtres familières de P. Bunel, in-8°, imprimée par Charles en 1551; la seconde paraît sur une édition de Cicéron en 4 vol. in-fol., publiée par le même imprimeur de 1551 à 1555[1]; et la troisième, semblable au n° 162 de Silvestre, sur le *Petit Dictionnaire françois-latin*, in-4°, publié par Charles en 1559. Il est probable que Robert II s'est servi de ces mêmes marques après la retraite de son oncle en 1561. Quant à ses marques propres, si elles ne furent pas gravées par Tory, c'est que celui-ci était mort lorsque Robert II s'établit.

REGNAULT (Barbe), libraire à Paris de 1552 (?) à 1559. — *Une* marque, représentant un éléphant avec une tour sur le dos et la devise : *Sicut elephas sto.* Barbe était sans doute fils de François Regnault, mort en 1552, et qui avait une marque

---

[1] M. Didot possède un exemplaire de ce livre annoté par Henri Estienne II, qui se proposait sans doute d'en faire une autre édition.

semblable, comme on peut le voir dans le livre de M. Silvestre, n°s 42 et 43. J'ai vu la marque de Barbe Regnault sur un petit livret in-8°, imprimé par lui vers l'année 1556, sous ce titre : *Description de la prinse de Calais et de Guynes, composé par forme et style de proces par M. G. de M.* (Bibl. nat.) La Caille fait connaître quelques autres ouvrages imprimés vers le même temps par Barbe Regnault.

CALVARIN (Simon), imprimeur à Paris vers 1558.— *Une* marque (*ad virtutis insigne*), dont on trouve un exemplaire à la Bibliothèque nationale, œuvre de Tory. Cette marque *à la Vertu* ne peut avoir été exécutée pour Simon Calvarin, qui ne paraît avoir exercé qu'après la mort de Tory.

GIBIER (Éloi), imprimeur à Orléans vers 1570. — *Une* marque, représentant une presse. Cette marque ne peut avoir été gravée pour Gibier, qui n'exerça qu'après la mort de Tory, mais il la tenait peut-être de son prédécesseur ; ou bien elle a été gravée par un autre artiste que Tory, et cet artiste, qui copiait le *prelum* de Jean de Roigny, aura machinalement ajouté à sa gravure la petite croix de Tory qu'il trouvait sur son modèle.

Si à cette liste nous joignons les noms cités par M Renouvier, et qui ne figurent pas ici : Pierre Gaudoul (1518-1534), Denis Janot (1536-1550), Etienne Groulleau (1547-1556), et ceux que nous allons voir paraître plus loin : François Regnault, Simon Dubois, Gilles de Gourmont, Nicolas Cousteau, Gailliot Dupré, Iolande Bonhomme (veuve de Thielman Ier Kerver), Jacques Roffet, Pasquier Letellier, Jean Longis, Jean de Tournes, etc., nous aurons la preuve que Tory avait la plus belle clientèle typographique qui fut jamais. L'inventeur du *Pot cassé* avait été choisi de préférence à tout autre par ses confrères pour l'exécution de leurs marques. Ils avaient été frappés de la perfection apportée par lui dans ce genre de gravures, qu'il avait complétement transformé. En effet, au lieu de ces grossières vignettes au fond noir, où le dessin ressortait en blanc, comme taillé à l'emporte-pièce, Tory avait introduit peu à peu dans ces bois toute la délicatesse des gravures italiennes. Les plus anciennes que nous connaissions de lui, celle par exemple qu'on peut voir plus loin, au titre de l'*Appendice*, l'une des premières qu'il ait gravées pour Simon de Colines, est tout à fait dans le genre criblé, que lui avait transmis le moyen âge; mais il rejeta bientôt cette manière, et non-seulement adopta une nouvelle forme de gravure, mais changea les dispositions des dessins qu'on lui confiait. Ce fait est surtout remarquable si on compare la marque primitive des de Marnef (voyez les *Marques typographiques* de M. Silvestre, n° 151) avec celle qu'on voit au cabinet des estampes de la Bibliothèque nationale, et qui porte cette devise : *Principium ex fide, finis in charitate*. Au lieu de ce grossier pélican nourrissant de ses entrailles ses petits plus grossiers encore, dans un nid placé sur un arbre dont les feuilles sont plus grosses que le tronc, nous avons, dans la gravure en question, une composition toute nouvelle, dont la gravure et le dessin sont irréprochables. En présence de semblables résultats, on ne doit pas être surpris de la prédilection des imprimeurs-libraires pour Tory; ils se firent un devoir d'employer un confrère qui poétisait leur profession : c'était pour eux une question de corps et de patriotisme tout à la fois.

Pour donner au lecteur une idée de la manière de faire de Tory dans ce genre de gravure, nous reproduisons ici la marque qu'il exécuta pour la célèbre Charlotte Guillard, veuve en premières noces de Rembold, l'associé de Gering, et en secondes noces de Claude Chevallon, qui tous trois demeurèrent au *Soleil d'or*, rue Saint-Jacques.

Mais ce n'est pas seulement pour leurs marques que les imprimeurs-libraires français employaient Tory; c'est surtout pour les gravures dont ils ornaient leurs livres. Je vais en donner ici une liste, rangée dans l'ordre chronologique, autant que possible, afin de faire mieux comprendre les progrès successifs de notre artiste dans ce genre de travail, qu'il perfectionna jusqu'à en faire des chefs-d'œuvre. Malheureusement, je suis bien insuffisant pour traiter convenablement ce sujet; mais je n'ai pas la prétention de donner ici l'*œuvre* complète de Tory[1]. Il me suffit d'indiquer les principaux ouvrages signés de sa marque; je laisse aux hommes spéciaux, plus compétents que moi en fait d'art, le soin de compléter ce catalogue. J'ai suivi ici l'ordre des dates positives ou probables de la gravure, et non celui des dates de publication des livres, qui ne prouve rien.

CATALOGUE DES GRAVURES DE TORY.

1515.

Je placerai ici en premier lieu une édition des Heures de Simon Vostre, sans date, mais avec une table des Pâques allant de 1515 à 1530. Ce livre, dont l'unique exemplaire que j'aie vu[2] appartient à

---

[1] Plusieurs connaisseurs auxquels j'ai communiqué le résultat de mes découvertes croient pouvoir attribuer, par analogie, beaucoup d'autres ouvrages à Tory; mais je ne mentionne ici que ce qui est signé.

[2] La Bibliothèque nationale possède un autre livre d'Heures de

M. Niel, bibliothécaire du ministère de l'intérieur, renferme trois charmantes gravures signées, la première d'un simple G, la seconde et la troisième d'un G dans lequel est un petit F, ce qui signifie, je crois, *Gedofredus faciebat* ou *fecit*. Peut-être n'est-ce pas Tory qui a gravé ces bois; mais il est évident qu'ils l'ont été sur ses dessins, car nous retrouvons là les qualités et les défauts du peintre Godefroy et de Tory. Le livre de M. Niel (ce sont des *Heures à l'usage de Paris*) nous offre trois sortes de gravures bien différentes : 1° les vieux bois gothiques (parmi lesquels il faut ranger la Danse des morts à fond criblé) qui figurent déjà dans les éditions données par Simon Vostre dans le quinzième siècle; 2° onze grands sujets dans le genre de la renaissance qui paraissent dans ses éditions dès 1507, et qu'on pourrait attribuer à Jean Perreal, le maître de Tory; 3° enfin les trois sujets en question, qui ne paraissent qu'en 1514 ou 1515. Ces sujets sont : 1° l'*Annonciation aux bergers*, signée de la lettre G; 2° l'*Adoration des mages*, et 3° *la Circoncision*, ces deux dernières signées du G et de l'F. Le G est encore un peu gothique; mais la seconde lettre est parfaitement romaine. Peut-être est-ce à ces gravures que nous devons attribuer la prédilection que Tory montra depuis pour les Heures, dont il publia, comme nous verrons, plusieurs éditions

---

Simon Vostre, du même temps à peu près, mais il est incomplet, et on n'y trouve qu'une seule des trois gravures décrites ici. (Bibl. nat., Théolog., in-8°; 175, vélin.)

en différents formats, et avec un nombre considérable de bois gravés par lui-même.

1516-1518.

Ici se place le second voyage de Tory à Rome (voyez la Biographie, p. 12), d'où il revint plus *italien* que jamais, en fait d'art.

1519-1520.

Sous cette date, qui est celle où Tory travaillait aux manuscrits que j'ai décrits plus haut, je placerai, quoique d'une manière dubitative, deux petits bois signés des lettres G T, qui figurent dans la publication de M. Varlot intitulée : *Illustration de l'ancienne imprimerie troyenne* (in-4°, 1850). Ce sont les n°s 84 et 131, le premier dans le genre criblé, le second dans le genre renaissance. L'attribution est fondée sur ce que ces gravures sont du temps de Tory, comme on peut l'induire de celle dans le genre criblé, et que les initiales G T conviennent parfaitement à cette époque de la vie de notre artiste, qui signait quelquefois aussi au long GEOFROY TORY, témoin les Heures de 1524-1525, que nous allons décrire.

La première de ces gravures, le n° 84, représente une descente de croix. Les lettres G T sont placées au bas de la planche, et à une certaine distance l'une de l'autre. Dans le même recueil se trouve une autre gravure de la même série, mais non signée, sous le

8.

n° 78. Elle représente un évêque bénissant un malade étendu tout nu devant lui. Ces deux bois ont 48 millimètres de longueur sur 62 de hauteur.

Le n° 131 représente une scène de Térence. Les lettres G T sont réunies au bas de la gravure, qui a 33 millimètres de hauteur sur 55 de largeur. On trouve dans le même recueil, sous les n°s 132 et 133, deux autres bois de la même série, mais non signés. Enfin, dans une édition d'Ésope, publiée dans ces derniers temps à Troyes par l'imprimeur Baudot, on trouve un bois provenant probablement de la même origine, et qui s'est fourvoyé là par hasard. Ces quatre pièces proviennent évidemment d'un Térence de petit format. Je n'ai pu découvrir cette édition.

1520-1521.

Je placerai sous cette date un frontispice in-8°, formant cadre, gravé pour Simon de Colines, et portant sa marque et ses initiales. Cet imprimeur, qui succéda en 1520 à Henri Estienne, Ier du nom, dont il épousa la veuve, désira signaler ses impressions d'une manière particulière, et s'adressa pour cela à Tory, qui était un ami de la maison. Celui-ci grava le frontispice en question, dans le genre *criblé*, fort à la mode encore, et sur lequel on voit des lapins ou *conils*, qu'on croit une allusion au nom de *Colines* (voyez ce que j'ai dit précédemment à ce sujet, p. 97). La marque de Tory paraît en blanc dans le bas et à droite de la gravure. Ce frontispice figure, à ma connaissance, sur un *Epitome* des Adages d'Érasme, en latin, imprimé par Simon de Colines en 1523, in-8°, sous ce titre : *Johannis Brucherii Trecensis Adagiorum ad studiosæ juventutis utilitatem ex Erasmicis chiliadibus exceptorum epitome*. C'est probablement aussi Tory qui a gravé la grosse marque aux lapins, de Colines (Silvestre, n° 79), qui est dans le même genre, et paraît sur les Heures de 1524; mais elle ne porte pas sa croix. Il lui grava plus tard un cadre du même genre, au bas duquel on voit un *soleil* que des centaures, excités par des femmes, s'efforcent de saisir. Cette marque doit être de 1526, époque à laquelle Colines abandonna à Robert Estienne la maison de son père, et vint s'établir en face du collége de Beauvais, *au Soleil d'or*. Ce cadre figure, à ma connaissance, sur un livre intitulé : *L. Fenestellæ, de Magistratibus sacerdotiisque Romanorum, libellus*, in-8°, 1530. Tory grava encore pour Colines deux autres marques d'un style bien différent (Silvestre, n°s 80 et 329), et une foule de cadres et de sujets pour ses livres. Colines est certainement l'imprimeur qui a le plus occupé Tory, comme on le verra par la suite. Cette circonstance me porte à croire que Lottin est dans l'erreur en lui donnant le titre de graveur de caractères, lui attribuant sans doute la gravure des gracieux italiques dont il se servait dans les ouvrages en vers : je suis convaincu que ces caractères sont l'œuvre de Tory, dont ils rappellent l'écriture, telle qu'on la voit figurée sur quelques planches du *Champ fleury*[1]. Je ferai toutefois remarquer que les majuscules de ces italiques sont romaines, et peuvent appartenir aux caractères romains que Simon de Colines tenait d'Henri Estienne; mais ils sont ornés de lettres de *deux-points* blanches, d'un goût charmant, qui sont certainement de Tory, comme les lettres fleuries de Colines et de son beau-fils, Robert Estienne.

1522-1523.

Nous pouvons placer sous cette date deux autres frontispices signés de la croix de Tory. Le premier est une grande gravure divisée en quatre compartiments, et représentant des armées en bataille avec du canon. Les deux compartiments du haut sont réunis par l'écu de France couronné et entouré du cordon de Saint-Michel, d'où s'échappent des branches de rosiers s'étendant de chaque côté. Chaque compartiment renferme un cartouche en blanc. La marque de Tory est dans le bas du compartiment de la gauche du bas, où on voit flotter le drapeau de France. Cette gravure figure déjà dans le *Rozier historial de France*, in-folio en caractères gothiques, imprimé à Paris chez François Regnault, le 10 février 1522, avant Pâques, c'est-à-dire 1523, nouveau style. On

---

[1] Fol. 14 v°, 16 v°, 17 v°, 20 r° et v°, 28 v°, 65 r°, de l'édition in-fol.; et fol. 29 v°, 30 v°, 34 v°, 37 r°, 41 v°, 42 r°, 59 v°, 127 r°, de l'édition in-8°. Voyez-en plus loin l'échantillon, p. 144.

a imprimé en rouge dans les cartouches, avec des caractères gothiques, les mots : *bataille ronde, bataille de pointe, bataille de feu, bataille de fourche.* (Bibl. nat., L ^{35} 35). Elle figure encore dans une édition du même livre imprimée en 1528 par le même imprimeur. Suivant M. Robert-Dumesnil, on la voit aussi dans une édition des *Commentaires de César* imprimée vers le même temps, mais en caractères romains (*le Peintre-Graveur français*, t. VII, p. 48).

Le second frontispice, en forme de cadre in-folio, représentant divers sujets grotesques et licencieux, figure sur une édition de l'*Histoire du saint Graal*, publiée par Philippe le Noir, libraire et relieur juré en l'université de Paris, le 24 octobre 1523. On voit les initiales de ce libraire dans le compartiment du haut du cadre. (Arsenal, B. l., 13054.)

Dans ce livre (comme dans les précédents), il y a d'autres gravures; mais elles ne sont pas du faire de Tory, auquel on réservait les pièces capitales. Ces gravures avaient sans doute déjà figuré ailleurs.

Quant à la gravure exécutée par Tory, laquelle reparaît dans la *Salade* d'Antoine de la Salle, imprimée par Philippe le Noir en 1527, et dans d'autres ouvrages encore, c'est la copie d'un frontispice gravé par Urs Graf, avec la date de 1519, et employé par Pierre Vidoue, imprimeur à Paris [1], parti-

---

[1] Nouvelle preuve à l'appui de ce que j'ai dit déjà du peu de scrupule que se faisaient les artistes de se copier les uns les autres. (Voyez p. 93, note.)

culièrement dans un Virgile de 1529, in-folio, qui se trouve à la Bibiothèque Mazarine (232 D)..

Les quatre principaux sujets de cette pièce, placés aux quatre coins du frontispice, représentent : 1° des gens qui viennent allumer des flambeaux au derrière d'une femme ; 2° une femme qui enlève un capucin dans un panier ; 3° la mort de Pyrame et Thisbé ; 4° le jugement de Pâris.

1524.

Tout en travaillant pour les autres, Tory s'occupait d'une série considérable de gravures destinées à des Heures dont l'impression, commencée en 1524, fut achevée en 1525.

Voici la description complète de ce livre, qui est in-4°, et fut probablement publié de compte à demi avec Colines ; car on en connaît des exemplaires au nom de cet imprimeur seul, et d'autres au nom de Tory seul. Ils se partagèrent sans doute l'édition, l'imprimeur fournissant ses caractères et son travail, et l'éditeur ses bois et son privilége. Privé de fortune, Tory n'aurait peut-être pas pu parvenir autrement à faire exécuter le livre.

Les exemplaires au nom de Colines portent sur le titre :

> HORAE, in laudem beatiss. semper
> Virginis MARIAE secundum con
> suetudinem curiæ Romanæ. ubi or-
> thográphia, puncta et accentus suis
> locis habentur.

Au-dessous, la grosse marque de Colines, avec les lapins et les lettres S. D. C. dans le champ, et au bas **S. DE COLINES**. Puis vient la souscription :

PARISIIS. Apud Simonem Colinæum, M. D. XXIIII.

Cette première page est ornée d'un encadrement particulier, que nous retrouverons sur d'autres livres de Tory, mais qu'il ne m'a pas été possible de bien voir ici, parce que le seul exemplaire de ces Heures que j'aie eu à ma disposition, celui de la bibliothèque de l'Arsenal (Théol., 4°, 2984), a reçu, quoique simplement en papier, une miniature charmante qui occupe toute cette page [1]. Elle représente deux ouvriers imprimeurs travaillant à une presse, et à côté un compositeur devant sa casse. On n'a réservé de l'impression sur cette page que les cinq lignes du titre : « *Horæ*, etc., » qui ont été placées dans un cartouche suspendu aux branches supérieures de deux arbres formant l'encadrement de la miniature.

Au verso du titre on trouve, suivant l'usage, une table des Pâques, etc., allant de 1523 à 1551. L'encadrement de cette page porte, dans trois petits cartouches réservés au milieu des arabesques, les mots : GEOFROY — TORY. — SIC VT, NON PLVS, qui reviennent de temps à autre sur les pages suivantes. Toutefois,

---

[1] J'ignore le nom de l'heureux donataire à qui fut fait ce cadeau. On voit seulement ses initiales (R. P.) dans un cœur au-dessus de la presse.

on ne trouve le nom de Tory nulle part dans le texte, si ce n'est sur le privilége.

Ce privilége occupe tout le second feuillet, recto et verso, qui est sans encadrements, et cela avec intention ; il est imprimé en caractères gothiques du temps (afin d'imiter l'écriture du diplôme), et cette forme aurait juré avec les arabesques antiques de Geofroy Tory, dont la délicatesse n'admettait pas les alliances de ce genre.

Le troisième feuillet contient quelques détails sur le calendrier, qui commence au quatrième feuillet et finit au neuvième. Sur le dixième commencent les Heures.

Ce livre est in-4°, mais les feuilles sont encartées deux à deux, suivant l'usage introduit par Pierre Schoiffer lui-même [1], ce qui lui donne l'apparence d'un in-8°. Les signatures vont de A à T, ce qui donne dix-huit cahiers ou cent quarante-quatre feuillets.

Les gravures se composent de seize encadrements complets, dont chacun est répété au recto et au verso de chaque feuillet, ce qui embrasse trente-deux pages de composition, après quoi les mêmes ornements reparaissent. Ces ornements se composent d'arabesques dans lesquelles on voit figurer de temps à autre les mots: SOLI DEO. — LAVS — HONOR. — GEOFROY — TORY. — NON PLVS, sur les côtés. Au bas des pages on voit un F couronné (initiale du nom du roi), un C couronné (initiale du nom de la reine, Claude [2], fille de

---

[1] Voyez mon livre sur l'origine de l'imprimerie, t. I, p. 248.

[2] Cette princesse mourut avant qu'on eût achevé le livre, peut-être

Louis XII), un dauphin couronné, par allusion au titre du fils aîné du roi [1]. Les autres bas de pages sont occupés par des arabesques, parmi lesquelles on voit figurer le *Pot cassé*[2]. Il y a dans le texte treize grands sujets au trait, se mariant admirablement avec les encadrements des pages. Tout ou presque tout, encadrements et sujets, est signé de la croix de Tory.

Le livre se termine au recto d'un feuillet, au verso duquel on lit cette souscription : « Excvdebat Simon Colinævs Parisiis e regione scholarvm decretorvm : anno a Christi Jesv nativitate m. d. xxv. xvii. cal. febr. »

Cette date revient au 16 janvier 1525. On a vu que le livre portait sur le titre la date de 1524, c'est-à-dire celle de l'année où il avait été commencé. Ces deux dates, citées isolément, tantôt par l'un, tantôt par l'autre, ont induit les bibliographes en erreur, et ont fait croire à deux éditions différentes du même livre.

Dans le cours du volume, on aperçoit de temps à autre des chiffres aux cadres. Ces chiffres sont le nombre 16, qui paraît dans le côté du fond du cadre des pages Ai verso et Cvij [3] recto et verso ;

---

même avant qu'on eût commencé l'impression ; mais Tory ne voulut pas perdre sa gravure, et on conserva ce bois, qui servit encore pendant plus de quinze ans, comme on le verra.

[1] Ces trois sujets ont été reproduits par la gravure dans le *Décameron bibliographique* de Dibdin, t. I, p. 99 ; on en trouve deux autres, t. II, p. 65.

[2] Voyez-en la reproduction p. 31.

[3] Ici et ailleurs, pour rendre les descriptions plus faciles, je donne

le nombre 3, dans le côté extérieur du cadre des pages Aiiij recto et verso, Ciiij recto et verso; le nombre 10, dans le bas du cadre de la page Biij; le nombre 12, dans le côté extérieur du cadre de la page Bvi. Je crois pouvoir conclure de l'existence de ces chiffres qu'on avait d'abord gravé un numéro d'ordre allant de 1 à 16, répété sur chaque portion du même cadre, pour donner au compositeur le moyen de bien assortir chaque page. Ces chiffres auront plus tard été jugés inutiles, et retranchés. Les quatre que je viens de signaler, restés par inadvertance, ont été retranchés à leur tour des compartiments où ils se trouvaient avant la fin de l'impression.

L'idée qu'on a eue de répéter chaque cadre au recto et au verso d'un même feuillet était fort ingénieuse, car elle permettait d'*imposer* un plus grand nombre de pages sans qu'on s'aperçût de la répétition, les deux pages semblables n'étant jamais vues en même temps [1]. Cela ne donnait pas plus de travail, car il est bien évident que les cadres n'étaient joints aux pages qu'au moment du tirage, pour ne pas les exposer aux accidents inhérents aux manipulations préparatoires de l'impression.

Les exemplaires au nom de Tory [2] portent un

---

des signatures aux huit feuillets d'un même cahier; mais on sait qu'il n'y en a qu'aux quatre premiers.

[1] M. Willemin a publié quelques spécimens de ces cadres dans ses *Monuments français inédits* (in-fol., 1839), fol. 296.

[2] Je n'en ai vu qu'un exemplaire, conservé à la Bibliothèque nationale, section des estampes. Il y en avait autrefois un exemplaire

titre français, comme cela convenait à un zélateur de sa langue maternelle. Quoique le livre fût tout entier en latin, comme il était destiné à des Français, il a semblé à Tory qu'un titre français n'y serait pas déplacé. Voici ce titre :

> Heures, a la louange de la Vierge MARIE, selon lusage de Rome. Esquelles sont contenues les quatre Passions, Le seruice commun pour le temps dapres Pasques, et pour le Caresme. Le seruice de Laduent, Et dudit Aduent jusques a la Purification nostre Dame. Pareillement, les heures de la Croix, et du Sainct esperit. Les sept Pseaumes. Vespres, Vigiles, et Commendaces des Trespassez, avec raisonnable nombre doraisons, et suffrages des sainctz, et sainctes. A la fin sont les heures de la Conception nostre Dame, et le symbole de Athanase. Le tout au long, sans y rien requerir, est tres correcte, en bonne orthographie de poinctz, daccens, et diphthongues situez aux lieux a ce requis. Et sont a vendre, par Maistre Geofroy Tory de Bourges, libraire demorant a Paris sus Petit pont, ioignant lhostel Dieu, a lenseigne du Pot casse.

Suit la devise MENTI BONÆ DEVS OCCVRRIT, et le *Pot cassé*, de même forme, mais plus petit, que celui qu'on voit à la fin du livre.

L'ordre des pièces de la première feuille est ici un peu différent des exemplaires de Colines. Au verso du titre commence le privilége, en caractères romains, plus agréables à Tory que le gothique, et formant également deux pages, auxquelles on a pu joindre les encadrements antiques. Au verso du second feuillet se trouve la table des Pâques. On a profité de cette réim-

---

à la bibliothèque Sainte-Geneviève (BB, 290), mais on n'a pu me le montrer.

pression pour effacer le chiffre 16 qui figurait dans le cadre de cette page. On n'a pas songé à effacer le 3 de la page Aiiij, mais on a retranché le 10 de la page Biij. On en voit encore une légère trace. Cette opération eut lieu sans doute durant le tirage unique de cette feuille, car il n'est pas probable qu'on ait réimprimé le cahier B.

A la dernière page des exemplaires de Tory on lit la souscription suivante, dont les mots en italique ici sont imprimés en rouge :

> Ces presentes heures a lusage de *Rome* furent acheuees de imprimer le *Mardy* dixseptiesme iour de *Ianvier* Mil cinq cens vingtcinq : pour Maistre *Geofroy Tory* de *Bourges*, libraire demorant a *Paris* sus *Petit pont*, joignant lhostel *Dieu* a lenseigne du *Pot casse*.

Suit la marque, avec les deux devises (MENTI, etc., et SIC, etc.) qui accompagnent la marque de Tory folio 43 du *Champ fleury*. (Voyez ci-devant, p. 31.)

Il paraît que Tory fit imprimer quelques exemplaires sur vélin, car M. Brunet[1] en mentionne un qui a été vendu 451 francs.

On voit par la date inscrite sur les exemplaires de Tory que le tirage n'en fut fait que le lendemain du jour où furent tirés ceux au nom Colines; car il est digne de remarque que la date du *mardi 17 janvier* est bien de 1525, et non de 1526, nouveau style,

---

[1] *Manuel*, t. IV, p. 802.

comme cela aurait dû être si on avait suivi l'*usage de Paris*. Mais on crut sans doute devoir suivre le style de Rome dans des heures *à l'usage de Rome*.

On ne manquera pas de remarquer aussi que Tory signale sur le titre de ses Heures la bonne *orthographie* de son livre : le grammairien ne perd pas de vue l'exactitude des textes.

Comme je l'ai dit, ce livre renferme treize grands sujets. Ce sont :

1° et 2° La Salutation angélique en deux planches se faisant suite (la première seule est signée).
3° La Visitation de la Vierge, avec la devise NON PLVS dans un cartouche suspendu à un arbre (signée).
4° La Naissance de Jésus (signée).
5° L'Adoration des bergers (signée).
6° L'Adoration des mages (signée).
7° La Circoncision (signée).
8° La Fuite en Égypte (signée).
9° Le Couronnement de la Vierge (signé).
10° Le Crucifiement de Jésus (signé). Cette pièce est à cinq compartiments. Outre le crucifiement, on y voit des abeilles qui travaillent, des oiseaux qui font leur nid, un paysan qui laboure un champ, un autre qui sème du blé. Chacun de ces quatre sujets est accompagné de la maxime SIC VOS NON VOBIS.
11° La Descente du Saint-Esprit sur les apôtres, avec la devise NON PLVS au fronton d'un temple (signée).
12° La Pénitence de David, avec la même devise, et le mot PECCAVI dans un cartouche suspendu à un arbre (signée).
13° Le Triomphe de la Mort (signé). Ce dernier sujet représente la Mort armée d'un trait et marchant sur des cadavres. Un corbeau perché sur un arbre au-dessus d'elle fait entendre les mots CRAS, CRAS, qui sortent de son bec. On voit à côté les devises NON PLVS et SIC VT sur deux édifices voisins. On peut voir ce sujet sur la page suivante.

Nota. Cette planche est empruntée à deux pages différentes des Heures de 1524-1525. Le cadre se trouve à la signature Gij, et le sujet (*le Triomphe de la Mort*) à la signature Oiiij.

Tory prêta ses cadres et ses gravures à divers imprimeurs, qui en firent disparaître sa marque.

Je citerai particulièrement quatre éditions de Simon de Colines au titre desquelles on trouve les cadres de Tory :

1° *Divi Joannis Chrisostomi liber contra Gentiles,* etc., in-4°, 1528. Le titre de ce livre est orné d'un des cadres de Tory, composé du bas à l'F couronné, et du large montant avec les deux cartouches portant les mots GEOFROY TORY, qui ont été enlevés. — Cet ouvrage se trouve en peau de vélin dans le cabinet de M. Salomon de Rothschild, qui a bien voulu m'en faire donner communication.

2° *Rodolphi Agricolæ Phrisii de inventione dialectica libri tres, cum scholiis Joannis Matthæi Phrissemii,* in-4°, 1529. Cadre composé de deux larges montants, dont un paraît déjà dans le livre précédent. Dans le haut l'F couronné, et dans le bas une autre bordure large.

3° *Laurentii Vallæ de linguæ latinæ elegantia libri III,* in-4°, 1535. Même cadre qu'au livre précédent.

4° Même ouvrage, 1538. Même cadre.

1525.

Nous venons de voir que Tory signait depuis quelque temps ses gravures d'une double croix; cependant ce n'était pas encore pour lui un signe invariable. Ainsi, durant les années 1524, 1525, et peut-être 1526, il employa souvent un monogramme où se retrouvent à la fois son nom et son surnom, ou, pour me servir des expressions actuelles, son prénom et son nom de famille : c'est un G dans lequel paraît un petit *s,* et au-dessus la double croix. Cela veut dire, je crois, *Godofredus Torinus scalpsit,* à la différence de la simple croix, qui signifie que Tory a *dessiné et gravé* les pièces où elle figure. On trouve, en effet, dans la plupart des pièces signées du monogramme en question, un aspect rude qui n'est pas dans le genre habituel de Tory.

Quoi qu'il en soit, voici l'indication des pièces à moi connues où l'on trouve ce monogramme.

I. *Le Blazon des heretiques,* in-4° de 14 feuillets, en caractères gothiques, imprimé par Philippe le Noir, « relieur juré en l'université de Paris, » avec un privilége de la cour de parlement daté du 21 décembre 1524. C'est une pièce satirique, en vers, attribuée à Pierre Gringoire, dit Vaudémont, et en tête de laquelle on voit la *figure* ou *effigie de lheretique,* signée du monogramme en question. Voici la description de l'*effigie* :

> En gibeciere on luy voit ratz avoir,
> Qui sont rongeans et serpens detestables
> En son giron faisant mords diffamables.
> De son sain sort ung aspre feu vollant,
> Qui cueur et corps et livres est bruslant.

Cette pièce fort rare a été réimprimée à Chartres,

en 1832, par les soins de M. Hérisson, bibliothécaire de la ville. On y voit un fac-simile de la gravure.

II. « Heures de Nostre Dame, translatees en francoys et mises en rithme par Pierre Gringoire, dit Vaudemont, par le commandement de..... madame Regnee de Bourbon, duchesse de Lorraine, » etc., in-4° gothique, sans date, mais avec une table des Pâques commençant à 1524, et un privilége daté du 10 octobre 1525. Ce livre, publié par le libraire Jean Petit, renferme treize grandes gravures, dont voici l'indication :

1° L'Annonciation.
2° Adam et Eve.
3° La Croix.
4° Le Saint-Esprit.
5° La Descente du Saint-Esprit sur les apôtres.
6° David priant pour Sion menacée des foudres divines.
7° La Vierge et l'enfant Jésus.
8° Une famille à table.
9° Huit enfants nus priant; la sainte Trinité dans le ciel.
10° La Manne.
11° La Pénitence de David.
12° Le Triomphe de la Mort.
13° Jésus recevant la couronne d'épines et le roseau.

Cette dernière seule est signée du monogramme particulier que je viens de décrire [1]; mais les autres gravures étant du même style, elles doivent toutes être attribuées également à Tory. On pourrait peut-être

[1] Sur un exemplaire imparfait, en vélin, de ce livre, que j'ai vu chez le libraire Potier, et qui est enluminé, l'artiste a gratté la marque de Tory, je ne sais dans quel but.

encore attribuer à Tory les six gravures analogues qui paraissent dans les *Chants royaux* du même auteur (imprimés en même temps et ordinairement réunis aux *Heures*), mais dont aucune n'est signée. En voici l'indication :

1º La Synagogue. Jésus au fond entre dans une colonne.
2º L'Enfant prodigue. Jésus au fond guérit une femme.
3º Des chasseurs. Jésus au fond guérit un possédé.
4º Miracle des poissons et des pains.
5º Entrée de Jésus à Jérusalem.
6º Couronnement d'épines.

Ces deux livres ont été réimprimés plusieurs fois. Je connais quatre éditions in-4º des *Heures* [1]. La première est celle que je viens de décrire. On y voit quelques autres gravures d'un genre tout différent de celui de Tory, et qui paraissent dans d'autres heures plus anciennes.

La deuxième a une table des Pâques commençant à 1528, et un privilége daté du 15 novembre 1527. Pour le reste, elle est semblable à la précédente.

La troisième a une table des Pâques commençant à 1534. Elle est conforme à la précédente, sauf en un point : à la place de la dernière gravure il y en a une autre signée de la même manière, représentant *Job* en prière devant sa maison qui brûle, et ses voisins qui l'insultent. Cette gravure prouve que Tory en

---

[1] Il parait que le parlement voulut s'opposer d'abord à la publication de ce livre; mais il ne persista pas sans doute dans son opposition, car, outre les quatre éditions in-4º que je décris ici, j'en ai vu quatre autres in-8º, mais sans intérêt pour nous. Voyez le *Manuel du Libraire*, au mot *Gringoire*.

a gravé une série plus considérable, parmi lesquelles l'imprimeur a pris celle-ci, par hasard, ne trouvant pas alors celle dont il avait besoin. Cette gravure de Job, en effet, ne reparaît pas dans l'édition suivante.

La quatrième a un calendrier commençant à 1540. Elle est conforme à l'avant-dernière, à la différence du privilége, qui est daté du 15 novembre 1525, sans doute par erreur. (Ces quatre éditions sont à la bibliothèque de l'Arsenal, Théol., 4°, 1012 à 1015.)

III. « Histoire... de la.... glorieuse victoire obtenue contre les seduitz et abusez lutheriens mescreanz du pays dAulsays... par... Anthoine... duc de Calabre,... par Nicole Volcyr (autrement dit Volkire) de Serouville, » etc. — Petit in-folio, caractère gothique, sans indices typographiques, mais avec un privilége daté du 12 janvier 1526 (1527, nouveau style), concédé par Jean de la Barre, garde de la prévôté de Paris. Le combat avait eu lieu en 1525.

L'ouvrage de Volcyr renferme sept gravures, mais les deux dernières seules, placées en tête des deux derniers livres, sont signées. On peut toutefois, je pense, attribuer aussi à Tory celle qui est en tête du premier livre. Voici la description de ces pièces :

1° Frontispice représentant la Foi. Femme casquée, foulant le dragon.
2° L'auteur assis écrivant son livre.
3° Grande planche représentant un guerrier (le duc de Calabre?) au milieu de ses gens, l'épée levée.
4° Un évêque priant.
5° L'auteur offrant son livre au prince. Belle gravure sur la-

quelle on voit quelques initiales isolées dont je n'ai pu saisir le sens.

6° Grande planche représentant l'attaque de la ville de Saverne. On lit en haut le mot *Saberna*.

7° Grande planche représentant la vision de la Passion. Jésus en prière, la tête rayonnante ; en face de lui des anges lui présentent la croix ; derrière lui d'autres anges apportent la colonne à laquelle il fut attaché ; autour de lui les instruments de son supplice. Cette gravure est tout à fait dans le genre des suivantes.

IV. *Les Travaux d'Hercule*. Douze grandes planches in-folio, que possède la Bibliothèque nationale. Chacune de ces gravures était accompagnée d'un numéro d'ordre et d'un quatrain français qui expliquait le sujet ; malheureusement on les a retranchés à la plupart des pièces [1], et il m'est impossible d'assigner à celles-ci aujourd'hui un ordre rigoureux. Voici toutefois celui qui me semble le plus naturel. Je signale par un astérisque les trois numéros d'ordres conservés :

1° Le lion de Némée.
2° L'hydre de Lerne.
*3° Cerbère.
4° Antée.
5° Cacus.
6° Hippodamée.
7° Gérion.
8° Les colonnes d'Hercule.
*9° Le Taureau de Crète.

[1] Cet usage déplorable, de retrancher tous les textes des gravures, appliqué rigoureusement autrefois au cabinet des estampes de la Bibliothèque, a nui considérablement à ce dépôt. Il est telle pièce dont on ne sait plus ni l'origine ni le sens par suite du retranchement des légendes qui l'accompagnaient.

* 10° Le Sanglier d'Erymanthe.
11° Archélaüs.
12° Hercule sur le bûcher.

Toutes ces gravures sont signées  .

Voici maintenant comme spécimen trois des quatrains qui accompagnent les gravures : ce sont les seuls qui aient été conservés à la Bibliothèque nationale. Ils pourraient bien être aussi de Gringoire, comme les vers des *Heures* qui précèdent, sous la même date.

N° 3.

Il braue les enffers (chose à luy tresaisée),
Et le chien Cerbérus, aux trois chefz surmontant;
Il va les Infernaux main à main combatant,
Pour mettre en liberté son bon amy Thesée.

N° 9.

Les furieux Thaureaux (choses esmerveillables)
De ses deux bras nerveux Il maitrise aisement,
Et leur faict faire Ioug desoubs luy forcément
Encor qu'on estimat qu'ils fussent indomptables.

N° 10.

Ung sanglier escumeux à la grand' dent pointue,
Qui hommes, vignes et bleds degatoient enragé,
Et par qui l'vniuers estoit endommagé,
Seul, par sa hardiesse, Il acreuante et tue.

L'orthographe suivie ici prouve que cette impression est du dix-septième siècle; mais la rédaction même de ces quatrains et l'état des planches, déjà mangées des vers, suffisent pour assigner à ces dernières une date bien antérieure. Je ne puis donc mieux faire que de les reporter à l'année 1525, où nous voyons Tory se servir du même monogramme.

Tory semble avoir voulu dans ces planches imiter Mantegna, dont il avait pu étudier les travaux en Italie ; mais il eut le bon esprit de renoncer à ce genre, qui n'était pas le sien, ou, pour mieux dire, il ne fit ici que suivre un dessin qui lui avait été fourni.

1526.

I. En 1527, Tory publia une nouvelle édition de ses Heures, en un volume in-8°, imprimé encore chez Simon de Colines, en caractères romains, avec des vignettes de même genre, mais beaucoup plus petites. Il y en a un exemplaire en vélin à la bibliothèque de l'Arsenal ; malheureusement il est incomplet du premier et du dernier feuillet. Suivant M. Brunet [1], auquel M. Tosi, de Milan, en a communiqué un exemplaire complet, également en vélin, on lit sur le premier : « Horæ in laudem | Beatiss. Virg. | Mariæ ad usum | Romanum | venales extant Parrhisiis ad insigne | vasis effracti. » Et sur le dernier : « Hujus modi Horæ nuper absoluebantur | a prælo Colineo, die vicesima prima | Octobris anno Domini 1527, pro | magistro Gotofredo Torino Biturigico | Bibliopola ad insigne vasis effracti | Parrhisiis commorante, ubi venales | beneuolis omnibus amicabiliter extant. »

---

[1] *Manuel*, t. IV, p. 802.

Il y a trente-deux cadres différents ou cent vingt-huit pièces, qui reparaissent toutes les deux feuilles. Le texte est orné de seize grands sujets, de dimension moindre que dans l'édition in-4°, naturellement. Dans l'exemplaire de l'Arsenal, le seul que j'aie vu, ces sujets sont peints en miniature. Je n'y ai aperçu nulle part la marque de Tory; toutefois on y trouve ses devises : MENTI BONÆ DEVS OCCVRRIT. — SIC VT, VEL VT. — NON PLVS, ce qui prouve que ces planches ont été gravées pour lui, sinon par lui.

Voici l'indication des sujets :

1° et 2° La Salutation angélique, en deux gravures se faisant suite, comme dans l'édition in-4°.
3° La Visitation de la Vierge.
4° La Naissance de Jésus.
5° L'Annonciation aux bergers.
6° L'Adoration des mages.
7° La Circoncision.
8° La Fuite en Égypte.
9° Le Couronnement de la Vierge.
10° Saint Joachim et sainte Anne s'embrassant (ce sujet ne se trouve pas dans l'édition in-4° de 1524-1525).
11° Jésus crucifié.
12° La Descente du Saint-Esprit sur les apôtres.
13° La Pénitence de David.
14° Le Triomphe de la Mort.
15° La sainte Trinité.
16° La Vierge et l'enfant Jésus.
(Ces deux derniers sujets ne se trouvent pas dans l'édition de 1524-1525.)

Le livre comprend les signatures de A à Z, c'est-à-dire qu'il se compose de vingt-trois feuilles in-8°. On y trouve un nouveau privilége de François Ier, qui étend à dix ans les droits de Tory, non-seulement pour cette édition, mais encore pour la précédente : « pour aucunes histoires et vignettes à l'antique par luy cy devant faict imprimer. »

Ce nouveau privilége, qu'on trouvera à l'Appendice [1], est daté de Chenonceaux, le 5 septembre 1526. Il comprend le *Champ fleury*, dont l'impression était alors fort avancée.

L'exemplaire des Heures in-8° de 1527 qui se trouve à l'Arsenal est un charmant volume en peau de vélin, auquel on a ajouté à la fin un certain nombre de prières manuscrites en français. L'exécution calligraphique de ces prières, accompagnées d'encadrements imitant ceux qui sont imprimés, est fort remarquable. Le coloriage des sujets et les enluminures des lettres initiales et de la fin des alinéas en font un ouvrage de prix. Le livre est encore dans son ancienne reliure, jadis fort riche, mais aujourd'hui bien maltraitée, sur les plats de laquelle on voit des C entrelacés, des S barrés et des espèces d'étoiles formées de deux triangles disposés en sens inverse. Serait-ce le livre d'Heures de Catherine de Médicis, qui épousa Henri II en 1533? Malheureusement, comme je l'ai dit, il manque deux feuillets essentiels à ce livre, le premier et le dernier.

II. Dans la même année, Tory fit exécuter chez Simon du Bois (*Silvius*) une édition in-4° de ces mêmes Heures, *suivant l'usage de Paris*.

---

[1] Pièce n° 4.

Ce livre, qui se trouve à l'Arsenal (T. 2985) et à Sainte-Geneviève (B.B. 291), est daté du 22 octobre 1527. Il est accompagné du nouveau privilége de François Ier, et comprend trente-six feuilles in-4°, encartées deux à deux, suivant l'usage, et formant dix-huit cahiers in-8°, allant de la signature A à S. Tout est imprimé en caractères gothiques du temps, avec l'encadrement *à la moderne* dont faisait mention le privilége de 1524 : ce sont des arabesques formées avec des fleurs, des insectes, des animaux, etc. Il y a vingt-six encadrements complets, qui reviennent successivement. Nous trouvons encore ici, comme dans la première édition in-4°, treize grands sujets au trait intercalés dans le texte. Mais un fait remarquable, c'est que, quoique ces sujets, sauf deux [1], soient les mêmes que ceux de l'édition de 1524-1525, ils sont d'un autre dessin, approprié aux encadrements et aux caractères *à la moderne*. Il était difficile de pousser plus loin l'amour de l'harmonie artistique ! Ni les cadres ni les sujets ne portent de marques, et je doute qu'ils soient de Tory. Peut-être le dessin était-il de Perreal, et la gravure d'un des artistes employés par Geofroy Tory, qui devait avoir dès lors un atelier monté, si l'on en juge par le grand nombre de pièces qu'il produisit à cet époque.

[1] L'*Adoration des bergers* est remplacée, comme dans l'édition in-8°, par l'*Annonciation aux bergers*, et la *Visitation* par un sujet tout différent, tiré d'une légende chrétienne : l'empereur Auguste, un genou en terre, tient l'une des mains de la Sibylle de Tibur, qui lui montre de l'autre dans le ciel la Vierge et l'enfant Jésus.

Dibdin parle avec enthousiasme de ces Heures dans son *Décameron bibliographique* [1] ; il a même reproduit quatre des grands sujets dont elles sont ornées. Il dit que c'est ce qu'il a *vu de plus beau* en ce genre, et s'étonne qu'on ait abandonné ces arabesques. J'avoue ne pas partager son sentiment. Ce livre me semble assez mal exécuté, sous le rapport artistique comme sous le rapport typographique : les cadres s'accordent mal, les proportions en sont fort irrégulières, et la gravure ne m'en semble pas irréprochable. Mais l'opinion de Dibdin est, on le sait, fort suspecte ; sa légèreté est proverbiale. Il en donne même ici un singulier exemple : il nous dit que ce livre fut publié par *Tory de Bruges*, et qu'on y voit le *Pot cassé* de Simon du Bois [2]. Voilà deux erreurs en une ligne !

Parmi les petits sujets qui ornent le bas des pages, on remarque l'écu de France, l'F couronné, la salamandre couronnée, l'écu de la mère du roi, parti de France et de Savoie, avec sa cordelière de veuve, son initiale couronnée (L), l'écu parti de Navarre et de France, accompagné des lettres H et M entrelacées, qui sont les initiales de Henri d'Albret, roi de Navarre, et de Marguerite [3], sœur de François Ier, dont le

---

[1] T. I, p. 94 à 98.

[2] *Décameron bibliogr.*, t. I, p. 98.

[3] Cette princesse, née en 1492, et aïeule de Henri IV, avait épousé en premières noces Charles, duc d'Alençon. Elle était alors célèbre par son esprit, et on lui doit plusieurs ouvrages remarquables.

mariage avait été célébré le 24 janvier 1526, le *Pot cassé*, dans sa forme la plus simple[1], etc.

Voici le titre exact de ce livre : « Hore in laudem beatissime Virginis *Marie* : secundum consuetudinem *Ecclesie Parisiensis*. (Ici le *Pot cassé*, et au bas de la page :) Venales habentur *Parrhisiis, apud Magistrum Gotofredum* Torinum Biturigicum : *sub insigni Vasis effracti : gallico sermone Au Pot Casse*. » Tout ce qui est ici en italique est imprimé en rouge. A la fin du livre on lit : « Ces presentes Heures a lusage de Paris, privilegiees pour dix ans commenceans a la presente date de leur impression, furent achevees dimprimer le vingt deuxiesme iour Doctobre, Mil cinq cens vingt sept, par maistre Simon du bois imprimeur pour maistre Geofroy Tori de Bourges, qui les vend a Paris a lenseigne du Pot Casse. » Ici la même vignette que sur la première page.

On voit que, si Tory a cru devoir donner le titre du livre en latin, il n'a pu résister à y imprimer son adresse en français.

1526-1528.

Toute cette période dut être absorbée par le travail de gravure et de rédaction du *Champ fleury*. En effet, une des premières gravures de ce livre est datée de 1526, et il fut terminé au commencement de 1529.

---

[1] Voyez-en la reproduction ci-devant, p. 30.

Quoique la plus grande partie de ces gravures ne soient pas signées, elles doivent toutes appartenir à Tory, au moins comme dessin. Je ne puis donner ici la nomenclature de chacune d'elles, car il y plus de cinq cents pièces, en comptant pour une chacune des lettres des divers alphabets ; mais je vais faire connaître les principales. Quant aux renseignements historiques sur le livre, je renvoie le lecteur à ce que j'en ai dit dans la première partie.

Il y a au *frontispice* un encadrement assez gracieux, et de plus une gravure du *Pot cassé* tracée à rebours.

Au verso, les armes de France.

Fol. 1 du texte, la lettre L, dont j'ai donné précédemment la copie [1].

Fol. 3 verso, l'*Hercule français*. Cette gravure, datée de 1526, et signée de la croix de Tory, représente Hercule tenant d'une main sa massue et de l'autre un arc. Il est suivi par des individus de toutes conditions attachés par l'oreille à une chaîne qui sort de la bouche du héros. C'est une allusion à la puissance de l'éloquence sur les Français. La force de l'Hercule gaulois n'est pas dans ses bras, mais dans sa bouche. (Voyez la reproduction de cette pièce, p. 82.)

Fol. 9 verso, représentation du *lisflambe*, espèce de lis.

Ici finit le premier livre.

---

[1] Voyez p. 34. Cette gravure, non plus que les précédentes, ne se trouve pas dans l'édition in-8° du *Champ fleury*.

Le second renferme trente-sept figures géométriques, qu'il serait aussi difficile qu'inutile de décrire. Ce sont, pour la plupart, des représentations de lettres.

A la fin de ce livre se trouve le *Triomphe d'Apollon et des Muses*, « pour monstrer que ceulx qui ont la connoissance des bonnes lettres ont le superintendit sus les ignorans. »

Cette gravure, qui est en deux pièces se faisant suite[1] et signées toutes deux de la croix de Tory (fol. 29 verso et 30 recto), représente Apollon sur un char d'or, escorté des Muses, des arts libéraux, etc., et à sa suite Bacchus, Cérès et Vénus menés captifs.

Puis vient à la dernière page (fol. 30) une gravure représentant le *lisflambe* surmonté d'un A formé de trois I.

Le troisième livre renferme d'abord vingt-huit gravures représentant des lettres romaines.

La vingt-neuvième représente un S gothique (fol. 42 verso).

La trentième est une représentation du *Pot cassé*, marquée de la croix de Tory (fol. 43 verso)[2].

A la suite viennent trente-huit autres gravures de lettres, et deux dessins assez curieux de l'Y (fol. 63 recto et verso).

[1] Dans l'édition in-8° on n'a pu mettre ces deux gravures en regard l'une de l'autre, de sorte que le char d'Apollon est coupé en deux pièces.
[2] Cette gravure ne se trouve pas dans l'édition in-8°. Voyez-en la reproduction, ci-devant, p. 31.

Puis deux représentations ordinaires du Z et une allégorie fondée sur la forme de cette lettre (fol. 65).

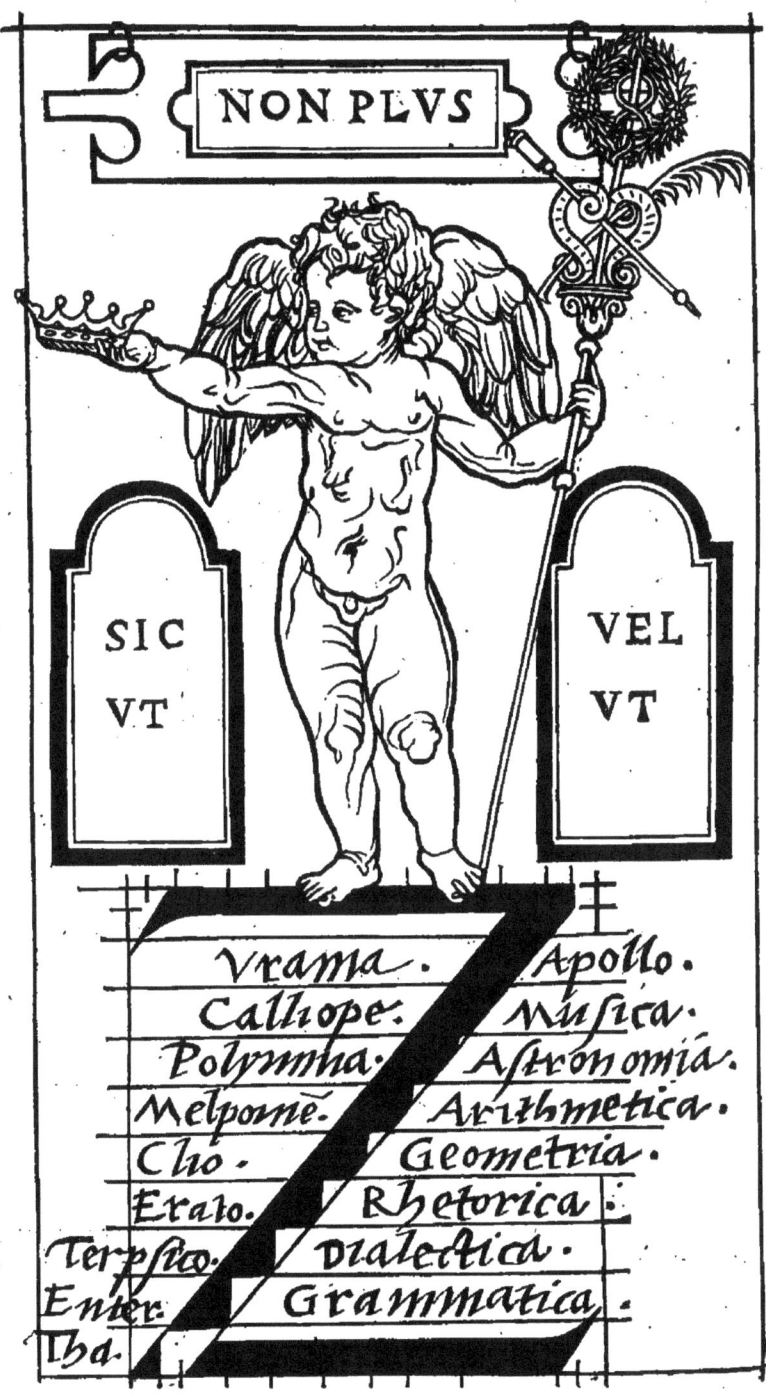

Le troisième livre est terminé par la représentation des différents points (fol. 65 verso).

Fol. 68 verso et 69 recto on trouve l'alphabet hé-breux, composé de quarante lettres ou signes.

Fol. 71, l'alphabet grec, composé de vingt-quatre lettres et de trois points.

Fol. 72, l'alphabet latin [1], composé de vingt-trois lettres, de trois points et de l'abréviation du nom de Jésus, en grec ($\overline{IHΣ}$).

Fol. 74, l'alphabet des lettres *cadeaulx*, composé de vingt-trois lettres et d'un point.

Fol. 74 verso, l'alphabet des lettres de *forme*, composé de vingt-neuf lettres ou signes, auxquels on a joint deux lignes de texte.

Fol. 75, l'alphabet des lettres *bastardes*, composé de trente lettres ou signes, et suivi de deux lignes de texte.

Fol. 75 verso, l'alphabet des lettres *tourneures*, composé de vingt-trois lettres.

Fol. 76, l'alphabet des lettres *persiennes, arabiques, aphricaines, turques et tartariennes*, composé de trente lettres.

Fol. 76 verso, l'alphabet des lettres *chaldaïques*, composé de vingt-trois lettres.

Fol. 77, l'alphabet des lettres *goffes, aultrement dites imperiales et bullatiques*, composé de vingt-trois lettres.

---

[1] Ces lettres ne reparaissent pas dans l'édition in-8°.

Fol. 77 verso, l'alphabet des lettres *fantastiques*, au nombre de vingt-trois.

Fol. 78 recto, l'alphabet des lettres *utopiques et voluntaires*, au nombre de vingt-trois.

Fol. 78 verso, un alphabet de lettres *fleuries*, au nombre de vingt-trois, et employées dans le cours du livre [1].

Fol. 79 recto, une série de chiffres ou lettres entrelacées, au nombre de dix.

Au fol. 80 et dernier, on voit un gracieux encadrement [2], sur lequel paraissent les devises de Tory : *Menti bonæ Deus occurrit. — Sic ut, vel ut. — Omnis tandem marcescit flos.* Et au milieu le *Pot cassé.*

1529.

I. Heures de la Vierge, en caractères romains, avec cadres et arabesques antiques à chaque page. Petit volume in-16, imprimé par Tory, le 8 février 1529 (ancien style).

Voici la description de ce petit bijou, d'après le seul exemplaire que j'en aie vu, celui de M. Salomon de Rothschild, qui a bien voulu me mettre à même de l'étudier à loisir. Cet exemplaire est en peau de vélin.

Le titre porte :

« HORÆ in laudem beatissimæ Virginis MARIÆ, secundum usum Romanum. » Puis le *Pot cassé*, et

---

[1] Cet alphabet a été remplacé par un autre dans l'édition in-8°.
[2] Il ne se trouve pas dans l'édition in-8°.

au bas de la page : « *Menti bonæ Deus occurrit.* » Au verso, l'analyse du privilége pontifical, non daté, et au feuillet suivant la table des Pâques, allant de 1530 à 1552.

A la dernière page on lit : « Parrhisiis, apud Gotofredum Torinum Biturigicum. VIII. die febr. anno sal. M. D. XXIX, ad insigne Vasis effracti. »

Les signatures vont de A à Y, c'est-à-dire que le livre se compose de vingt-deux cahiers in-8°, soit cent soixante-seize feuillets. Les pages ont les justifications suivantes :

Hauteur, le texte seul. . . . . 77 millimètres.
— — avec le cadre 96
Largeur, le texte seul. 29
— — avec le cadre 48

Il y a dans le volume dix-neuf petites gravures non signées, mais tout à fait dans le genre de Tory. En voici la liste :

1° Jésus en croix, toute petite pièce à cinq compartiments, comme le Crucifiement des Heures de 1525, c'est-à-dire qu'on y voit des abeilles qui travaillent, des oiseaux qui font leur nid, un paysan qui laboure, un autre qui sème du blé.

2° et 3° La Salutation angélique (deux gravures en regard, comme dans les Heures de 1525).

4° et 5° La Naissance de Jésus (deux gravures en regard).

6° et 7° L'Annonciation aux Bergers (*idem*).

8° et 9° L'Adoration des Mages (*idem*).

10° et 11° La Circoncision (*idem*).

12° Le Massacre des Innocents.

13° Le Couronnement de la Vierge.

14° Le Crucifiement.

15° La Descente du Saint-Esprit.

10.

16° Bethsabé au bain.
17° Le Triomphe de la Mort.
18° La Trinité, petit sujet.
19° La Vierge dans une auréole, avec un ange de chaque côté.

II. *Les tables de l'ancien philosophe de Cebes*, in-8° en deux petits volumes, avec cadre à chaque page. On aperçoit la croix sur quelques-uns de ces cadres. Voyez ce que j'ai dit précédemment de ce livre (p. 54).

III. *Ædiloquium...* Item *Epitaphia septem de amorum aliquot passionibus*, etc., in-8°, 1530, Simon de Colines. Ce petit livre est orné de huit gravures : un frontispice emprunté aux Heures in-8° de 1527, et sept petits sujets répondant aux *sept épitaphes*. Ces sujets appartiennent certainement à Tory, quoique non signés ; en voici l'indication :

1° Deux cœurs percés d'une flèche.
2° Deux cœurs dans un cercle.
3° Deux cœurs liés par des cordes.
4° Deux cœurs dans une barque.
5° Deux cœurs flairés par un cochon.
6° Deux cœurs, une quenouille, etc.
7° Deux cœurs recevant un coup de pied de cheval.

Voir, pour les autres détails, ce que j'ai dit de ce livre, p. 44.

1530.

Le Sacre et l'Entrée de la reine Éléonore, et les Épitaphes de la reine mère, Louise de Savoie, trois plaquettes in-4°, dont j'ai déjà parlé pages 49 et suivantes, mais dont voici la description, au point de vue des gravures :

I. *Le Sacre et Couronnement de la Royne*, trois feuilles in-4°.

Première page, cadre; au bas le mot *Salus*.

Au verso, le privilége.

Le texte commence au deuxième feuillet par la lettre L que nous avons reproduite page 34.

A la dernière page, un autre cadre, avec le mot *Salus*, et la date d'impression, le 16 mars 1530 (vieux style).

II. *L'Entrée de la Royne*, six feuilles in-4°.

Première page, le cadre qu'on voit à la première page des Heures de 1525.

Au verso, le privilége.

A ij recto, cadre nouveau, et une lettre ornée (A) dans le genre de l'L du Sacre.

A iiij recto, autre cadre.

B iij recto, cadre avec la devise : *Non plus*, au haut.

B viij verso, autre cadre avec le mot *Salus* au bas; c'est celui de la dernière page du Sacre.

E viij recto, autre cadre.

F i verso, dessin charmant d'un « present faict a la Royne, en deux chandeliers. »

A la dernière page, le cadre de la dernière page du *Champ fleury*, et la date d'impression, le mardi 9 mai 1531.

III. *Épitaphes de Louise de Savoie*, 2 feuilles 1/2.

Première page, le cadre du frontispice des Heures de 1525, avec le *Pot cassé* de la première page du *Champ fleury*.

Dernière page, le cadre de la dernière page du *Champ fleury* et le *Pot cassé* de la première page.

Plus la date d'impression : 17 octobre 1531.

On trouve dans ces trois pièces les lettres fleuries du *Champ fleury*.

Ces trois plaquettes se trouvent réunies en un petit volume à la bibliothèque de l'Arsenal (4°, H. 7634).

1531.

I. Livre d'Heures in-4°, mêmes dispositions que celles de 1525. On lit sur le titre, qui porte le cadre des exemplaires de 1525 au nom de Simon de Colines : « HORAE in laudem beatiss. virginis MARIAE. Ad usum Romanum. — Parrhisiis apud Gotofredum Torinum Biturigum regium impressorem. (Puis le *Pot cassé* avec la devise : *Menti bonæ Deus occurrit*, et au bas :) Cum privilegio summi Pontif. Et regis christianiss. ad decennium et ultra, ut in calce hujus operis patet. »

Au verso la table des Pâques, allant de 1531 à 1560, puis le calendrier, où la grosseur du caractère a forcé de supprimer au bas du cadre les arabesques à sujet pour les remplacer par des arabesques simples comme dans le haut.

Au recto du dernier feuillet l'analyse des priviléges

papal et royal, et au verso cette souscription dans le cadre de la dernière page du *Champ fleury* :

« Parrhisiis, ex officina Gotofredi Torini Biturigici, regii impressoris, ad insigne Vasis effracti, anno salu[tis] M. D. XXXI, die XX mensis octo[bris].

> « Effracti, lector, subeas insignia vasis,
> Egregios flores ut tibi habere queis. »

L'ouvrage forme vingt cahiers de deux feuilles encartées, signature A à V, caractères romains du *Champ fleury*; cadre des Heures de 1525, dont on retrouve aussi les treize sujets, mais avec des cadres particuliers formant portiques, qui paraissent dans les trois opuscules de 1530. Un fait à noter, c'est qu'on ne voit plus le nom de *Geofroy Tory* sur ces cadres, et qu'on a même enlevé sa marque sur plusieurs des sujets, particulièrement sur la première planche de la *Salutation angélique*[1], sur l'*Adoration des bergers*, sur l'*Adoration des mages*, sur la *Fuite en Égypte*, sur le *Couronnement de la Vierge*, sur la *Pénitence de David* et sur le *Triomphe de la Mort*. Cette circonstance me porte à croire que Tory avait prêté ces planches à d'autres libraires, comme il avait prêté

---

[1] Cette planche manque dans beaucoup d'exemplaires; mais elle se trouve dans celui de M. de Salis, de Metz, ainsi que ce bibliophile a bien voulu me l'apprendre dans une lettre du 22 mai 1856. Il m'apprend également que la croix en a été enlevée. Cette opération s'est faite avec si peu de soin qu'on a en même temps brisé le filet du cadre auquel elle tenait, comme j'ai pu le constater *de visu* sur l'édition donnée en 1542 par Olivier Mallard, et dont je parlerai plus loin.

ses cadres à Simon de Colines, et que ces libraires en ont fait disparaître les marques, afin de s'approprier davantage les impressions où ces planches sont employées. C'est ainsi, en effet, qu'a agi Simon de Colines, comme on l'a vu précédemment (p. 129).

Un fait qui n'est pas moins curieux, c'est qu'on ait conservé dans les cadres les C couronnés qui se rapportaient à Claude de France, première femme de François Ier, morte en 1524, et remplacée en 1530 par Éléonore d'Autriche.

On trouve, en outre, dans cette édition quatre sujets non signés qui ne paraissent pas dans l'édition de 1525 :

H viij. La Salutation angélique, d'une disposition particulière, format in-4°.
L vj. La Salutation angélique, de petit format, n'occupant que le haut d'une page.
R vij. La Trinité, de petit format, avec un cadre particulier.
V iij. La Vierge, même disposition.

Les deux derniers sujets proviennent des Heures de 1529. Les lettres fleuries sont celles du *Champ fleury*.

Papillon, qui parle de ce livre[1] sans en donner le titre, et qui l'attribue à Woeriot, lequel n'était pas encore né en 1531, s'exprime ainsi à son sujet :

« J'ai vu un ancien livre où il y a de ses gravures ; c'est un in-8°[2] dont chaque page a été entourée d'un cadre d'ornement et de compartiments d'un beau gothique ; ils sont gravés très-correctement, et bien

[1] *Traité de la Gravure sur bois*, t. I, p. 193.
[2] Ce livre est in-4°, mais l'exiguité du format et l'encartement le font ressembler à un in-8°.

qu'au trait, lequel est si délié, si égal et si précis, que j'ai peine à comprendre comment il a pu être fait. Il y a dans ce livre quinze ou seize grandes estampes pareillement au trait; le dessin des figures est assez passable. La petite croix de Lorraine qui servoit de marque à Woeriot se voit à plusieurs endroits des cadres de ce livre. »

II. Heures in-8°, avec des arabesques composées, comme dans les Heures in-4° de 1527, de fleurs, d'insectes, d'animaux, etc. Voir ce que j'ai dit précédemment, pages 39-40, de ce livre. Voir aussi plus loin ce que je dis des Heures de 1541, où on retrouve ces mêmes cadres, dits à la moderne, avec les sujets des Heures de 1529, décrits ci-dessus, ce qui me porte à croire que ces sujets figurent aussi dans l'édition in-8°, dont je m'occupe ici.

1532.

I. Le *Bon Mesnager* de Pierre [des] Crescens, imprimé par Nicolas Cousteau pour Galliot Dupré, in-fol. 1533. Le frontispice, représentant Galliot Dupré qui offre le livre à François Ier, est marqué de la croix de Tory.

II. Bible latine de 1532, in-fol., Robert Estienne. Le titre de ce livre est orné d'une frise signée de la croix de Tory et dans laquelle se trouve en grandes lettres le mot *Biblia*. C'est un cartouche entouré de vignes, ayant à gauche le serpent d'airain et à droite Jésus en croix.

1533-1534.

Il y a ici un intervalle pendant lequel Tory, absorbé par son imprimerie, paraît n'avoir rien produit en fait de gravure. Cette circonstance l'amena à abandonner entièrement la typographie pour pouvoir se livrer complétement à son art de prédilection. A partir de l'année suivante jusqu'à sa mort, nous allons le suivre à la trace sur les livres qu'il a *illustrés* de ses gravures.

1535.

I. *Lazarii Bayfii annotationes*, etc., in-4°, Robert Estienne, 1536.

Charles Estienne, le frère de l'imprimeur, qui paraît avoir été l'éditeur de ce livre, nous apprend, dans une courte préface, que les figures qui y sont répandues ont été par lui prises sur d'anciens monuments, et notamment sur les marbres existant encore à Rome. Plusieurs de ces planches portent la croix de Tory : la marque de Robert Estienne d'abord, au titre, puis la gravure de la page 19 (répétée à la page 168) *De re navali*, et celles des pages 4, 44, 64, *De re vestiaria*. Toutes les autres gravures, quoique non signées, doivent être de Tory. (Bibl. nat. Z anc. + 839.) Ce livre fut réimprimé en 1549, par le même Robert Estienne, dans la même forme.

Voici l'indication succincte des gravures qu'il renferme : dans la première partie, *De re navali*, on trouve une vingtaine de représentations de navires anciens, *birèmes*, *trirèmes*, etc., dont une seule est signée; dans la seconde partie, *De re vestiaria*, on trouve trois gravures signées : 1° une femme, 2° un homme, 3° un soldat; dans la troisième partie, *De vasculis*, on trouve huit ou dix représentations de vases, etc., non signées.

II. *Les Angoyses et remedes damour du Traverseur en son adolescence*, in-4°, imprimé à Poitiers le 8 janvier 1536 (1537, nouveau style), par Jean et Engilbert de Marnef. Le privilége est du 15 novembre 1536.

Il y a deux bois signés de la croix de Tory : 1° la marque des imprimeurs, à la première page, et 2°, à la fin des préliminaires, une gravure représentant l'auteur (Jean Bouchet) occupé à écrire son livre. (Bibl. nat.)

1536-1540.

I. Heures de la Vierge selon l'usage de Rome, grand in-4° de 44 feuilles en 22 cahiers de deux feuilles encartées, allant de A à Y.

Le titre du livre porte : « Horæ in laudem beatissimæ virginis Mariæ, ad usum Romanum. — Parisiis, apud Simonem Colinæum, 1543. »

Au recto du titre se trouve la table des Pâques, allant de 1543 à 1566; puis vient le calendrier, qui occupe les 6 feuillets suivants.

Il y a dans le texte quatorze grands sujets avec un encadrement spécial :

1° Saint Jean écrivant son Évangile (lequel commence au feuillet suivant). Il contemple la Vierge tenant l'enfant Jésus qui lui apparaît dans le ciel, fol. A 7 v°.
2° Jésus trahi par Judas, B 5.
3° La Salutation, avec cette devise française : *Fais ce que tu vouras avoir fait quant tu moras*, C 4 v°.
4° La Visitation (*signée*), D 8 v°.
5° La Naissance de Jésus, E 8 v°.
6° L'Annonciation aux Bergers (*avec la date* 1537), F 4 v°.
7° L'Adoration des Mages (*signée*), F 7 v°.
8° La Circoncision (*signée*), G 2 v°.
9° La Fuite en Égypte, G 5 v°.
10° La Mort de Marie (*signée*), H 3 v°.
11° Jésus en croix (*signée*), I 4 v°.
12° La Descente du Saint-Esprit sur les apôtres (*signée*), I 7 v°.
13° La Pénitence de David (*signée*), K 2 v°.
14° Jésus ressuscite Lazare, M 1 v°.

Toutes les pages sont encadrées; mais il y a deux sortes de cadres :

1° Huit cadres complets, c'est-à-dire trente-deux compartiments au simple trait, comme dans les Heures de 1524-1525. Un seul de ces cadres est signé; mais tous appartiennent au même artiste. On n'y voit pas le nom de Tory, mais il y a inscrit les dates de 1536, 1537, 1539[1]. Le mélange des pièces rend le nombre de ces cadres beaucoup plus considérable en apparence.

[1] L'un de ces cadres figure dans une édition de 1542 : « Rodolphi Agricolæ... de inventione dialectica libri III, etc. » In-4°, Paris, Simon de Colines.

2° Il y a également huit cadres complets ou trente-deux compartiments gravés en noir, d'un genre tout différent, alternant avec les cadres au trait. Ces cadres, en style niellé, ne sont ni signés ni datés, et je doute qu'ils soient de Tory; nous verrons cependant qu'il en a gravé de semblables pour Jean de Tournes; en tous cas, leur emploi dans ce livre, concurremment avec les cadres et les sujets au trait, me semble d'un mauvais goût qui aurait répugné à Tory.

On trouve encore dans ce livre de belles lettres ornées dans le genre *criblé*, qui peuvent bien appartenir à Tory[1].

II. Missel de Paris, 1539, in-fol. La croix de Tory paraît sur deux grandes planches in-folio, dont une, datée de 1538, représente Dieu le Père assis sur son trône, la tête rayonnante et vêtu en pape; au-dessus de lui un fronton triangulaire. L'autre, non datée, représente le Christ en croix; la sainte Vierge et saint Jean sont debout aux côtés, et on lit cette inscription dans un demi-cercle au-dessus de la croix : « ABSIT MICHI GLORIARI NISI IN CRVCE D[OMI]NI N[OST]RI JESVS CHRISTI. »

Ces deux sujets, qu'on retrouve fréquemment dans les collections des amateurs, soit en papier, soit en vélin, soit en noir, soit colorés (la marque et la date disparaissent fort souvent sous les couleurs[2]), ont été im-

---

[1] Le seul exemplaire complet de ce livre que j'aie vu est dans la bibliothèque de M. Didot. M. Devéria en possède un grand nombre de feuillets.

[2] Quelquefois même le miniaturiste a substitué à la date impri-

primés pour la première fois, à ma connaissance, dans le Missel de Paris publié en 1539 par la veuve de Thielman Kerver. Voici la description de ce livre précieux, dont je n'ai trouvé qu'un exemplaire à Paris (bibl. de l'Arsenal, T. 2626). Il est intitulé : « Missale ad usum Ecclesiæ Parisiensis, noviter impressum, et emendatum per deputatos a reverendissimo domino Johanne de Bellayo, Parisiensi episcopo, etc. » (Ici la marque ordinaire de Thielman Kerver, et au bas :) « Prostat Parisiis in vico divi Jacobi, apud Iolandam Bonhomme, viduæ spectati viri Thielmanni Kerver, ad signum Unicornis (*la Licorne*), ubi et excusum fuit, anno Domini M. D. XXXIX. »

L'ouvrage forme un gros volume in-folio, imprimé en rouge et en noir, en caractères gothiques, avec un grand nombre de gravures non signées dans le texte. Ces gravures sont de trois sortes : 1° des lettres fleuries à fond noir; 2° des petits sujets de même dimension, mais d'un genre renaissance fort gracieux, et 3° des sujets de format in-8° que la veuve de Thielman Kerver employait ordinairement dans les livres d'Heures qu'elle publiait, et dont j'ai déjà eu occasion de parler (p. 93 et 94).

Quant aux deux grands sujets signés de la croix de Tory, ils se trouvent en face l'un de l'autre à la signature V, dans la seconde partie du livre, où les folios n'ont pas été continués.

mée celle de l'année où il faisait son opération. J'ai vu plusieurs exemples de cette substitution.

Ils ont été réimprimés fort souvent depuis dans d'autres éditions de ce livre. Je citerai particulièrement celle, sans date, au nom du libraire Guillaume Merlin, qui se trouve à la bibliothèque Mazarine; celle de 1543, qui se trouve à la bibliothèque Sainte-Geneviève; celle de 1559, publiée par le fils de Iolande Bonhomme, Jacques Kerver, et enfin un *Missel de Cluny*, de 1550, dont je reparlerai plus loin. (Ces deux dernières éditions sont à la Bibliothèque nationale.)

Quoique ces livres soient en papier, les planches en question sont toujours tirées sur vélin dans les éditions du seizième siècle; mais on n'a pas pris cette précaution dans les éditions subséquentes.

III. Bible latine en deux volumes in-folio, portant les dates de 1538, 1539, 1540. Paris, Robert Estienne. Le mot *Biblia* se lit sur le titre dans un cartouche signé de la croix de Tory, dont j'ai déjà eu occasion de parler (p. 153), et qui figure sur d'autres livres de Robert Estienne [1]. Le sous-titre, qui vient ensuite (hebræa, chaldæa, græca et latina nomina... restituta cum latina interpretatione), a fait croire à tort à quelques bibliographes que ce livre était une polyglotte. Tout est en latin, il y a seulement quelques mots en caractères hébreux dans la dissertation à laquelle s'applique le sous-titre en question, et qui se

---

[1] Une copie de cette frise, servilement imitée, et où on a même reproduit la croix de Tory, figure sur une Bible flamande, in-folio, imprimée à Anvers en 1556. (Biblioth. nationale.)

trouve dans le second volume, avec un titre particulier portant la date de 1538. Le Nouveau Testament, qui se trouve également dans ce second volume, porte la date de 1539, et non 1540, comme le dit par erreur M. Renouard (*Annales des Est.*, 3ᵉ édit., p. 49). La *Bible seule* (c'est-à-dire le premier volume et le commencement du second) porte la date de 1540. Sur toutes les parties on voit la grande marque de Robert Estienne, signée de la croix de Tory. Le premier volume renferme en outre dix-huit magnifiques gravures représentant le tabernacle de Moïse, le temple de Salomon, etc., exécutées sous la direction de François Vatable, professeur royal pour les lettres hébraïques. La croix de Tory paraît sur la grande planche du camp d'Israël, qui se trouve au fol. 35; mais je n'ose, sur cet indice [1], lui attribuer toutes les autres gravures [2]. En tous cas, les lettres fleuries qui figurent dans ce livre sont certainement de Tory, car on y retrouve les formes préconisées par ce dernier. Un fait digne de remarque, c'est que ces lettres paraissent avoir été fondues, ou du moins reproduites par des clichés; car elles sont souvent répétées sur la même page, sans changer de dessin.

[1] Ce signe, qui n'est pas très-distinct sur les exemplaires de 1540, l'est parfaitement (chose singulière!) sur ceux de 1546. (Bibl. nat.)
[2] Ces gravures ont également, comme la frise du titre, été copiées par d'autres imprimeurs. On voit figurer ces copies dans une Bible in-folio, publiée à Lyon en 1550, par Sébastien Honorat; puis dans une autre publiée en 1554 par Jean de Tournes. Nous les retrouvons ensuite à Paris dans une Bible publiée en 1586 par Sébastien Nivelle et Gabriel Buon, etc., etc. (Bibl. nat.)

Il y a à la Bibliothèque nationale un magnifique exemplaire en vélin de ce livre, aux armes de François Ier.

Cette Bible a été réimprimée dans les mêmes dispositions par Robert Estienne en 1546, et par son fils Henri en 1565. Dans cette dernière édition, imprimée à Genève, on ne voit plus sur la frise de la première page les deux petits sujets qui l'accompagnaient en 1532. (Voyez p. 152.)

1540.

Praxis criminis persequendi, elegantibus aliquot figuris illustrata, Joanne Millæo... auctore. Paris, 1541, in-fol., Simon de Colines; quelques exemplaires portent seulement au titre le nom des frères Arnould et Charles *les Angeliers*. (Bibl. nat. F. 987, réserve.)

Il y a dans ce livre de Millet treize grands sujets in-folio, outre le frontispice. Une seule de ces gravures est signée, la septième; mais toutes sont de la même main. En voici la description, ou plutôt la nomenclature succincte, car la description nous entraînerait dans de trop grands détails.

1° Plusieurs hommes tués de différentes manières sur une place publique ornée d'une grande croix, fol. 3.

2° Information sur le corps des blessés déposés dans une salle, fol. 8.

3° Interrogatoire des témoins, fol. 14 v°.

4° Cri public pour citer les accusés, fol. 34.

5° Arrestation des accusés, fol. 37 v°.

6° Interrogatoire des accusés, fol. 37 v°.
7° Confrontation des témoins avec les accusés, fol. 48 v° (*signée*).
8° Entérinement des lettres de grâce, fol. 56.
9° Tortures par l'eau, fol. 61.
10° Tortures par les brodequins, fol. 61 v°.
11° Tortures par les poignets serrés, fol. 62.
12° Condamnation des coupables, fol. 83.
13° Exécution des coupables, fol. 85.

Il y a à la Bibliothèque nationale un magnifique exemplaire en vélin de ce livre, portant au verso du titre l'écu de France en peinture (in-fol. Jurispr. 143).

1541.

Heures de la Vierge, in-8°, en caractères romains, mais avec les encadrements *à la moderne* que j'ai décrits pages 39-40. Ce livre, imprimé par Olivier Mallard, en 1541, est sans doute copié sur l'édition donnée par Tory en 1531, mais que je n'ai pu voir. Quant à l'édition de Mallard, dont j'ai vu un exemplaire en vélin [1] et un autre en papier [2], elle se compose de vingt-trois feuilles in-8° (sign. A à Y), et porte sur le titre : « Horæ in laudem beatissim. Virginis Mariæ, ad usum romanum. (Ici le *Pot cassé.*) Parisiis, apud Oliverium Mallardum, sub signo vasis effracti. 1541. » La dernière page, où se trouve une assez singulière *recette contre la peste*, se termine ainsi : « Excudebat Parisiis Oliverius Mallard, bibliopola regius, sub signo vasis effracti... »

---

[1] Appartenant à M. Émilien Cabuchet, peintre.
[2] Chez le libraire Potier.

On trouve dans cette édition seize cadres différents, placés toujours au recto et au verso de chaque feuillet; on y trouve également seize gravures de l'édition in-16 de 1529, et deux autres qui ne sont pas dans cette dernière. Les gravures absentes ici sont le n° 1 et le n° 19, décrits ci-devant pages 147 et 148. Les gravure ajoutées sont les n°ˢ 3 et 4 de la nomenclature suivante :

1° et 2° La Salutation angélique.
3° et 4° La Visitation.
5° Le Crucifiement de Jésus.
6° La Descente du Saint-Esprit sur les apôtres.
7° et 8° La Nativité.
9° et 10° L'Annonciation aux Bergers.
11° et 12° L'Adoration des Mages.
13° et 14° La Circoncision.
15° Le Massacre des Innocents.
16° Le Couronnement de la Vierge.
17° Bethsabé au bain.
18° La Trinité.

Le mot *Rom.*, qu'on lit sur la première signature de chaque feuille, me porte à croire que Mallard publia en même temps, dans le même format, des Heures à l'usage de Paris, mais je n'en ai point trouvé de trace.

Après la mort d'Olivier Mallard, arrivée, comme je l'ai dit précédemment (p. 73), en 1543, son imprimerie passa aux mains de Michel de la Guierche, qui transporta l'enseigne du *Pot cassé* rue Jacob. Celui-ci étant mort à son tour, son matériel typographique paraît avoir été acquis par Jacques Kerver (fils de Thielman Kerver Ier du nom et de Iolande Bonhomme, demeurant également rue Jacob); car il publia en 1550 un livre d'Heures semblable à celui imprimé en 1541 par Olivier Mallard. Ce sont les mêmes cadres et les mêmes sujets, mais disposés différemment. Les cadres ont été allongés à l'aide d'une addition fort disgracieuse faite aux deux montants; quant aux sujets en deux pièces, on n'a pas pris soin de les placer en regard, de sorte que leur signification serait douteuse si on n'avait pas d'autre édition de ces gravures. En somme, ce livre est fort défectueux. Il se compose de vingt-deux feuilles et demi (signatures A à Y). On lit sur le titre : « Horæ in laudem beatissimæ Virginis Mariæ ad usum romanum. (Ici la marque de Jacques Kerver, dont j'ai parlé p. 101.) Parisiis, apud Thielmannum Kerver, vico sancti Jacobi, sub signo *Cratis*[1]. M. D. L. » Le livre se termine par la singulière *recette* donnée dans l'édition publiée par Olivier Mallard en 1541, et dont voici le texte :

[1] Ce mot s'applique sans doute à l'espèce de claie que figure le monogramme de Jacques Kerver. Sa mère, qui demeurait dans la même rue, avait conservé l'enseigne à la *Licorne*. Quant à l'enseigne du *Pot cassé*, dont Kerver n'avait pas besoin, elle fut adoptée par un libraire de Chartres, appelé Richard Cotereau, qui parait même avoir acheté quelques-uns des bois de Tory représentant cette enseigne. En effet, j'en ai vu un, que je n'avais pas aperçu encore sur les impressions de ce dernier, dans un livre que ce Cotereau fit exécuter à Paris par Nicolas Chrestien : c'est « le Coustumier de la baronnye, chastellenie, terre et seigneurie de Chasteauneuf en Thymerays, » in-8°, 1557. On voit au frontispice une gravure du *Pot cassé*, tracée à rebours, comme celle du frontispice du *Champ fleury*, mais signée de la croix de Tory, et au-dessous on lit, à la souscription : « Pour Richard Cotereau, libraire, demeurant à Chartres, en la grande rue, à l'enseigne du *Pot cassé*. »

« *Approbatissima medicina contra pestem*. — Recipe quantum potes de amaritudine mentis contra peccata commissa, cum vera cordis contritione, potius libram quam unciam. Hæc misceantur cum aqua lacrymarum, et facies vomitum per puram confessionem. Deinde sumas illud sacratiss. electuarium corporis Christi, et tutus eris a peste. »

Ce livre est imprimé en rouge et en noir. J'en ai vu un exemplaire en papier chez le libraire Potier. Il y en a aussi un exemplaire incomplet à la bibliothèque Mazarine.

Il fut publié vers le même temps, ou à peu près, avec les mêmes encadrements, un petit livre en français de quatre feuilles in-12, qui commence ainsi : « Ensuit le moyen de se preparer pour devotement recevoir le sainct sacrement, » etc. Il est entièrement conforme au livre précédent, sauf qu'il n'est imprimé qu'à une seule couleur, et qu'il est d'une justification un peu plus grande en largeur comme en hauteur. Pour allonger les cadres, on y a ajouté quelques pièces. Il est assez singulier que cet in-12 soit plus grand que l'in-8°, mais le fait est positif ; les formats tendaient déjà à s'agrandir. Vers la fin du livre on trouve un opuscule intitulé : « Sensuit une devote meditation comme devez ordonner et conduire toute la iournee, » etc. Et plus loin : « La vie de madame saincte Marguerite... avec l'oraison à dire pour les femmes grosses et en travail d'enfant. » Ce livre se trouve à la bibliothèque Mazarine, dans le même recueil que le précédent. On y trouve quatre petites gravures, dont une seule me paraît appartenir à Tory : c'est le Christ en croix, qui paraît déjà dans les Heures in-4° de 1542, décrites ci-dessous.

1542.

Heures à l'usage de Rome, en latin, in-4°, publiées par Olivier Mallard, en 1542. Ce livre précieux, dont je ne connais qu'un exemplaire, appartenant à M. Aerts, de Metz, qui a bien voulu me l'apporter lui-même à Paris, est la reproduction de l'édition de 1531; toutefois le caractère est moins gros. Il se compose de dix-neuf cahiers de deux feuilles in-4° encartées (signatures A à T). On lit sur le titre : « HORAE in laudem beatiss. Virginis MARIÆ, Ad usum Romanum. Officium Triplex.—Parrhisiis, apud Oliverium Mallard impressorem Regium. » (Le reste comme sur l'édition de 1531.) A la dernière page : « Parrhisiis, ex officina Oliverii Mallard, Regii impressoris, Ad insigna vasis effracti. Anno salu. M.D.XLII. Mense Augusti. » Puis les deux vers : « Effracti, » etc. (Voyez p. 151.)

La table des Pâques, qui est au verso du titre, va de 1542 à 1571; puis vient le calendrier, où on a suivi pour la disposition des cadres l'ordre de l'édition de 1531, quoique le caractère, de moindre force, eût permis de suivre celui plus régulier de l'édition de 1525.

Ce livre est imprimé à deux couleurs, sauf les cahiers B, C et D, qui sont en noir seulement, ce qui est assez étrange.

Les gravures sont les mêmes que celles de l'édition de 1531, mais les lettres fleuries sont différentes. La Passion, qui commence au folio B 3 verso, est enrichie du petit *Christ en croix* qu'on voit dans les heures de 1529, mais séparé des quatre sujets. Il était sans doute arrivé un accident à cette gravure, et on n'avait conservé que le Christ.

On retrouve encore ici dans le bas des cadres les C couronnés de Claude de France, morte depuis une quinzaine d'années.

La croix de Tory, qui avait déjà disparu de plusieurs des grands sujets dans l'édition de 1531, a été enlevée presque sur tous dans celle de 1542. Ainsi, on l'a encore effacée sur la *Naissance de Jésus* et sur la *Circoncision*. Les seuls qui l'aient conservée sont : la *Visitation*, le *Crucifiement de Jésus* et la *Descente du Saint-Esprit*. Elle est restée aussi sur les cadres.

Le cahier E commence par un feuillet dont le recto est blanc, et au verso duquel est l'ange de l'*Annonciation*, comme dans l'édition de 1531.

Mais la plus intéressante particularité qui distingue l'édition de 1542, c'est que ce cahier E est précédé, au moins dans l'exemplaire que j'ai vu, d'une grande planche non signée, d'une demi-feuille de longueur, représentant le Triomphe de la Vierge Marie, qui semble imité du *Triomphe d'Apollon* du *Champ fleury*. On y voit la Vierge sur un char traîné par des licornes; derrière ce char sont les *Dames captives;* autour du char, *Prudence, Tempérance, Justice* et *Force;* devant les licornes, *Espérance, Foy, Charité*, et plus avant *les neuf Muses, les sept Arts libéraux, les Ancelles de la Vierge*. Dans le fond on aperçoit le *Palais virginal*, le *Palais de Jessé* et le *Temple d'honneur*. Au bas est une explication en vers français dont voici le début :

> Les antiques Cesars triompherent par gloire,
> Mais par humilité (ainsi le faut-il croire),
> La noble vierge va triomphante en bon heur
> Du palais virginal iusqu'au temple d'honneur.

1543-1544.

I. « Sommaire des chroniques contenans les vies, gestes et cas fortuits de tous les empereurs d'Europe depuis Jules Cesar jusques à Maximilien dernier decedé, » par J. B. Egnace, trad. par G. Tory. (Voyez ce que j'ai dit de ce livre p. 43.) Il paraît qu'il y eut plusieurs autres éditions de ces chroniques. M. Hippolyte Boyer en cite une de 1541 dans son *Histoire des Imprimeurs et Libraires de Bourges* (in-8°, Bourges, 1854), p. 27; Antoine du Verdier en mentionne une autre de 1543, dans sa *Bibliothèque françoise;* mais, comme il la dit imprimée chez Charles l'Angelier, il peut se faire qu'il n'y ait qu'une erreur de date, et qu'il s'agisse de celle de 1544. Ce qu'il y a de certain, c'est que M. Renouvier en possède un exemplaire, malheureusement incomplet, avec figures, daté de 1544. C'est un in-8°, qui était en vente chez Charles l'Angelier, en la grand'salle du Palais. Les gravures ne sont pas signées, et M. Renouvier ne les croit pas de Tory.

II. En 1544, Simon de Colines publia une nouvelle édition des Heures in-8° dont il avait déjà imprimé pour Tory une édition en 1527. (Voyez ci-devant, p. 136.) Rien ne rappelle la coopération de Tory dans la nouvelle édition, et il est probable qu'elle fut exécutée par Simon de Colines lui-même, devenu sans doute propriétaire des cadres et sujets qui paraissent dans ce livre. M. Renouvier possède un exemplaire en papier de ces Heures de 1544.

1545-1547.

De Dissectione partium corporis humani, etc., par Charles Estienne, in-fol. 1545, S. de Colines.

Il y a dans ce livre une soixantaine de grandes planches anatomiques. Cinq sont marquées de la croix de Tory, fol. 149, 150, 151, 154, 155. Les quatre dernières portent aussi le nom de Jollat, accompagné des dates 1530, 1531, 1532. Voici ce que dit à ce sujet M. Renouvier : « Simon de Colines... employa un autre graveur en bois de quelque célébrité, Mercure Jollat, à qui Papillon attribuait presque toutes nos Heures gothiques. Il ne doit compter que parmi les graveurs d'un style tout renouvelé. Son nom se trouve écrit Iollat, la première lettre contenue dans le signe zodiacal de Mercure, suivi des dates 1530, 1531, 1532, et accompagné de la croix de Lorraine, sur quatre planches du livre de Charles Estienne sur la dissection du corps humain, représentant le cadavre dans sa peau et le cadavre écorché. Le dessin des figures a été attribué, même par Brulliot, à Woeriot; mais il appartient réellement au chirurgien Estienne Rivière, nommé sur le titre et dans la préface comme ayant peint les os, les ligaments et toutes les parties anatomiques. Ses initiales S. R. se trouvent sur une tablette suspendue à un branchage de la première planche. La taille, très-variée, indiquerait plusieurs mains, ou du moins un atelier diversifiant son travail et livrant quelquefois des ouvrages d'apprentis. Celle des figures à la marque de Jollat m'a paru plus sèche, habile quoique moins pittoresque. Je ne juge pas ici leur valeur scientifique, mais leur intérêt pittoresque[1]. »

L'inscription du nom de Jollat sur des planches marquées de la croix de Tory semble assez difficile à expliquer au premier abord, surtout avec l'opinion qu'on s'est faite sur le premier de ces artistes, d'après les données de Papillon. Mais l'histoire des travaux de Jollat comme graveur restant à faire en réalité, je crois pouvoir dire qu'il a seulement dessiné les planches qui portent son nom dans l'ouvrage de Charles

---

[1] Renouvier, *Des Types*, etc., seizième siècle, p. 168.

Estienne, et que ces planches furent gravées plus tard. par Tory, ou du moins dans son atelier. On a vu, en effet, que Tory était le graveur de prédilection de Simon de Colines. M. Renouvier semble croire, à la vérité, que toutes les gravures ont été dessinées par Étienne Rivière, d'où il conclut que la gravure est de Jollat; mais c'est une opinion erronée, fondée sur une phrase de la préface. Rivière, ami de Charles Estienne, a pu dessiner la majorité des planches du livre de ce dernier sans les avoir dessinées toutes. Celles qui sont signées de Jollat appartiennent évidemment à cet artiste, qui paraît en avoir dessiné un certain nombre avant que Rivière ait été chargé de ce travail.

Ce qui me confirme dans l'opinion que Jollat a été le dessinateur et Tory le graveur de nos planches, c'est que les dates accompagnent toujours le nom de Jollat, et que ces dates ne sont pas celles de la gravure, comme j'en vais donner la preuve.

Il n'y a que cinq planches signées du nom de Jollat et de la croix de Tory dans l'édition latine du livre de Charles Estienne, donnée par Simon de Colines en 1545. L'année suivante, le même imprimeur donna une édition française de cet ouvrage sous le titre de *la Dissection des parties du corps humain* (in-fol., 1546), dans laquelle on en trouve deux de plus, dont une est datée de 1532. Pourquoi ces planches n'auraient-elles pas paru dans la première édition si elles avaient été gravées par Jollat?

Mais voici un fait bien plus concluant encore. En

1575, le libraire Jacques Kerver publia un volume sans texte intitulé : *les Figures et portraicts des parties du corps humain* (in-fol.), dans lequel on trouve non-seulement les sept gravures à la croix de l'édition de 1546, mais de plus trois autres également signées de Jollat et de la croix de Tory, et datées de 1533. Évidemment ces planches ont paru dans quelque autre édition à moi inconnue, antérieure à 1575, car ce n'est pas Kerver qui les a fait graver; il a seulement tiré parti des bois dont il était devenu propriétaire. Mais pourquoi ces bois ne figuraient-ils pas dans l'édition de 1546? C'est qu'ils n'ont été gravés que plus tard, pour expliquer des additions faites au livre de Charles Estienne. Et qui donc a pu graver ces planches signées de la croix de Tory, sinon Tory lui-même?

La conséquence qui me semble pouvoir être tirée de tout cela, c'est que Jollat avait dessiné, de 1530 à 1533, un grand nombre de planches du même genre, soit pour Charles Estienne[1], soit pour une autre per-

---

[1] On voit dans la préface de son livre que l'impression en était déjà fort avancée en 1539, mais qu'elle fut arrêtée par un procès. Voici les termes dont il se sert dans son édition française de 1546 :
« ... Toutes lesquelles choses estoyent à peu pres parachevées des l'an 1539, et ja quasi jusques au milieu du tiers livre imprimées, quant, à cause d'ung procez qui survint, nous fut force (à vostre grand mescontentement, ainsi que je croy) deporter de cest ouvrage et nous desister du parachevement d'iceluy : tellement que ce temps pendant a esté loysible à beaucoup d'autres inventer nouvelles choses touchant cest affaire, et user à leur plaisir de plusieurs cas prins et emblez de noz escripts..... car il ne fut oncques possible à l'imprimeur si diligemment garder son livre tant de temps supprimé qu'aulcuns curieulx des choses nouvelles n'en enlevassent quelques feuilles encore incorrectes, et les envoyassent en Allemagne. »

sonne, et que Tory en grava ou fit graver cinq pour l'édition de 1545, deux de plus pour l'édition de 1546, et trois autres encore un peu plus tard, mais certainement avant 1575, date de l'édition de Kerver.

Puisque l'occasion s'en présente, je dirai ici quelques mots de cette dernière, que je n'ai vue mentionnée nulle part [1], et qui est pour nous d'un grand intérêt ; c'est un in-folio qui se trouve à la Bibliothèque nationale (T. 595 + 2) [2]. Il renferme soixante et une grandes planches, outre un certain nombre de petites gravures. On n'y trouve point d'autre texte que les explications imprimées sur les planches [3], et un court avis au lecteur dont voici le commencement : « Amy lecteur, considerant que la medecine nous est du tout necessaire à garder la santé et chasser toutes maladies, qui souvent à peu d'occasions nous assaillent, et que l'anatomie ou description des parties du corps humain nous sert principalement à cela, je n'ai voulu faillir à te les représenter ici. »

[1] Elle n'a pas été connue de M. Choulant, qui a publié une curieuse monographie sur les ouvrages à figures anatomiques (*Geschichte.... der anatomischen abbildung*, in-4° (Leipzig, 1852).

[2] Je ne connais que cet exemplaire complet. Il en existait jadis un autre au Cabinet des Estampes ; mais, suivant l'usage, on l'a dépecé, quoiqu'il ne renfermât pas de texte. Cette mesure était d'autant plus déplorable qu'en intercalant ces gravures dans des registres *ad hoc* on en avait masqué la moitié, tous les feuillets étant imprimés au recto et au verso. M. Devéria a réparé autant qu'il dépendait de lui cet acte de vandalisme en faisant coller les feuillets de manière à ce qu'on pût voir les deux côtés. (Voyez l'œuvre de Tory.)

[3] Ces explications sont en caractères mobiles et insérées dans des cartouches réservés *ad hoc*. Elles varient de caractères dans les trois éditions à moi connues.

Voici maintenant la description des planches qui nous intéressent dans ce livre :

Planches qui ne se trouvent que dans le volume de 1575, et qui doivent être par conséquent postérieures à 1546, comme gravure.

1° Le corps humain en rapport avec les douze signes du zodiaque (fol. A 2 v°). Cette pièce porte le nom de Jollat, la date de 1533 et la croix de Tory.

2° et 3° Le corps humain en rapport avec les sept planètes (fol. A 3 r° et A 3 v°). Ces deux planches portent les mêmes indications que la précédente.

Planches qui paraissent déjà dans l'édition de 1546.

4° Squelette vu de gauche (fol. 11 de l'édition de 1546, et A 3 v° de celle de 1575). Le signe de Jollat, la croix de Tory, point de date.

5° Squelette vu de droite (1546, fol. 11; 1575, fol. A 5 v°). Le nom de Jollat, la date de 1532 et la croix de Tory.

Planches qui paraissent dans les trois éditions.

6° L'homme écorché, de face (1545, fol. 149; 1546, fol. 151; 1575, fol. B 2 r°). La croix seule.

7° L'homme écorché, côté droit (1545, fol. 150; 1546, fol. 152; 1575, fol. B 2 v°). Le nom de Jollat, la date de 1532 et la croix de Tory.

8° L'homme écorché, derrière (1545, fol. 151; 1546, fol. 153; 1575, fol. B 3 r°). Mêmes indications que ci-dessus.

9° L'homme dans sa peau, de face (1545, fol. 154; 1546, fol. 160; 1575, fol. B 3 v°). Mêmes indications, sauf la date, qui est 1530.

10° L'homme dans sa peau, derrière (1545, fol. 155; 1546, fol. 161; 1575, fol. B 5 r°). Mêmes indications, avec la date de 1531.

Beaucoup d'autres planches peuvent appartenir à Tory; mais comme elles ne sont pas signées, je n'en parlerai pas ici.

1548.

I. *Vitæ duodecim vicecomitum Mediolani principum*, par Paul Jove. Paris, in-4°, 1549; imprimé par Robert Estienne, d'après l'original, conservé à la Bibliothèque nationale. (ms. lat., n° 5887).

Ce livre est orné de dix portraits des vicomtes de Milan, dessinés d'après des peintures dont Paul Jove indique les originaux, et gravés par Tory, d'après le manuscrit que je viens de citer. En voici l'indication :

1° Otho archiepiscopus, fol. 7.
2° Matthæus magnus, fol. 72.
3° Galeacius primus, p. 83.
4° Actius, p. 109.
5° Luchinus, p. 128.
6° Joannes archiepiscopus, p. 135.
7° Galeacius secundus, p. 148.
8° Barnabas, p. 155.

9° Jo. Galeacius primus, p. 164.
10° Philippus, p. 182.

Nous donnons ici, comme spécimen de ces gravures, toutes signées de la croix de Tory, le portrait de Galéace Ier.

Il y a une traduction française de ce livre imprimée chez Charles Estienne, en 1552 (Robert était alors réfugié à Genève), avec les mêmes planches.

II. *Gerard d'Euphrate*, in-folio, 1549. Paris, Étienne Groulleau. Ce roman renferme beaucoup de gravures; mais deux seulement sont signées : l'une, folio 5 verso, représentant une flotte en mer; l'autre, folio 48, représentant des fortifications. Cette dernière est une magnifique planche in-folio.

III. *Theodori Bezæ Vezelii poemata*. Paris, Conrad Bade, 1548, in-8° de cent pages d'impression en caractères italiques. C'est la première édition de ce livre; elle est ornée d'un portrait de Théodore de Bèze, gravé par Tory. C'est le plus ancien qu'on connaisse. On lit au bas les deux vers suivants, qui font allusion à une couronne de laurier que Théodore tient en ses mains :

> Vos docti docta præcingité tempora lauro :
> Mi satis est illam vel tetigisse manu.

L'inscription AN. XXIX, qu'on lit au haut du portrait, indique qu'il a été gravé l'année même de l'impression du livre. En effet, Théodore de Bèze, né à Vezelay le 24 juin 1519, entra dans sa vingt-neuvième année le 24 juin 1548, date de l'épître dédicatoire de ce livre, adressée par l'auteur à son précepteur, Melchior Volmar. « Vale. Lutetiæ, VII. cal. Jul. qui dies est mihi natalis. » Ce livre, qui porte à la première page la marque de Conrad Bade, également gravée par Tory, fut achevé le 15 juillet. « Lutetiæ, Roberto Stephano, regio typographo, et sibi, Conradus Badius excudebat, idibus Julii M.D.XLVIII. »

C'est peu de temps après, dans cette même année, que Théodore de Bèze, à la suite d'une maladie grave, se retira à Genève, et abjura « la papauté, ainsi qu'il « l'avoit voué à Dieu depuis l'âge de seize ans. »

1549.

I. *L'Art et Science de la vraye proportion des Lettres*, etc., par Geofroy Tory. In-8°, 1549. C'est une seconde édition du *Champ fleury*, mais beaucoup moins complète que la première. Voyez ce que j'ai dit de ce livre, p. 74 à 77 et 143 et suivantes, en notes.

II. *Entrée de Henri II à Paris* (C'est l'ordre qui a esté tenu, etc.). A Paris, chez Jacques Roffet, dit le *Faulcheur*, in-4°, 1549. Ce livre, formant trente-huit feuillets, est composé de deux parties : l'*Entrée du roi*, de vingt-huit feuillets, et l'*Entrée de la reine*, ayant une même série de folios, mais avec des signatures distinctes. Le privilége, daté de Chantilly, le dernier de mars 1548 (1549, nouveau style), accorde à Roffet seul le droit de faire imprimer et mettre en vente pendant un an « le traité *qui sera faict* et composé de la joyeuse et nouvelle entrée, » etc.

Il y a eu deux éditions de ce livre, ou du moins il y a des exemplaires avec additions dans la seconde partie (à partir du folio 34).

Il y a aussi des exemplaires au nom du libraire Jean Dallier.

Voici l'indication des gravures qu'il renferme :

1° Un portique au-dessus duquel on voit Hercule tenant enchaînés par l'oreille (à l'aide d'une chaîne qui sort de sa bouche, et figurant l'éloquence) un bûcheron, un soldat, un clerc, un noble (fol. 4). Je ne vois point de marque sur cette pièce ; mais elle est évidemment de la composition de Tory, car elle est la reproduction de l'*Hercule français* du *Champ Fleury*. L'idée de placer la force du héros dans son éloquence, et non dans ses muscles, appartient bien originairement à Tory comme gravure.

2° Une fontaine (fol. 5 v°).

3° Un arc de triomphe surmonté de l'écu de France (fol. 9).

4° Un obélisque sur un rhinocéros (fol. 11). La croix est sous le pied gauche du rhinocéros.

5° Un péristyle à colonnes (fol. 13).

6° Un arc de triomphe surmonté de trois hommes nus, dont un tient un étendard (fol. 15).

7° Grande salle voûtée, au plafond de laquelle on aperçoit des H. et des D. (fol. 16). La marque dans un portique à gauche.

8° Un homme à cheval, armé (fol. 19). La marque dans le caparaçon du cheval, sur la poitrine, un peu au-dessous de la bouche du cheval.

9° Un arc de triomphe avec deux colonnes, une de chaque côté, surmontées d'un homme à cheval (fol. 38). La marque sur la colonne de gauche.

10° Un portique à deux ouvertures séparées par une colonne à laquelle est adossée une statue de femme ayant les pieds sur des livres (fol. 39 v°).

11° Grande planche représentant la façade d'un palais avec trois portiques (fol. 40).

Sur ces onze planches, quatre seulement sont signées ; mais tout doit appartenir à Tory, car c'est le même faire. L'absence de signature peut s'expliquer par la précipitation avec laquelle ces gravures furent faites, pour paraître en temps opportun.

Les arabesques qui ornent ces planches sont tellement dans le goût de Tory que M. Didot pense qu'il fut non-seulement le dessinateur, mais encore l'architecte de ces décorations. Le fait me semble aussi très-probable à moi-même.

Je ne puis me dispenser de citer ce qu'a dit M. Renouvier des gravures de ce livre, qu'il attribuait à Jean Cousin, faute de renseignements positifs sur leur auteur véritable, Geofroy Tory, à qui reviennent par conséquent les éloges donnés ici à un autre.

« Je mentionnerai cependant ici l'Entrée de Henri II à Paris, en 1549, parce que c'est le chef-d'œuvre de la gravure sur bois française, et que je ne vois pas à qui l'attribuer mieux qu'au maître sénonais. S'il ne travailla pas pour la cour, il put bien être employé aux ouvrages de la ville. Ceux qui furent exécutés pour célébrer le couronnement de la reine Catherine de Médicis sont d'une composition et d'un style qui n'appartiennent qu'à lui. L'*Hercule de Gaule,* fait à la ressemblance du feu roi François Ier, tenant enchaînés à sa bouche les quatre ordres de l'État[1]; la fontaine surmontée des statues de la Seine, de la Marne et du Bon Événement; l'arc triomphal portant un Typhis dont la figure approchait bien fort celle du roi triomphateur; enfin, la figure de *Lutetia nova Pandora,* « vestue en nymphe, les cheveux espars sur les espau-

---

[1] Comment en écrivant cela M. Renouvier ne s'est-il pas rappelé l'*Hercule français* du *Champ fleury?* (Voy. ci-devant, p. 82.)

« les, et tressés à l'entour de la teste, agenouillée sur
« un genoil d'une merveilleusement bonne grace, » et
toutes les autres représentations que l'artiste avait
peintes dans les rues du cortége, et qu'il dessina pour
la relation, sont dans la manière délicate de l'école
française. Le dessin en est pur, plein de gentillesse,
et la gravure si habilement ménagée qu'on ne peut la
croire d'une autre main. Il semble qu'un ciseleur seul
a pu, en aussi peu de tailles, fouiller ces têtes piquantes, modeler ces corps élégants, fripper ces draperies;
et ce ciseleur, qui donc serait-il, sinon l'auteur du
mausolée de l'amiral Chabot, l'artiste français qui résuma le mieux deux côtés de l'art, la minutie et la
force, le resserrement et la grandeur, le gothicisme et
la renaissance [1] ? »

1550.

I. Heures de la Vierge à l'usage de Rome (en grec
et en latin), petit in-16. Paris, Jean de Roigny, 1550.
Impression rouge et noire. L'une des gravures, celle
du feuillet 113, représentant le *Sacrifice de David*,
est signée de la croix de Tory. (Bibl. nat.)

II. *Breviarium ad ritum diocesis Eduensis*, petit in-8°, 1550. « Parisiis, apud Jolandam Bonhomme,
« viduam Thïelmani Kerver, in via Jacobea, sub Uni-
« corni. » Sur la première page se trouvent les armes
du cardinal Hippolyte d'Este, évêque d'Autun, signées
de la croix de Tory. (Bibl. nat.)

---

[1] Renouvier, *Des Types*, etc., seizième siècle, p. 162.

III. *L'Histoire de Primaleon de Grece*, etc., traduit par Vernassal. Paris, in-fol. 1550.

Ce beau volume, imprimé par Pasquier Letellier, pour le libraire Vincent Sartenas, dont Tory avait gravé une marque, renferme cinquante gravures dans le texte. Une seule est signée de la croix de Tory; mais plusieurs autres doivent lui appartenir. Celle qui est signée se trouve au folio 137, verso; elle représente, entre autres choses, un lion caressant une femme assise près d'une fontaine.

Il y a des exemplaires de ce livre au nom des libraires Étienne Groulleau, Jean Longis, etc.; mais le privilége est au nom de Sartenas.

A la fin du volume se trouve un avis de Letellier au lecteur. « Amy lecteur, lui dit-il, si tu as veu, en lisant ce livre, la commune orthographe changée en quelques mots, mesme en la double letre, qui ne se prononce guere suivant la vraye prosodie françoise, ne pense cela proceder de ma forge, ains de l'affectueuse recommandation de l'auteur. » (Bibl. de l'Arsenal.)

IV. Missel de Cluny, in-fol., 1550. Ce missel est orné, à la première page, d'une gravure signée de la croix de Tory, et représentant saint Pierre et saint Paul, patrons de l'abbaye de Cluny. Cette gravure reparaît aussi dans d'autres parties de ce livre, où on trouve également les deux grandes pièces décrites précédemment comme faisant partie du Missel de Paris de 1539, publié par l'ordre de Jean du Bellay.

Le titre du Missel de Cluny est tel : « Missale secundum usum celebris monasterii Cluniacensis, » etc. Ici la vignette représentant saint Pierre et saint Paul; puis cette adresse : « Prostat Parisiis, apud Jolandam Bonhomme, in via Jacobea, sub Unicorni (*la Licorne*), ubi et impressum est. — Anno D.M.CCCCC.L.

Ce livre est en deux parties, ayant des folios différents. Les deux grandes gravures se trouvent aux folios 116 et 117 de la première partie. On lit à la fin du Missel, qui est suivi de quelques autres feuillets : « Ex officina chalcographica matrone clarissime Jolande Bonhomme, vidue industrii viri Thielmanni Kerver, Parisiis, in via Jacobea, sub Unicorni, anno D. millesimo quingentesimo quinquagesimo, idib. septembris. »

Il existe plusieurs exemplaires de ce livre à la Bibliothèque nationale (vélins, 328, 329, et B. 866 B). Dans deux d'entre eux, les miniaturistes ont substitué à la date 1538, imprimée sur l'un des grands sujets, celle où ils l'ont colorié, 1559 et 1567. Il est bon de signaler ces circonstances, qui pourraient induire en erreur.

On trouve également dans le Missel de Cluny les sujets non signés dont j'ai parlé précédemment (p. 93), et qui sont dans les Missels de Paris de 1539 et de 1559.

1552.

Le premier livre de la Chronique du tres vaillant et redouté dom Flores de Grece. In-folio, Jean Longis, 1552. Il y a dans ce livre beaucoup de gravures; mais une seule est signée de la croix de Tory, fol. 90, verso. Elle représente des soldats devant une tour.

Cette gravure reparaît dans l'*Histoire paladine* (in-fol., 1555, Étienne Groulleau), fol. 56, verso.

(Ces deux ouvrages sont à la bibliothèque de l'Arsenal.)

1553.

Les Amours de Ronsard, commentés par A. Muret. In-8°, 1553, imprimé par la veuve de Maurice de la Porte (Bibl. nat., Y. 4708, réserve). Cette édition est ornée d'un portrait de Muret gravé par Tory, avec cette inscription : AN. XXV., qui prouve qu'il a été gravé cette année même, car Muret était né en 1526. Ce portrait reparaît, mais sans l'inscription, dans plusieurs autres éditions de Ronsard : je citerai particulièrement l'édition in-4° des œuvres de ce poëte, donnée en 1567 par Gabriel Buon, successeur de la veuve de Maurice de la Porte, et l'édition in-fol. donnée en 1623 par Nicolas Buon, son fils.

1554.

Les Observations de plusieurs singularitez et choses memorables trouvées en Grece, par Pierre Belon. In-4°, Paris, 1554. Il y eut deux éditions successives de ce livre, imprimées par Benoît Prevost, pour Gilles Corrozet et Guillaume Cavellat, en 1553 et 1554. (Les exemplaires au nom de Corrozet portent sa marque, signée de la croix de Tory.) Il y a un portrait de Belon gravé par Tory à la fin des pièces liminaires de l'édition de 1554. Je ne l'ai pas vu à l'édition de 1553, ce qui me fait croire qu'il n'était pas encore gravé. Et, en effet, l'âge de trente-six ans qu'on donne à Belon sur ce portrait semble démontrer qu'il ne fut dessiné qu'en 1554, puisqu'on croit Belon né 1518. Quoi qu'il en soit, ce portrait reparut depuis dans plusieurs autres livres du même auteur, et particulièrement dans son *Histoire naturelle des oiseaux* (in-fol., 1555), où on trouve encore sept figures d'oiseaux marquées de la croix de Tory; ce sont l'orfraye, p. 96; la mouette, p. 169; la canepetière, p. 238; la gelinotte, p. 252; le loriot, p. 295; le torchepot, p. 304; le petit mouchet, p. 376. Quelques autres gravures de ce livre sont signées d'une croix blanche sur fond noir; mais ce n'est pas celle de Tory, qui mourut sans doute durant le cours de ce travail.

GRAVURES DE DATE INCERTAINE.

I. Le Cabinet des estampes de la Bibliothèque nationale possède trois gravures in-4° représentant des arbres, et provenant de ce qu'on appelle les *vieux bois* de la collection de Marolles. L'une de ces pièces, représentant un ananas, est signée de la croix de Tory; les deux autres n'ont pas de marque, mais viennent évidemment de la même main; l'une représente un bananier (on y voit trois nègres occupés de la récolte de la banane); l'autre un catalpa (?) : il est accompagné de deux animaux, l'un au pied, l'autre au haut de l'arbre, et de grosses mouches. On ignore d'où viennent ces pièces. Elles figurent peut-être dans l'un des ouvrages de Belon, dont je viens de parler, mais je n'ai pu les y découvrir; j'ai vu seulement à la Bibliothèque nationale (S. 749 + B) une édition in-4° de 1557, intitulée *Portraits d'oiseaux, animaux, serpens, herbes, arbres,* etc., où sont quelques figures analogues.

II. *Les quatre livres d'Albert Durer, peintre et geometrien tres excellent, de la proportion des parties et pourtraictz des corps humains*, traduits par Loys Meigret, Lionnois, de langue latine en françoise. In-fol., Paris, 1557, chez Charles Perier, à l'enseigne du *Bellerophon*[1]. L'enseigne du libraire, sur le titre, et la frise de la première page du texte sont signées de la croix de Tory. Peut-être aussi a-t-il gravé les figures nombreuses qui sont dans ce livre, car elles ont beaucoup de rapport avec celles qu'on voit dans le livre de Charles Estienne décrit p. 169 et suivantes; mais elles ne sont pas signées. (Bibl. du Jardin des Plantes et de Sainte-Geneviève.)

III. *Figure de l'anciènne et de la nouvelle alliance*, grande planche de 35 centimètres de largeur et de 27 de hauteur, divisée en deux parties par un arbre au pied duquel est l'HOMME, placé ainsi sur la

---

[1] Cette enseigne fut conservée par Thomas, fils de Charles. Voyez Silvestre, *Marques,* n° 386.

limite des deux mondes. L'arbre qui partage le sujet ne porte que des branches sèches du côté gauche (l'ancienne alliance); du côté droit, au contraire (la nouvelle alliance), il est tout verdoyant.

Dans le compartiment de gauche on aperçoit Adam et Ève dans le jardin terrestre. Ève présente la pomme à Adam. Au-dessous de ce groupe est écrit le mot PECHE. Plus bas on voit un squelette sur un cercueil, et au-dessous on lit : LA MORT. Au-dessus du paradis terrestre est le MONT SINAI, sur lequel est Moïse recevant les tables de LA LOY; au-dessous, à droite, la IERVSALEM TERRESTRE, dans laquelle on voit des personnages dévorés par des serpents, et au milieu le serpent d'airain, au-dessus duquel on lit : SIMILITVDE DE LA IVSTIFICATION. Moïse paraît à droite; à gauche et un peu au-dessous AGAR et ISMAEL; plus bas, LE PROPHETE montrant à l'HOMME Jésus en croix à droite.

Dans le compartiment de droite on voit Dieu sur le globe, avec ces mots : IERVSALEM CELESTE, dominant le MONT SION, sur lequel est une femme, et au-dessus le mot LA GRACE. Un ange portant une croix descend du ciel (où on lit les mots : EMMANVEL DIEV AVEC NOVS), dans des rayons qui viennent frapper la femme. Plus bas, à gauche, un autre ange annonce la naissance du Christ aux bergers; il tient une banderole où on lit : LA GLOIRE. Près de là, à droite, le Christ en croix, avec les mots : NOSTRE IVSTICE, et l'Agneau pascal, avec ceux-ci : NOSTRE INNOCENCE; au-dessous, Jésus sortant du tombeau, avec ces mots : NOSTRE VICTOIRE; plus bas, à gauche, saint Jean-Baptiste montrant à l'HOMME le Christ en croix ; le Précurseur est désigné par les mots : LENSEIGNEVR DE CHRIST, qu'on lit dans un cartouche ; au-dessus de saint Jean, SARA et ISAAC.

Dans chacun des compartiments se trouvent un certain nombre de chiffres, qui semblent renvoyer à un texte absent. Il y en a huit à droite et neuf à gauche. L'HOMME est marqué d'un *zéro*. Je ne saurais dire d'où provient cette planche [1], qui se trouve au Cabinet des estampes de la Bibliothèque nationale, et a été longtemps attribuée à Jean Cousin. C'est M. Devéria qui l'a retirée de l'œuvre de cet artiste pour la placer dans celle de Tory, dont elle porte la croix, à gauche, au-dessous du cartouche où on lit *l'enseigneur de Christ*. Je pense que cette planche figure dans quelque grande Bible in-folio ; car j'ai vu le même sujet traité d'une façon plus ou moins sommaire [2] sur le titre de plusieurs Bibles françaises et étrangères. Je citerai particulièrement les suivantes, qui sont à la Biblioth. nationale : 1° une Bible française, imprimée à

---

[1] J'ai déjà précédemment eu occasion de constater l'étrange usage qu'on avait jadis au Cabinet des estampes de retrancher des pièces tout ce qui n'était pas purement gravure. On ne saurait se figurer le tort que cette mesure a fait au dépôt. Cet usage est malheureusement pratiqué par la plupart des collectionneurs d'estampes, qui détruisent parfois un livre unique fort précieux pour n'en conserver qu'une gravure sans texte.

[2] On en trouve déjà quelque chose sur la frise gravée par Tory pour la Bible publiée par Robert Estienne en 1532. (Voyez p. 153.)

Anvers, en 1530, par Martin l'Empereur; 2° une Bible en vieux saxon, imprimée à Lubeck, en 1533, par Ludowich Dietz (les mêmes bois reparaissent dans une édition en danois donnée par cet imprimeur, en 1550, à Copenhague); 3° une Bible en latin, sur le texte d'Érasme, publiée de 1543 à 1544, avec des gravures de Cranach; 4° une Bible en flamand, imprimée à Anvers en 1556. Je citerai encore les commentaires latins (*enarrationes*) de Luther sur la Bible, imprimés à Nuremberg en 1555, avec une gravure au frontispice datée de 1552.

Quoi qu'il en soit, le dessin de Tory a été reproduit en 1562 sur un grand plat émaillé en grisaille teintée, attribué à Pierre Rexmond, émailleur de Limoges. Le dessin de ce plat a été publié à son tour en 1843, d'après un exemplaire faisant partie du cabinet de M. Baron [1], dans le livre intitulé : *Meubles et Armes du moyen âge,* grand in-4°, édité par Hauser, marchand d'estampes, boulevard des Italiens. C'est au n° 127 de cette collection que se trouve le dessin en question. Les groupes y sont disposés dans

---

[1] Ce cabinet a été vendu en janvier 1846, et le plat en question a été acheté, au prix de 2,000 fr. environ, pour M. Cambacérès, rue de l'Université, n° 21, chez lequel il se trouve maintenant. Une circonstance indépendante de ma volonté ne m'a pas permis de le voir. Voici ce qu'en dit M. Baron, dans son catalogue de vente, n° 445 : « Cette pièce capitale, de la plus parfaite conservation, est digne, par son mérite et sa rareté, de l'attention de MM. les amateurs. » Catalogue de la belle collection d'objets d'arts... composant le cabinet de M. Baron (in 8°, Paris, 1845), p. 38.

un ordre chronologique, la forme circulaire du plat n'ayant pas permis de conserver la disposition de la gravure de Tory. Mais les sujets et leurs inscriptions sont identiques, sauf les fautes d'orthographe dont l'artiste limousin a *émaillé* ces dernières. Les deux *Jérusalem* sont séparées par deux arbres qui, partant des bords extérieurs du plat, formés d'arabesques de la Renaissance [1], viennent réunir leur tête au centre, où se trouve un médaillon dans lequel est la figure de Marguerite de Valois, sœur de François Ier.

Ce sujet a été encore traité sur un camée qui se trouve à la Bibliothèque nationale, mais d'une façon très-sommaire, vu l'exiguïté de la pièce, qui n'a que 57 millim. de largeur sur 72 de hauteur. Toutefois les circonstances essentielles de la gravure de Tory ont été reproduites. On trouvera la description de ce curieux camée sous le n° 317 de la Notice du Cabinet des médailles que va publier M. Chabouillet, l'un des conservateurs-adjoints de ce précieux dépôt.

IV. *Illustration de l'ancienne imprimerie troyenne*. In-4°, 1850, Troyes. Ce livre, formé d'une collection de vieux bois recueillis par M. Varlot dans les imprimeries de Troyes, en renferme deux signés de la croix de Tory. Ce sont les n° 50 et 188.

Le premier représente *le Couronnement de la Vierge;* on peut lui adjondre une pièce de même

---

[1] D'après le catalogue cité à la note précédente, le revers du plat est aussi orné d'arabesques.

faire représentant *la Visitation*, qui se trouve dans le même recueil, sous le n° 51.

Ces deux bois, qui sont de format petit in-folio, faisaient sans doute l'un et l'autre partie d'une série de gravures relatives à la Vierge et destinées à des Heures.

Le n° 188, qui a seulement un pouce de haut sur deux de large, représente une *moisson*. Il faisait sans doute aussi partie d'une série de gravures relatives aux douze mois de l'année. Peut-être figurait-il dans le même livre que les précédents. On sait, en effet, que les *Heures* commençaient par un calendrier.

On trouve encore dans le recueil de M. Varlot deux bois marqués des lettres G. T., qui peuvent avoir été la marque primitive de Geofroy Tory avant qu'il eût adopté un signe particulier. Ces bois sont le n° 84, gravé dans le genre criblé, et le n° 131, dans le genre Renaissance. Voyez ce que j'ai dit à ce sujet, p. 115.

Vu l'état d'usure de ces bois, il est impossible de dire si ce sont des originaux ou des copies. Il n'est pas impossible cependant qu'ils aient été exécutés par Tory pour l'imprimeur Nicole Paris, dont il grava aussi la marque. (Voyez p. 106.)

V. Ce n'est pas seulement à Paris et à Troyes que nous trouvons des bois de Tory; nous en trouvons à Orléans (p. 110), à Chartres (p. 164), à Poitiers (p. 100) et à Lyon même, quoique cette ville eût une école de gravures très-florissante, témoin les figures de la Bible d'après Holbein [1], publiées par Jean Frellon (in-8°, 1547), et celles de Salomon Bernard, publiées par les de Tournes, dès l'année 1553 [2]. Mais les travaux exécutés par Tory pour Simon de Colines, Robert Estienne, etc., avaient tellement répandu son nom qu'il n'était pas un imprimeur de goût en France qui ne tînt à honneur d'avoir quelque œuvre de notre artiste. A ce titre, Jean de Tournes, premier du nom, l'un des plus célèbres imprimeurs de Lyon, sans contredit, fit exécuter à Tory des cadres et des sujets en assez grand nombre; malheureusement nous n'en trouvons que fort peu de signés, soit qu'on ait enlevé plus tard sur les autres la marque de Tory, soit qu'il ne l'y ait pas mise, pour se conformer au désir de Jean de Tournes, car alors les imprimeurs tenaient fort à s'approprier les gravures qu'ils faisaient faire, particulièrement à Lyon, où on ne connaît nominalement comme graveur que Salomon Bernard; encore convient-il de faire remarquer que cet artiste, qui n'a rien signé, n'est connu que par la mention qu'ont faite de lui les imprimeurs, dans l'intérêt même de leurs publications.

Quoi qu'il en soit, je vais donner l'indication des pièces signées de la croix de Tory que j'ai vues dans les livres publiés par les de Tournes, c'est-à-dire

---

[1] Ces gravures sont, comme on le sait aujourd'hui, de Luczelburger, de Bâle, le graveur ordinaire d'Holbein.
[2] Voy. le *Manuel du Libraire*, t. IV, p. 382, col. 1, au mot Quadrins.

Jean Ier et Jean II, son fils, car il m'est impossible, vu l'absence de tout catalogue, de dire la part qui revient à chacun d'eux. A bien prendre même, je n'aurais à parler ici que du second, s'il n'avait dit lui-même qu'il utilisait les bois de son père. Et, en effet, quoique nous ne connaissions de ce dernier que son édition de Pétrarque de 1545 (réimprimée en 1547), qui renferme des gravures, tout semble démontrer que celles exécutées par Tory ont été faites pour Jean Ier, mort vers 1550.

Le premier livre que je citerai est un volume in-8°, sans date, intitulé : *Thesaurus amicorum*, qui se trouve à la Bibliothèque nationale (8°, P. 447, réserve). Il renferme trois séries de cadres : 1° cadres à arabesques en noir sur fond blanc (l'un d'eux est marqué dans le bas de la croix de Tory, très-petite); 2° cadres à arabesques blanches sur fond noir (l'un d'eux est également marqué d'une petite croix blanche); 3° cadres à sujets grotesques, licencieux et autres. Ces derniers, dont aucun n'est signé, représentent des figures analogues à celles qu'on voit paraître dans les *Songes drôlatiques* attribués à Rabelais, et semblent en être les types.

Dans la première partie du livre, les cadres, au nombre de trente-deux en tout, sont vides; dans la seconde partie, ils sont accompagnés de médaillons de personnages célèbres de l'antiquité, avec des devises en toute sorte de langues. Ces portraits sont au nombre de quatre-vingt-seize. Ils reparaissent, ainsi que beaucoup d'autres, dans un livre imprimé en 1559, sous le titre de *Insignium aliquot virorum icones*, in-8° (Bibl. nat., P. 446). Dans la dédicace à *G. Tuffano, gymnasiarchæ Nemausensi*, Jean de Tournes, deuxième du nom, auteur et imprimeur de ce livre, nous apprend qu'il l'a entrepris pour utiliser les bois laissés par son père : « Cum pater jamdudum haberet hasce icones inutiles, ne omnino perirent, hæc pauca, quæ huic opusculo insunt, ex variis auctoribus accumulavi... » Ici les médaillons sont au nombre de cent quarante-trois; aucun n'est signé, mais ils sont tout à fait dans le goût de Tory.

Ces mêmes médaillons, ainsi que les cadres du *Thesaurus amicorum*, ont été employés dans une foule d'autres publications qui ne nous sont connues que par des pièces détachées. Je citerai particulièrement huit feuillets conservés au Cabinet des estampes[1], imprimés d'un seul côté, et où on voit les cadres avec un portrait à chaque page; puis quatre autres feuillets sans cadres, où on voit deux portraits imprimés l'un à côté de l'autre.

Quant aux cadres, ils figurent encore : 1° dans

---

[1] Voyez les notes des pages 173 et 188. Ces pièces proviennent peut-être d'un recueil cité par M. Brunet (*Manuel*, t. III, p. 827, col. 2), sous le titre de *Pourtraictz divers*, Lyon, Jan de Tournes, 1557, petit in 8°, comme contenant soixante-trois planches, y compris le titre. M. Brunet donne ensuite une description de ce recueil qui ne peut pas lui convenir. « Ces planches, dit-il, représentent des morceaux d'architecture, des têtes, des sujets mythologiques et autres. » Cette description se rapporte évidemment au livre de 1556 mentionné à la page suivante.

l'édition des *Psaumes* de Marot publiée par Jean de Tournes en 1557, in-8°, et 2°, avec moins d'inconvenance, sur les diverses éditions, tant françaises qu'italiennes, des *Métamorphoses d'Ovide,* données par le même imprimeur.

Jean de Tournes publia en outre, en 1556, un petit volume de spécimen de ses bois, in-8°, imprimé d'un seul côté. Ce volume, bien connu des amateurs, et qui se trouve au Cabinet des estampes, porte pour toute inscription à la première page : « A Lion, Ian de Tournes. M.D.LVI. » Cette page est ornée d'un cadre en arabesques blanches sur fond noir, où la marque de Tory est parfaitement visible, dans le bas; puis viennent vingt-deux gravures représentant des scènes de théâtre antique. La neuvième porte la croix de Tory. Au milieu de cette série, au feuillet 21, se trouve une pièce qui n'en fait pas partie : elle représente un chien sur un coussin [1]. A la suite viennent diverses gravures qu'on retrouve dans les *Métamorphoses d'Ovide* et dans les *Hymnes du Temps*, de Guillaume Gueroult, imprimées postérieurement; puis onze planches portant deux figures se faisant face, provenant de quelque ouvrage de physiognomonie, à

---

[1] M. Brunet avait vu les vingt-quatre premières pages de ce recueil jointes à une édition des *Quadrins historiques* de Claude Paradin, publiée par Jean de Tournes en 1558. « Ces pièces, dit-il, que précède une page blanche entourée d'un encadrement, avec ces mots imprimés au milieu : « Lyon, J. de Tournes 1556, » semblent être des scènes tirées du théâtre latin. » (*Manuel*, t. III, p. 882, col. 2.) C'est précisément à ce livre que se rapporte la description donnée par erreur à la p. 827 du *Manuel*. (Voyez la note précédente.)

moi inconnu; cinq gravures de l'édition de Pétrarque donnée par Jean Ier en 1545, et neuf petits sujets divers. Le Cabinet des estampes possède encore un feuillet d'un spécimen in-folio des bois des de Tournes, où on retrouve les planches du Pétrarque. On n'y voit pas cependant le *lac d'amour*, qui est au folio 5, et tout à fait dans le goût des sept épitaphes publiées par Tory en 1530. (Voyez p. 148.)

Je ne citerai pas ici les autres livres à gravures publiés par Jean II de Tournes, d'une date postérieure, parce que rien ne m'autorise à les attribuer à Tory; mais on peut conclure de ce que j'ai dit précédemment que beaucoup de gravures des imprimeurs de Lyon, attribuées jusqu'ici à Salomon Bernard, dit le Petit-Bernard, appartiennent à Tory. Il serait, en effet, à désirer qu'on déchargeât le Petit-Bernard de cette masse énorme de gravures qu'on lui attribue faute de renseignements, mais qui rend douteuse l'attribution de celles qui lui appartiennent le plus certainement [1].

VI. Il faut évidemment joindre à cette liste des tra-

---

[1] Ainsi l'auteur anonyme d'un livre intitulé *Notice sur les Graveurs*, imprimé à Besançon en 1807 (2 vol. in-8°), attribue à Salomon Bernard, dont il place l'exercice entre les années 1550 et 1580 (t. I, p. 63), les gravures des *Triomphes* de Pétrarque, qui figurent déjà dans une édition de 1545, et une *Résurrection des morts*, datée de 1547 (t. I, p. 64), ce qui est en contradiction avec les dates inscrites plus haut; il lui attribue encore (t. I, p. 65) les scènes théâtrales que nous avons justement données à Tory, dont la croix paraît sur l'une de ces planches; enfin il lui attribue l'histoire de Psyché, en 32 figures in-12, et les médailles de l'Epitome des antiquités de Jacques Strada (Lyon, 1553), ce qui est fort contestable.

vaux de Tory les belles lettres fleuries à fond criblé dont se sont servis, dès leur début dans la carrière typographique, Simon de Colines et Robert Estienne, et qui, quoique de dessin différent, ont tant de rapports entre elles par les arabesques qui les entourent et par la disposition de la lettre, conforme aux principes

Ce qui ne l'est pas, ce sont les pièces suivantes, qui appartiennent certainement à Salomon Bernard :

1° *Les figures de la Bible*, au nombre de 251, réimprimées fort souvent à partir de 1553. Dans une édition de 1680, imprimée par Samuel de Tournes, à Genève, où Jean II s'était retiré vers 1580, pour cause de religion, on lit ce qui suit : « Les figures que nous te donnons ici sortent de la main d'un excellent ouvrier, connu en son temps sous le nom de Salomon Bernard, dit le Petit-Bernard, et ont toujours esté fort estimées de ceux qui se connoissent en ceste sorte d'ouvrage. »

2° *Les Devises héroïques* de Claude Paradin, renfermant 184 gravures, plus un cadre au frontispice. Grand in-8°. Jean de Tournes, 1557. Le privilége qui se trouve à la fin du volume (Bibl. nat. Z. 1592 a) fait connaître plusieurs autres ouvrages que se proposait alors de publier Jean II, et particulièrement les deux suivants, qui parurent la même année.

3° *Les Métamorphoses d'Ovide*, in-8°, 1557. — 178 figures.

4° *L'astronomique Discours*, par Jacques Bassentin. In-fol., 1557, avec un grand nombre de planches astronomiques.

5° *Hymnes du temps*, par Guillaume Gueroult, 1560. In-4° de 88 pages, avec encadrements et sujets. On lit dans l'avis au lecteur : « J'espere que tu y prendras quelque delectation, pour estre le tout sorti de bonne main ; car l'invention [des gravures] est de M. Bernard Salomon, peintre autant excellent qu'il y en ait jamais eu en nostre hemysphere. »

6° *Énéide de Virgile*, trad. française, in-4°, 1560, ornée de 12 vignettes.

7° Un livre de Thermes en dix-huit ordres, imprimé à Lyon, en 1572, chez Jean Marcorelle. — Au dixième therme on voit un génie qui grave sur un écusson la lettre S, initiale du prénom de Bernard.

On attribue encore à cet artiste un grand nombre de vignettes et de lettres grises employées par les imprimeurs de Lyon.

émis dans le *Champ fleury*. Il faut encore y joindre les belles capitales grecques dans le genre renaissance dont s'est servi Robert Estienne dès 1544, et les frises de même style. Je n'ai vu qu'une seule de ces dernières signée de la croix de Tory, c'est celle qu'on voit en tête du deuxième volume des œuvres d'Eusèbe (*la Préparation évangélique*) en trois volumes in-folio (1544, Robert Estienne); mais toutes les autres sont du même faire et appartiennent certainement à Tory. Je citerai particulièrement celles du Nouveau Testament de 1546, publié par le même imprimeur, dans le format in-16, et qui sont d'un goût ravissant.

Cette liste ne fait connaître que des gravures sur bois; mais je ne doute pas que Tory n'ait aussi gravé sur métal, non pas seulement des poinçons de caractères, ce qui est tout naturel de la part du maître de Garamond, mais même des planches. Maintenant que l'éveil va être donné aux amateurs, je ne serais pas surpris qu'on en découvrît quelqu'une marquée de sa croix. Pour aider à cette découverte, je donnerai ici l'appréciation qui a été faite du dessin de Tory par M. Renouvier, si compétent dans cette matière :

« Les planches du *Champ fleury*, dont la première est datée de 1526, ont un arrière-goût italien qui se révèle par la correction des figures et par leur costume; mais la mignardise de l'expression, la finesse du trait, les distinguent nettement des vignettes de Venise. Les vignettes des Heures, publiées de 1524 à 1543, variées dans la taille, toujours fines et à peine ombrées, témoignent d'un goût que gagne quelquefois le parmigianisme; mais elles méritent par la gentillesse de leur exécution les éloges accordés par Dibdin. Si les figures sont un peu tourmentées dans leurs gestes et leurs draperies, ou défectueuses dans quelques extrémités, l'esprit des têtes, l'arrangement des scènes, auprès de jolis motifs d'architecture ou dans des fonds bien rapetissés, montrent que nos graveurs de vignettes n'ont rien perdu de leur talent en passant des lettres gothiques aux lettres italiques; et, malgré leur nom, il est certain que l'Italie n'en produisit pas de pareilles. La naïveté y a dépouillé toute goguenarderie gothique; leur expression est dans le sentiment français le plus délicat du temps....[1]. »

« Je crois retrouver le style de Geofroy Tory dans le *Tableau de Cebès*, publié par Denis Janot et Gilles Corrozet, en 1543, dont les vignettes sont souvent attribuées à Jean Cousin..... Quant au dessin de Tory, je le reconnaîtrais, à travers plusieurs tailles de bois, à ses têtes fines, ses formes effilées, ses extrémités fourchues, sans parler des lettres fleuries et des encadrements, où les grotesques italiens se mêlent aux végétations naturelles, et où il a souvent gravé son nom, son vase et ses devises. Il y a sans doute dans les vignettes de Tory des qualités plus subtiles que grandes, mais ce sont les nôtres[2]. »

---

[1] Renouvier, *Des Types et des manières des maîtres graveurs*, etc., seizième siècle, pag. 167 et 168.

[2] *Ibid*, p. 168.

L'auteur du *Champ fleury* ne pouvait être, en effet, que Français : c'était le patriotisme incarné, comme l'ont prouvé les nombreux passages que j'ai cités de lui. Quant aux différences de mains qu'on peut découvrir dans les gravures signées de sa croix, elles proviennent sans doute du travail de ses aides ; car il est inadmissible qu'il ait suffi seul à la gravure de tous les bois qui portent sa marque. Cette circonstance m'amène à dire un mot ici de la descendance artistique de Tory, comme j'en ai dit un de sa famille du sang à la fin de la première partie de cette notice.

Tout le monde reconnaît que Tory eut pour élève Claude Garamond ; mais il en eut d'autres encore, qui continuèrent son œuvre d'une manière plus directe ; car Garamond, qui avait quitté son atelier de bonne heure, ne paraît pas avoir gravé sur bois : il se livra tout entier à la spécialité des poinçons de caractères d'imprimerie, dans laquelle il s'acquit une grande réputation. Je suis porté à croire que tous les graveurs qui ont adopté la croix en forme d'if procèdent plus ou moins directement de Tory : depuis l'artiste aux initiales L. R., de 1548, jusqu'à Claude Rivard, qui florissait, au rapport de M. Robert-Dumesnil, de 1641 à 1653, et qui avait probablement été formé par l'un des élèves de Tory. Ce serait un fait curieux à constater que cette filiation artistique ; malheureusement, je ne suis pas en état de dresser une semblable généalogie. Je me contenterai donc de citer ici quelques noms qui pourront servir à la faire plus tard. Je ne mentionnerai toutefois que ceux qui ont pu être élèves directs de Tory.

1° Garamond, graveur sur métal, mort en 1561. (Voyez sur cet artiste mon travail intitulé : *les Estienne et les types grecs de François I*er.)

2° L'artiste aux initiales L. R., graveur sur bois, avant 1548 [1].

3° Woeriot, né en 1531, mort en 1589, graveur sur bois et sur métal [2].

4° L'artiste aux initiales I. L. B., graveur sur bois, avant 1584 [3].

---

[1] Comme cela peut avoir de l'intérêt au point de vue de l'histoire de Tory, je donnerai ici la liste des gravures signées des initiales L. R., qui figurent dans le livre d'Heures de 1548, décrit précédemment : 1° *Saint Jean* écrivant l'Évangile (et en petits sujets : *saint Jean, saint Luc, saint Matthieu, saint Marc, Judas* trahissant Jésus), dans les feuillets liminaires ; 2° *Annonciation*, fol. 1 ; 3° *Visitation*, fol. 10 ; 4° *Crucifiement*, fol. 15 ; 5° *Descente du Saint-Esprit*, fol. 16 ; 6° *Naissance de Jésus*, fol. 17 ; 7° *Annonciation aux bergers*, fol. 21 ; 8° *Adoration des mages*, fol. 25 ; 9° *Circoncision*, fol. 28 ; 10° *Couronnement de la Vierge*, fol. 37 ; 11° *Pénitence de David*, fol. 41 ; 12° *Jugement dernier*, fol. 50 ; à l'appendice : 13° *Crucifiement de Jésus* (petit sujet) ; 14° *Notre-Dame de Lorette*, à la fin du volume. Les grands sujets ont 10 cent. de haut sur 7 de large.

[2] Voyez sur les œuvres de cet artiste le travail si complet de M. Robert-Dumesnil (*le Peintre-Graveur français*, t. VII).

[3] Comme pour le graveur aux initiales L. R., et dans le même but, je crois devoir donner ici celles du graveur aux initiales I. L. B. que j'ai vues dans le livre de 1584 cité précédemment, et qui sont, je pense, les mêmes que celles vues par M. Robert-Dumesnil dans le livre de 1599 : 1° *Circoncision* ; 2° *Jésus au jardin des Olives* ; 3° *Arrestation de Jésus* ; 4° *Jésus battu de verges* ; 5° *Jésus devant Ponce Pilate* ; 6° *Jésus roi des Juifs* ; 7° *Jésus traînant sa croix* ; 8° *Jésus dépouillé* ; 9° *Jésus crucifié* ; 10° *même sujet* (sans initiales) ; 11° *même sujet* (encore sans les initiales) ; 12° *même sujet* (avec les

5° Nicolas Chesneau, Angevin[1]. Cet artiste a gravé, dans la seconde moitié du seizième siècle, un grand nombre de bois où ses deux initiales sont surmontées de la croix de Tory. Ce Chesneau, qui se fit aussi recevoir libraire, suivant l'usage de ses confrères, et qui exerça cette profession de 1556 à 1584, date de sa mort, fut aussi imprimeur, et avait pour enseigne un *chêne vert* (par allusion à son nom), dont le dessin était copié sur l'*Olivier* de Robert Estienne. Le livre le plus remarquable que j'aie vu de ce Chesneau est une *Histoire de la vie, mort et passion... des Saints, par Jacques Tigeou,* en quatre volumes in-folio, ordinairement reliés en deux, et édités par lui en 1577. Il est plein de gravures signées de son monogramme. Ce livre, qui fut réimprimé sans doute plus tard, car j'en possède un fragment qui diffère de l'édition de 1577, ne se trouve pas à la Bibliothèque nationale, mais je l'ai vu à celle de Sainte-Geneviève (in-fol., H. 770). La Caille fait un grand éloge de Chesneau comme libraire juré et imprimeur[2]; mais il n'en dit rien comme graveur. « Chesneau s'est fait distinguer, dit-il, par la grande quantité de livres qu'il a imprimés en perfection, et au-devant de la plupart desquels il nous a donné des préfaces, epistres et discours très-intelligibles et très-sçavants. Il avoit

---

initiales sans la croix); 13° *Érection de la croix;* 14° *Jésus entre les deux larrons;* 15° *même sujet* (sans croix ni initiales). Tous ces sujets ont 4 cent. et demi de haut sur 5 de large.

[1] Il était de la paroisse de Cheffes.
[2] *Hist. de l'Imprimerie,* p. 138.

pour marque un chesne vert, où est attaché un trousseau de flèches, symbole de la concorde, avec ces mots : *Concordia vis nescia vinci.* Il épousa Marie Aurillot. » J'ajouterai qu'il eut pour successeur Abel l'Angelier, qui imprima en 1584 la *Bibliothèque* de la Croix du Maine, où on voit encore des culs-de-lampes gravés par Chesneau. Cet artiste était digne de Tory : l'élève faisait honneur au maître.

POST-SCRIPTUM.

EOFROY Tory, ai-je dit, p. 14, 118, 160 et 197, doit être le graveur des belles lettres fleuries de Simon de Colines et de Robert Estienne.... Ce qui n'était qu'une hypothèse, fondée sur la forme de ces lettres gracieuses, est devenu certain pour moi. Il y avait une preuve matérielle de ce fait; mais cette preuve était si peu apparente qu'elle m'avait échappé : il fallait l'œil d'un artiste exercé et tout dévoué à Tory pour la trouver. Heureusement cet artiste existait : c'est M. Devéria, à qui je dois tant d'autres renseignements du même genre. En classant récemment quelques pièces de sa riche collection particulière, il a aperçu la croix de Tory sur l'une des lettres ornées de Robert Estienne, et s'est empressé de me la signaler. Quoique un peu tardive, cette découverte est arrivée encore à temps, grâce à Dieu, pour trouver place dans mon livre, et je me hâte d'en faire part au lecteur, car elle a plus d'importance qu'il ne semble au premier abord : elle ne prouve pas seulement que Tory est le graveur des lettres fleuries de Simon

de Colines et de Robert Estienne, mais aussi, d'une part, que la double croix en forme d'if est bien la marque de Tory, et, d'autre part, que nous avons eu raison d'attribuer à cet artiste les miniatures signées d'un G (p. 83), et les gravures signées 🄖, 🄖, G T,  (pages 113, 115, 130 et suiv.). Quelle est, en effet, la lettre choisie par Tory pour y mettre son signe? Précisément l'initiale de son nom propre, ou, si l'on aime mieux, de son prénom, pour nous servir de l'expression inexacte en usage aujourd'hui. Il n'a pas été retenu par la pensée que cette lettre, peu usuelle, surtout au commencement des mots, ne figurerait que rarement sur les livres[1]; la logique l'a emporté chez lui sur toute autre considération, et c'est au G qu'il a mis sa croix[2], non pas, il est vrai, en haut, comme dans la marque des *Travaux d'Hercule*, etc., mais au bas, et dans une dimension presque microscopique, afin de ne pas déranger l'harmo-

---

[1] Le premier livre où je l'aie rencontrée, en dehors du *Thesaurus latinæ linguæ* de 1536, in-folio, et du *Dictionarium Latino-Gallicum* de 1538, qui lui fait suite, et où elle devait figurer forcément (deux livres que j'ai vus chez M. Didot), est une brochure in-4° publiée en 1537, à l'occasion des disputes de François Ier et de Charles-Quint, et intitulée : *Exemplaria litterarum*, etc. C'est même de ce livre qu'est tirée la lettre qui a fixé l'attention de M. Devéria, et qui m'a servi de type pour la gravure ci-dessus.

[2] Ne pouvant mettre son signe sur le *gamma* des alphabets grecs qu'il grava pour Robert Estienne vers 1544, il l'a mis sur une des frises destinées à accompagner ces belles lettres fleuries. (Voyez p. 198.)

nie du dessin de cette lettre, à laquelle il fallait, de toute rigueur, conserver la même proportion qu'aux autres. N'importe, l'inscription est complète, et cette lettre, accompagnée de la croix, signifie : GEOFROY TORY; car, encore une fois, la double croix de notre artiste n'est pas autre chose qu'une forme particulière du T, initiale de son nom de famille.

APPENDICE.

I

ADDITIONS A LA BIOGRAPHIE DE TORY.

§ 1er.

Les cinq premières feuilles de ce travail, c'est-à-dire toute la première partie, consacrée à la biographie de Tory, étaient sous presse lorsque j'ai eu connaissance d'une note manuscrite de Mercier, abbé de Saint-Léger, consignée sur son exemplaire de la *Bibliothèque françoise* de du Verdier, édition de la Monnoye, conservé aujourd'hui à la Bibliothèque nationale (réserve).

Voici cette note, qui vient confirmer ce que j'ai dit, page 8, de l'ignorance où nous sommes d'un certain nombre de publications de Tory :

« Tory avait eu pour maître, à Bourges, un Guillaume le Riche (*Dives*), citoyen de Gand, qu'il appelle son précepteur dans une pièce de neuf distiques latins à la suite du *Carmen elegiacum de Passione Dominica* de ce le Riche, qu'il fit imprimer à Paris, *in ædibus Ascensianis*, en 1509, in-8°, de concert avec un *Herverus de Berna Amandinus*. »

Malheureusement, je ne puis rien dire de ce livre, que je n'ai pu trouver à Paris, et qui doit être bien rare, en effet, car Panzer ne l'a mentionné que dans son supplément, *Annales typogr.*, t. XI, p. 495, n° 2724. La Bibliothèque nationale possède pourtant de le Riche un livre édité par l'un de ses amis, Nicolas Roche (*Rocheus*). En voici le titre :

« Panegyricon illustrissimorum principum comitum Druydarum et Aurivallensium et Nivernensium, Hervero a Berna curione Amandino allifero auctore. Parisiis, 1543. » (8° L. 2350.) Je pense que les mots *curione allifero Amandino* signifient curé de Saint-Amand-en-Puisaie, le sujet du livre se rapportant au Nivernais.

Quant à le Riche, voici ce que m'écrit M. Jules de Saint-Genois, bibliothécaire de l'université de Gand, auquel je m'étais adressé pour savoir si le livre de son compatriote se trouvait dans cette ville :

« Le nom du personnage qui vous intéresse n'est point le Riche, mais de Rycke, en flamand, dont la traduction latine a fait *Dives*. Voici ce que dit de lui Sanderus, *Flandria illustrata*, I, 386 (ed. Hagæ-Comitis, 1735) : « Gulielmus Dives, vulgo de Rycke, Gandavensis poeta; ejus exstat *Carmen elegiacum de Passione Dominica*, artificiosæ pietatis plenissimum, quod inter illustrium poetarum opera impressit Judocus Badius Ascensius Parisiis. »

« Valin André, de son côté, lui consacre quelques lignes dans sa *Bibliotheca Belgica* (Lovanii, 1623, p. 344) : « Elegiam de Passione Dominica edidit Antverpiæ cum Dominici Mancini, Phil. Beroaldi et aliorum similis argumenti libellis, 1527, Mich. Hellenii typis. »

« P. Hofmann Peerlkamp, *Liber de vita, doctrina et facultate Nederlandorum qui carmina latina composuerunt* (ed. 2ª, Harlemi, 1838), dit, à la p. 29 : « Gulielmus Dives Gandensis floruit 1520. Scripsit *Carmen elegiacum de Passione Dominica*, artificiosæ pietatis plenissimum... Hæc sæpius prodiit, addita etiam *Quatuor virtutibus* Dominici Mancini. Antverpiæ, a. 1562. Si vocabulum hic illic excipias minus latinum, Carmen est melioris notæ quam multa ejusdem temporis de hoc argumento. »

« Quant à l'édition que vous citez, et qui aurait été imprimée *in ædibus Ascensianis*, en 1509, nous ne la possédons pas ; mais le petit poëme de *Guillemus Dives* se trouve dans *Dominici Mancini poemata,* Antverpiæ, 1559, in-12. »

Voici tout ce que j'ai pu apprendre sur Guillaume le Riche ou de Rycke ; on ne voit pas comment ce citoyen de Gand devint professeur à Bourges. Le fait cependant n'est pas extraordinaire ; car peu après, vers 1530, un autre Belge, du nom de Hanneton, y enseigna le droit féodal. Tory avait déjà publié en 1509, à la suite de son édition de Valère Probus, un distique latin de son maître ; c'est une énigme ainsi conçue :

> Dic age, quæ volucres gignunt animalia fœtæ
> Et præbent natis ubera plena suis.

§ 2.

Nous avons vu que Geofroy Tory avait opéré une réforme orthographique dans la langue française, vers 1530 : il ne sera pas hors de propos de dire qu'il en avait déjà proposé une moins heureuse pour le latin dans l'avis au lecteur de son édition du *Cosmographia Pii II,* imprimée par Henri Estienne en 1509. A l'exemple de ce qui s'était fait dans le *Psalterium quintuplex,* publié peu de temps avant par cet imprimeur, Tory proposait d'écrire avec cédille l'avant-dernier *e* de la troisième personne pluriel du parfait des verbes de la troisième conjugaison (*emere, contendere,* etc.) pour la distinguer de l'infinitif. De nos jours on a adopté l'*e* circonflexe (*ê*) ; mais les lettres accentuées n'existaient pas encore du temps de Tory, et il cherchait à utiliser, dans l'intérêt de la mesure, le seul signe distinctif que possédât la typographie, l'*e* à cédille, qu'elle employait généralement alors pour l'*æ,* à l'imitation des manuscrits du moyen âge. Il proposait encore d'écrire par un *s,* et non par un *x,* certains mots, comme *mixtum,* « car, dit-il, *misceo* fait *miscui* au prétérit ; donc, par analogie, il faut *mistum.* »

Je ne relèverai pas quelques autres observations du même genre faites par Tory dans ce même avis au lecteur; je dirai seulement que toutes prouvent son érudition, et rétorquent péremptoirement l'étrange assertion d'un certain abbé Joly, qui, dans un gros livre in-folio intitulé : *Remarques critiques sur le Dictionnaire de Bayle*, et publié en 1748, dit que Tory était *assez ignorant* (p. 765), sans citer aucun fait à l'appui de son opinion.

Dans le *Menagiana* (p. 84 du tome IV de l'édition de 1729, in-12), on reproche, à la vérité, à Tory d'avoir forgé des mots latins, à l'exemple de l'auteur du *Songe du Poliphile;* mais ceci est moins grave, et n'est pas une preuve d'ignorance ; au contraire, cela prouve l'abus de la science. Geofroy Tory, dit l'auteur, charmé du style du *Poliphile*, a composé sept épitaphes remplies de mots très-dignes d'y figurer; « tels que : *murmurillare, insatianter, hilaranter, pederaptim, velocipediter, ægrimoniosius, avicipes, conspergitare, venustulentissus, vinulentibibulus, apneumaticus, collifrangibulum*, qu'il a donnés pour antiques, et que, sur sa foi, le bonhomme Catherinot, dans l'épitaphe de ce Tory, n'a pas manqué de garantir tels. »

Voyez, en effet, ce que dit Catherinot du livre des *Epitaphes* de Tory, p. 80.

§ 3.

On lit dans le *Champ fleury*, fol. 49, verso : « .....Comme lexposent tresingenieusement et elegantement Philipes Beroal et Jean Baptiste le piteable, que iaz veuz et ouyz lire publiquement, il y a xx ans, en Bonoigne la grace..... »

Le *Champ fleury* a été conçu en 1524, mais il ne fut achevé qu'en 1526, date du privilége de ce livre. On voit que nous avons eu raison de fixer vers 1505, date de la mort de Philippe Beroal, le premier voyage de Tory en Italie.

II

NOTE SUR LA FAMILLE DE GEOFROY TORY.

§ 1er. *Sur les ascendants ou collatéraux, dont le nom est écrit ici de differentes manières, mais toujours avec une h, que paraît avoir seul supprimé Geofroy.*

Ce qui suit est extrait d'une lettre qu'a bien voulu m'écrire M. Hippolyte Boyer, bibliothécaire-adjoint de la ville de Bourges, sur les membres de la famille de Tory.

« Le premier est Jehannin Thory, que les comptes du receveur de Saint-Lazare ou Saint-Ladre de Bourges nomment dès le commencement du seizième siècle (comptes de 1501 à 1505). Il loge près de l'église de Saint-Privé, c'est-à-dire à l'extrémité du faubourg de ce nom, qui n'est séparé de l'hospice Saint-Ladre et de la campagne que par la rivière d'Yévretté. Ce Jehannin est-il le même que Jehan Thory, que les registres des comptes de l'Hôtel-Dieu me montrent comme propriétaire d'une vigne pour laquelle il payait un droit de cens à cet établissement dès avant 1500 ? Je ne sais. Les comptes de Saint-Lazare manquent de 1505 à 1528. Dans cet intervalle, Jehannin Thory meurt, et Antoine (son fils probablement) lui succède au même lieu. En 1545, Antoine meurt, laissant trois enfants mineurs, Jean, Marie et Françoise, en qui le nom paraît s'être éteint de ce côté. Ce Jean est, j'imagine, celui que je retrouve en 1568 dans les comptes du receveur des deniers communs de la ville comme fermier d'une des taxes municipales ; quant aux filles, elles épousent, l'une un cordonnier, l'autre un parcheminier.

« A côté de Jehannin et d'Antoine, les comptes de Saint-Lazare me montrent encore un Guillaume Thory, dont le degré de parenté avec les précédents m'est inconnu, et qui meurt, je crois, en 1541, laissant aussi des enfants. J'ajouterai enfin le nom de Simon Thory, que les comptes de l'Hôtel-Dieu (1575-1576) m'indiquent comme chargé d'une rente annuelle envers l'Hôtel-Dieu, et qui fut peut-être enfant de Guillaume.

« Maintenant ces Thory sont-ils père, oncles ou frères de Geofroy, et duquel d'entre eux est-il sorti? C'est ce que je vous laisse à deviner. En tous cas, ce qu'on peut remarquer, pour les uns comme pour les autres, c'est que jamais leur profession n'est indiquée; mais leurs alliances comme leur demeure, les motifs mêmes pour lesquels ils figurent dans ces comptes, tout fait supposer en eux une basse naissance. En effet, souvenez-vous, Monsieur, que Jehannin et Antoine demeurent à l'extrémité du faubourg Saint-Privé, occupé encore aujourd'hui uniquement par des jardiniers et des vignerons; rapprochez de ce fait celui-ci : que tous les Thory sont inscrits aux comptes de nos hospices comme propriétaires et fermiers de vigne et de terre, et vous serez porté à en conclure avec moi qu'ils étaient vignerons. »

D'un autre côté, M. Ribault de Laugardière, avocat à Bourges, et membre de la commission historique du Cher, m'a envoyé quelques notes qui viennent confirmer ces données de M. Boyer.

« Dans un acte du 28 décembre 1493, reçu Guillaume Babou, notaire à Bourges, Jehanny Thory est désigné comme possédant une vigne au vignoble du Pié de la Loue, situé vers Saint-Privé. C'est ce Jehannin que vous a indiqué M. Boyer, qui reparaît ici sous sa forme toute berrichonne de Jehanny. (Archives du Cher, minutes Babou.)

« Par acte du 20 mars 1546, reçu autre Guillaume Babou, notaire à Bourges, Pierre Alory, curé de Vasselay, au nom et comme tuteur de Jean et Françoise *Thoury*, enfants de feu *Anthoine Thory*, en son vivant *vigneron* de Saint-

Privé, donne à loyer une maison sise en la rue aux Vaches[1], faubourg et paroisse de Saint-Privé-lez-Bourges, laquelle maison est indiquée comme *jouxtant* d'une part une maison appartenant à Marie Thoury, fille dudit feu Thoury et de sa feue première femme, ayant pour tuteur maître André Barré, prêtre de Saint-Privé. (Arch. du Cher, minutes Babou.) — J'ai copié textuellement à dessein l'orthographe des noms propres. Antoine Thory, qualifié vigneron de Saint-Privé, était sans doute le vigneron de la cure ou de la fabrique de l'église de ce nom. »

§ 2. *Sur les descendants de Geofroy Tory.*

Jean Toubeau, imprimeur-libraire à Bourges, mort en 1685, à Paris, durant une mission qu'il remplissait pour sa ville, a écrit le passage suivant dans la préface de ses *Institutes consulaires* [2], imprimées par lui-même en 1682, trois ans avant sa mort : « Je n'ay pas été excité à écrire et à entreprendre cet ouvrage par les exemples des illustres de ma profession... Ce n'est point non plus l'exemple de ceux de ma famille qui ont donné des ouvrages au public : Geofroy Tory, professeur en l'Université de Paris, et marchand imprimeur-libraire en la même ville, qui étoit si fécond que, pour donner un livre qui enseignât le compas et la proportion de ces belles lettres romaines dont nous nous servons présentement dans l'imprimerie, il n'a pu s'empêcher d'en faire un livre rempli d'érudition, qui a été suivi de quantité d'autres de doctrine, qui sont si con-

---

[1] Il paraît que c'est dans cette rue qu'était la demeure des Tory. « Or, » m'écrit M. Boyer dans une récente lettre, « comme cette rue ne contient guère plus de deux maisons, je suis porté à attribuer cette destination à celle désignée sous le nom de *maison du perron*, à cause d'un perron à auvent de bois qui s'y est conservé, et qui est motivé par le voisinage de la rivière. »

[2] In-fol., p. 14.

nus qu'il n'est pas besoin d'en faire icy un inventaire, outre que M. de la Thaumassière lui donne un chapitre entier dans notre histoire..... »

On voit bien par ce passage que Toubeau tenait à Tory, mais on ne voit pas à quel titre, et la Thaumassière n'a pas dit un mot de ce dernier dans son *Histoire du Berry*, imprimée quelques années après, malgré les promesses qu'il paraît avoir faites à Toubeau, qui s'était déchargé sur lui du soin de faire connaître cet illustre Berrichon.

Le seul auteur qui puisse nous aider un peu dans notre recherche est Moréri, qui, dans l'article de son grand Dictionnaire historique consacré à Jean Toubeau, dit cet imprimeur *arrière-petit-petit-fils* de Tory du côté maternel. Cette indication doit être exacte, et l'article semble fait sur des renseignements fournis par la famille Toubeau; mais tout ce qu'on en peut conclure, c'est que Toubeau était descendant au quatrième degré de Tory. Descendait-il d'une fille de Bonaventure (voy. p. 78) ou d'une fille même de Geofroy, c'est ce qu'il m'a été impossible de découvrir. Pour éclaircir ce fait, j'ai écrit à M. Auguste Toubeau, actuellement juge au tribunal civil de Bourges; voici la réponse qu'il m'a faite le 5 mars 1856 : « J'aurais désiré vous donner les renseignements que vous me demandez sur Tory... Mais je ne possède aucuns titres ni papiers domestiques qui établissent son alliance avec Jean et Hilaire Toubeau. J'ignore par quel lien ces derniers tenaient à Tory, et je ne l'ai su que par la mention qu'en fait Moréri... » Privé des documents de famille, j'ai fait de vains efforts pour arriver à établir la parenté des Toubeau avec Tory. Dans l'impossibilité d'arriver à un résultat certain, j'ai abandonné cette recherche, qui ne touche en rien l'histoire de notre illustre typographe. Les Toubeau seuls sont intéressés à la solution de cette question; je leur laisse le soin de prouver leur parenté.

III.

EXTRAIT DU PRIVILÉGE ACCORDÉ PAR FRANÇOIS Ier A GEOFROY TORY LE 29 SEPTEMBRE 1524, ET IMPRIMÉ EN TÊTE DES *HEURES* DE 1524-1525.

Francoys, par la grace de Dieu roy de France, aux bailly et prevost de Paris, senechal de Lyon, et a tous noz autres iusticiers, officiers, ou leurs lieuxtenans, et a chascun deulx endroit soy et si comme a luy appartiendra, salut. Nostre cher et bien ame maistre Geufroy Tory, libraire, demourant a Paris, nous ha presentement faict dire et remonstrer que puis nagueres il ha faict et faict faire certaines histoires et vignettes a lantique, et pareillement unes autres a la moderne, pour icelles faire imprimer, et servir a plusieurs usages dheures, dont pour icelles il ha vacque certain long temps, et faict plusieurs grans fraitz, mises et despens. A ceste cause, et pour luy subvenir a recouvrer partie des despens quil ha faictz et soubstenuz a vacquer a faire faire les histoires et vignettes dessusdictes, et a ce quil ait mieulx dequoy soy entretenir, nous ha treshumblement faict supplier et requerir que luy seul et non autre ait a faire imprimer les vignettes et histoires dessusdictes pour le temps et terme de six ans commenceans au iour de la date de limpression desdictes heures, et deffendre a tous libraires den faire ou faire faire aucune impression, tant soyent en champ blanc, gris ou rouge, ne laissant aucunes desdictes vignettes noires, ne aussi les reduyre a petit ou grant pied; nous humblement requerant icelluy. Pourquoy nous, ces choses considerees, inclinans liberallement a la supplication et requeste dudict suppliant, et en faveur mesmement du savoir, literature, bon et louable rapport qui faict nous ha este de sa personne et de ses sens, suffisance, loyaulte, preudhommie et bonne diligence, a icelluy... avons... octroye... que luy et non autre... puisse imprimer et faire imprimer lesdictes vignettes et histoires, et... deffendons... a tous libraires et imprimeurs quelzconques de nostre royaume... faire ou faire faire et imprimer lesdictes vignettes et histoires... sur peine de vingt et cinq marcz dargent a nous a appliquer, et confiscation des heures, vignettes et histoires par eulx... imprimees... Donne a Avignon le xxiii. iour de septembre, lan de grace mil cinq cens vingt quatre, et de nostre regne le dixiesme...

IV.

EXTRAIT DU PRIVILÉGE ACCORDÉ PAR FRANÇOIS Ier A GEOFROY TORY LE 5 SEPTEMBRE 1526, ET IMPRIMÉ EN TÊTE DES *HEURES* IN-8° DE 1527 ET DU *CHAMP FLEURY* DE 1529.

Francois, par la grace de Dieu roy de France, aux prevost de Paris, bailly de Rouen et senechal de Lyon, et a tous noz autres iusticiers et officiers ou a leurs lieuxtenans et a chascun deulx si comme a luy appartiendra, salut. Nostre cher et bien ame maistre Geofroy Tory de Bourges, libraire demourant a Paris, nous a faict dire et remonstrer comme pour tousiours divulguer, acroistre et decorer la langue latine et francoyse, il a puis certain temps ença faict et composé ung livre en prose et langage françois, intitulé : Lart et science de la deue et vraye proportion des lettres attiques, autrement dictes antiques, et vulgairement lettres romaines, proportionnees selon le corps et visaige humain ; lequel livre il nous a faict veoir et presenter, nous suppliant et requerant a ceste fin luy donner et octroyer privilege, permission et licence dicelluy livre imprimer ou faire imprimer, ensemble certaines histoires et vignettes a lantique et a la moderne, pareillement frises, bordeures, coronnemens et entrelas, pour faire imprimer Heures en telz usages et grandeurs que bon luy semblera, durant le temps et terme de dix ans commenceans au iour de la date de limpression desdictz Livre et Heures ; avec prorogation de semblable temps pour aucunes histoires et vignettes a lantique par luy cy devant faict imprimer .... Savoir vous faisons que nous, ce que dict est consideré, inclinans liberallement a la supplication et requeste dudict maistre Geofroy Tory, et ayant reguard et consideration aux peines, labeurs, fraiz et despens qui luy a convenu porter et soustenir tant a la composition dudict livre que pour la taille desdictes histoires, vignettes, frises, bordeures, coronnemens et entrelas pour faire imprimer Heures, comme dict est, en plusieurs usaiges et grandeurs, a icelluy... avons donné... privilege de pouvoir imprimer... lesdicts livres... en vous mandant... ne souffrir... que aucuns autres libraires ou imprimeurs de nos dictz royaumes, pays et seigneuries puissent... imprimer ... lesditz livres et Heures... sur peine de cent marcz d'argent a nous appliquer, et confiscation des livres... Donne a Chenonceau le cinquiesme iour de septembre, lan de grace mil cinq cens vingt six, et de nostre regne le douziesme.....

V

VERS EN L'HONNEUR DE GEOFROY TORY IMPRIMÉS EN TÊTE DE LA GRAMMAIRE DE PALSGRAVE [1].

Ejusdem [Leonardi Coxi] ad eruditum virum Gefridum TROY [2] de Burges [3] Gallum, Campi floridi authorem, quem ille sua lingua Champ fleury vocat, nomine omnium Anglorum, phalentium.

> Campo quod toties, Gefride docte,
> In florente tuo cupisti habemus.
> Nam sub legibus hic bene approbatis
> Sermo gallicus ecce perdocetur.
> Non rem grammaticam Palæmon ante
> Tractarat melius suis latinis,
> Quotquot floruerant ve posterorum,
> Nec Græcis [4] melius putato Gazam,
> Instruxisse suos libris politis,
> Seu quotquot prætio [5] prius fuere,
> Quam nunc gallica iste noster tradit.
> Est doctus, facilis, brevisque quantum
> Res permittit, et inde nos ovamus,
> Campo quod toties, Gefride docte,
> In florente tuo cupisti, habentes.

---

[1] Ce livre, qui porte un titre français, *Lesclarcissement de la langue fançoise*, quoique écrit en anglais et pour les Anglais, fut imprimé à Londres peu de temps après la publication du *Champ fleury* de Tory. M. Génin en a donné une seconde édition en 1852 (Paris, Imprimerie nationale, in-4°).

[2] Lisez TORY; il y a ici transposition de lettres.

[3] Lisez *Bourges*. L'erreur provient de ce que les imprimeurs de Londres connaissaient beaucoup mieux Bruges, où Caxton, leur premier maître, avait résidé longtemps, avant d'importer la typographie en Angleterre, que la ville de Bourges en Berry. (Voyez mon livre sur l'origine de l'imprimerie, t. II, p. 347 et suiv.)

[4] Lisez *græcos*.

[5] Lisez *pretio*.

Observations sur la pièce précédente.

Les nombreuses fautes de tous genres qui déparent le livre, d'ailleurs fort intéressant, de Palsgrave (et dont les quelques lignes qui précèdent nous offrent divers specimen), auraient dû rabattre un peu la vanité nationale de ce dernier, qui ne cesse de déclamer contre l'ignorance des imprimeurs français dans tout le cours de son gros volume. Il aurait dû se rappeler en tous cas que la typographie anglaise était la très-humble fille de la typographie française, qui avait formé non-seulement le premier artiste de l'Angleterre (Caxton), mais encore lui avait donné les deux plus célèbres de ses successeurs (Wynkyn de Worde et Pinson), le dernier desquels imprima même une partie du livre de Palsgrave.

Un moderne Anglais, David Baker, est allé plus loin encore que Palsgrave; en parlant de la grammaire de ce dernier, il dit « que la nation française, aujourd'hui si orgueilleuse de l'universalité de sa langue, paraît en avoir l'obligation à l'Angleterre. » A quoi M. Génin répond : « Baker raisonne à rebours. La langue française n'est pas devenue universelle parce qu'il a plu à l'Anglais Palsgrave d'en composer une grammaire ; mais, au contraire, Palsgrave a rédigé cette grammaire parce que la langue française était universelle. Cette universalité était un fait constaté avant la naissance de Palsgrave [1], de même qu'avant lui d'autres avaient tenté de formuler des règles pour faciliter aux étrangers l'étude du français... Palsgrave en désigne nominalement trois, auxquels il reconnait que son travail a de grandes obligations...

« Léonard Coxe triomphe plus modestement et plus con-

---

[1] Voyez ce que j'ai dit à ce sujet moi-même, p. 23-24.

venablement que David Baker ; car il semble reporter sur Geofroy Tory l'honneur d'avoir évoqué la grammaire de Palsgrave. La comparaison des dates semble, il est vrai, ne laisser pas beaucoup de vraisemblance à cette supposition, puisque l'ouvrage du Français et celui de l'Anglais ne sont qu'à une année d'intervalle ; mais ici je dois signaler une singularité qui n'a point été remarquée des bibliographes. On lit au frontispice la date de 1530, et au dernier feuillet : « Achevé d'imprimer le 18 juillet 1530 ; » mais le privilége du roi, placé en tête du volume, est daté « de notre chateau d'Amphtyll, le 2 septembre l'an de notre règne XXIIe. » Or, Henry VIII étant parvenu au trône en 1509 après Pâques, la vingt-deuxième année de son règne est l'année 1531 [1], et le *Champ fleury* avait paru au commencement de 1529. Cela fait donc de bon compte un intervalle de trois ans [2]. Dès lors le mot de Léonard Coxe a une véritable portée, et les coïncidences que Palsgrave s'applaudit de rencontrer dans le *Champ fleury* et *Lesclarcissement* pourraient bien n'être pas aussi fortuites qu'il lui plaît de le dire. »

Au reste, dit encore M. Génin, « cette gloire, revendiquée par les Anglais, d'avoir les premiers écrit sur la grammaire française, ne serait, à tout prendre, qu'un hommage rendu à la France ; car, si nos voisins avaient attendu d'un peuple étranger la première grammaire anglaise, peut-être l'attendraient-ils encore. »

[1] Pour être juste envers tout le monde, je dois dire que le calcul de M. Génin est faux. Henri VIII étant parvenu au trône le 22 avril 1509, la vingt-deuxième année de son règne s'étend du 22 avril 1530 au 21 avril 1531, et par conséquent le privilége mentionné ici doit être du 2 septembre 1530, c'est-à-dire qu'il a été donné un mois et demi après l'achèvement de l'impression du livre de Palsgrave.

[2] Lisez un an et demi, en conséquence de la rectification proposée dans la note précédente. Au reste, il y avait déjà un an que Tory avait annoncé les *Reigles generales de lorthographe du langaige françois*. (Voyez ci-devant, p. 46.)

VI

TRADUCTION DES LETTRES PATENTES DE FRANÇOIS Ier QUI NOMMENT CONRAD NÉOBAR IMPRIMEUR DU ROI POUR LE GREC [1].

Du 17 janvier 1539 (nouveau style).

François, par la grâce de Dieu, roi des Français, à la nation française [2], salut.

Nous voulons qu'il soit notoire à tous et à chacun que notre désir le plus cher est, et a toujours été, d'accorder aux bonnes lettres notre appui et notre bienveillance spéciale, et de faire tous nos efforts pour procurer de solides études à la jeunesse. Nous sommes persuadé que ces bonnes études produiront dans notre royaume des théologiens qui enseigneront les saines doctrines de la religion ; des magistrats qui exerceront la justice, non avec passion, mais dans un sentiment d'équité publique ; enfin des administrateurs habiles, le lustre de l'État, qui sauront sacrifier leur intérêt privé à l'amour du bien public.

Tels sont en effet les avantages que l'on est en droit d'attendre des bonnes études presque seules. C'est pourquoi nous avons, il n'y a pas longtemps, libéralement assigné des traitements à des savants distingués, pour enseigner

[1] On trouvera le texte original de ces lettres dans mon livre intitulé : *Les Estienne et les types grecs de François Ier* ; je n'en donne ici qu'une traduction empruntée à M. Crapelet (*Études pratiques*, p. 89).

[2] M. Crapelet, par une inadvertance inexplicable, a cru devoir rendre les deux mots *Gallicæ reipublicæ* par ceux de *république (des lettres)*, ne comprenant pas qu'ici le mot *république* est mis pour l'*État*. Inutile de dire qu'il a été suivi par beaucoup d'autres, et en particulier par M. Duprat, dans son *Essai historique sur l'Imprimerie nationale*, p. 78.

à la jeunesse les langues et les sciences, et la former à la pratique non moins précieuse des bonnes mœurs. Mais nous avons considéré qu'il manquait encore, pour hâter les progrès de la littérature, une chose aussi nécessaire que l'enseignement public, savoir : qu'une personne capable fût spécialement chargée de la typographie grecque, sous nos auspices et avec nos encouragements, pour imprimer correctement des auteurs grecs à l'usage de la jeunesse de notre royaume.

En effet, des hommes distingués dans les lettres nous ont représenté que les arts, l'histoire, la morale, la philosophie et presque toutes les autres connaissances découlent des écrivains grecs, comme les ruisseaux de leurs sources. Nous savons également que, le grec étant plus difficile à imprimer que le français et le latin, il est indispensable, pour diriger avec succès un établissement typographique de ce genre, que l'on soit versé dans la langue grecque, extrêmement soigneux, et pourvu d'une grande aisance ; qu'il n'existe peut-être pas une seule personne, parmi les typographes de notre royaume, qui réunisse tous ces avantages, nous voulons dire la connaissance de la langue grecque, une soigneuse activité et de grandes ressources ; mais que chez ceux-ci c'est la fortune qui manque, chez ceux-là le savoir, ou telle autre condition chez d'autres encore. Car les hommes qui possèdent à la fois instruction et fortune aiment mieux poursuivre toute autre carrière que de s'adonner à la typographie, qui exige la vie la plus laborieuse.

En conséquence, nous avons chargé plusieurs savants, que nous admettons à notre table ou à notre familiarité, de nous désigner un homme plein de zèle pour la typographie, d'une érudition et d'une diligence éprouvées, qui, soutenu de notre libéralité, serait chargé d'imprimer le grec.

Et nous avons un double motif de servir ainsi les études. D'abord, comme nous tenons de Dieu tout-puissant ce royaume, qui est abondamment pourvu de richesses et de toutes les commodités de la vie, nous ne voulons pas qu'il le cède à aucun autre pour la solidité donnée aux études, pour la faveur accordée aux gens de lettres, et pour la variété et l'étendue de l'instruction; ensuite, afin que la jeunesse studieuse, connaissant notre bienveillance pour elle, et l'honneur que nous nous plaisons à rendre au savoir, se livre avec plus d'ardeur à l'étude des lettres et des sciences; et que les hommes de mérite, excités par notre exemple, redoublent de zèle et de soins pour former la jeunesse à de bonnes et solides études.

Et comme nous recherchions à quelle personne nous pourrions confier en toute sûreté cette fonction, CONRAD NÉOBAR s'est présenté fort à propos. Comme il désirait beaucoup obtenir un emploi public qui le plaçât sous notre protection, et qui pût lui procurer des avantages personnels proportionnés à l'importance de son service, d'après les témoignages qui nous ont été rendus de son savoir et de son habileté par des hommes de lettres nos familiers, il nous a plu de lui confier la typographie grecque, pour imprimer correctement dans notre royaume, soutenu de notre munificence, les manuscrits grecs, sources de toute instruction.

Mais, voulant pourvoir en même temps à l'ordre public, et prévenir toute fraude au préjudice de notre typographe Néobar, nous l'établissons dans son office sous les clauses et conditions suivantes :

Premièrement, nous entendons que tous les ouvrages qui n'ont pas encore été imprimés ne soient mis sous presse, et encore moins publiés, avant d'avoir été soumis au jugement de nos professeurs de l'académie de Paris, chargés de l'enseignement de la jeunesse; en sorte que l'examen des ouvrages de littérature profane soit confié aux professeurs de belles-lettres, et celui des livres de religion à des professeurs de théologie. Par ce moyen la pureté de notre très-sainte religion sera préservée de superstition et d'hérésie, et l'intégrité des mœurs mise à l'abri de la souillure et de la contagion des vices.

Secondement, Conrad Néobar déposera dans notre bibliothèque un exemplaire de toutes les premières éditions grecques qu'il mettra au jour le premier, afin que, dans le cas de quelque événement calamiteux aux lettres, la postérité conserve cette ressource pour réparer la perte des livres.

Troisièmement, les livres que Néobar imprimera porteront la mention expresse qu'il est notre *imprimeur pour le grec*, et que c'est sous nos auspices qu'il est spécialement chargé de la typographie grecque ; afin que non-seulement le siècle présent, mais la postérité, apprenne de quel zèle et de quelle bienveillance nous sommes animé pour les lettres, et qu'instruite par notre exemple elle se montre disposée comme nous à consolider les études et à contribuer à leurs progrès.

Du reste, comme cet office est plus que tout autre utile à l'État, comme il exige de l'homme qui veut l'exercer avec zèle des soins si assidus qu'il ne peut lui rester un seul moment pour des travaux qui pourraient le conduire aux honneurs ou à la fortune, nous avons voulu pourvoir de trois manières aux intérêts et à l'entretien de notre typographe Néobar.

D'abord nous lui accordons un traitement annuel de cent écus d'or dits au soleil, à titre d'encouragement, et pour l'indemniser en partie de ses dépenses. Nous voulons en outre qu'il soit exempt d'impôts, et qu'il jouisse des autres priviléges dont nous et nos prédécesseurs avons gratifié le clergé et l'académie de Paris, en sorte qu'il tire un plus grand avantage de l'exploitation des livres, et qu'il acquière plus facilement tout ce qui est nécessaire à un établissement typographique. Enfin nous faisons défense tant aux imprimeurs qu'aux libraires d'imprimer dans notre royaume, ou de vendre, pendant l'espace de cinq ans, les livres d'impression étrangère, soit grecs, soit latins, que Conrad Néobar aura publiés le premier, et pendant deux ans les livres qu'il aura réimprimés plus correctement sur d'anciens manuscrits, soit par ses propres soins, soit d'après le travail d'autres savants.

Tout contrevenant aux présentes sera passible d'une amende envers le fisc, et remboursera à notre typographe tous les frais de ses éditions. Mandons en outre au prévôt de la ville de Paris, ou son lieutenant, ainsi qu'à tous autres magistrats actuellement en exercice, ou qui tiendront de nous des charges publiques, de faire jouir pleinement Conrad Néobar, notre typographe, de tous les priviléges et immunités qui lui sont accordés par les présentes ; comme aussi d'infliger une peine sévère à quiconque lui apporterait trouble ou empêchement dans l'exercice de son emploi ; car nous entendons qu'il soit à l'abri des atteintes des méchants et de la malveillance des envieux, afin que le calme et la sécurité d'une vie paisible lui permettent de se livrer avec plus d'ardeur à ses graves occupations.

Et pour qu'il soit ajouté foi pleine et entière et à toujours à ce qui est ci dessus prescrit, nous l'avons revêtu de notre signature, et y avons fait apposer notre sceau. Adieu.

Donné à Paris, le dix-septième jour de janvier, l'an de grâce 1538, et de notre règne le vingt-cinquième.

VII

QUITTANCE DES GAGES DE LIBRAIRE DU ROI, MONTANT A 240 LIVRES TOURNOIS, DONNÉE PAR CLAUDE CHAPPUIS [1].

Du 28 mars 1543 (nouveau style).

En la presence de moy [2]....., notayre et secretayre du roy nostre sire, Jehan Estienne [3], marchant de largenterye de la royne, ayant procuration de maistre Claude Chappuys, libraire dudit sieur, sur ce suffisamment fondée, en dacte du vingt-huitiesme jour de mars mil cinq cens quarente troys, apres Pasques dernier, passée par devant Jehan Langlois, tabellion royal au bailliaige et chastellennye de Moret, a confessé avoir eu et receu comptant de maistre Jacques Bouchetel, tresorier et payeur de la maison dudit seigneur, la somme de deulx cens quarente livres tournois a cause de son estat de librayre durant lannée commenceant le premier jour de janvier mil cinq cens quarente deulx [4], et finye le dernier jour de decembre mil cinq cens quarente troys dernier. De laquelle somme de II^c XL livres tournois ledit Estienne, comme procureur susdit, sest tenu et tient pour comptant et bien payé, et en a quicté et quicte ledit maistre Jacques Bouchetel, tresorier susdit, et tous aultres. Tesmoing mon seing manuel cy mys en sa requeste. Le VIe jour de janvier lan mil cinq cens quarente troys.

BURGENSIS(?).

[1] Orig. Bibl. du Louvre, ms. F. 145, fol. 134. (Collection Joursanvault, 855.)

[2] Ce nom est en blanc dans l'original, et la signature est d'une lecture douteuse.

[3] Ce Jean Estienne était-il de la famille des grands typographes? C'est ce que j'ignore. Il n'est mentionné dans aucune de leurs généalogies, non plus que le Gommer Estienne que j'ai cité dans mon travail sur les Estienne.

[4] Ancien style (ou 1543 nouveau style).

VIII

EXTRAIT DES LETTRES PATENTES DE FRANÇOIS Iᴱᴿ QUI NOMMENT DENIS JANOT IMPRIMEUR DU ROI [1].

Du 12 avril 1544 (nouveau style).

Françoys, par la grâce de Dieu roy de France, à tous ceux qui ces presentes lettres verront, salut. Sçavoir faisons que nous, ayants esté bien et deuement advertis de la grande dexterité et experience que nostre cher et bien-amé Denis Janot a en l'art d'imprimerie et ès choses qui en dependent, dont il a ordinairement fait grande profession, et mesmement en la langue françoise, et considerant que nous avons jà retenu et fait deux noz imprimeurs, l'un en la langue grecque et l'autre en la latine; ne voulants moins faire d'honneur à la nostre qu'ausdictes deux aultres langues, et en commettre l'impression à personnage qui s'en saiche acquiter, ainsi que nous esperons que sçaura tres-bien faire ledict Janot, icelluy, pour ces causes et aultres à ce nous mouvants, avons retenu et retenons par ces presentes nostre imprimeur en ladicte langue françoyse, pour doresnavant imprimer bien et deuement, en bon caractere et le plus correctement que faire se pourra, les livres qui sont et seront composez, et qu'il pourra recouvrer en ladicte langue, et aussi nous servir en cest estat, aux honneurs, auctoritez, privileges, preeminences, franchises, libertez et droicts qui y peuvent appartenir, tant qu'il nous plaira. Et affin de luy donner meilleure volunté, moyen et occasion de s'y entretenir et supporter les fraiz et mises, peines et travaulx qu'il luy conviendra faire et prendre, tant ès impressions, corrections, qu'aul-

---

[1] J'emprunte ce fragment à M. Crapelet (*Études pratiques*, p. 116), car je n'ai pu voir le livre dans lequel il l'a pris lui-même, quoiqu'il l'ait curieusement décrit.

tres choses qui en dependent, nous avons voulu et ordonné, voulons et ordonnons et nous plaist, et audict Janot permis et octroyé par ces presentes, qu'il puisse imprimer tous livres composez en ladicte langue françoyse qu'il pourra recouvrer, aprez toutesfois qu'ilz auront esté bien, deuement et suffisamment veuz et visitez et trouvez bons et non scandaleux.... Donné à Paris, le douziesme jour d'apvril l'an de grâce mil cinq cens quarante-trois, et de nostre regne le vingt-neufiesme. Sur le ply : « Par le Roy. — L'evesque de Thulles present. Signé BAYARD. Et scellé sur double cueue du grand sceel dudict seigneur. »

IX

LISTE DES IMPRIMEURS DU ROI QUI ONT EXERCÉ A PARIS [1] DEPUIS L'INSTITUTION DE CETTE CHARGE [2].

Imprimeurs ordinaires du roi.

Tory (Geofroy) [3], 1530-1535.
Mallard (Olivier), 1536-1542.

[1] Il y eut dans diverses villes de France, à partir de la fin du seizième siècle, des imprimeurs royaux ; mais cette institution ne fut ni régulière, ni générale. Ces imprimeurs paraissent avoir eu particulièrement la charge d'imprimer les actes du gouvernement dans les provinces, ce qui leur conférait certains priviléges, et leur suscita parfois des difficultés avec l'autorité locale, qui avait aussi ses imprimeurs spéciaux. La première édition des édits, ordonnances, etc., de l'autorité royale fut attribuée plus tard à l'Imprimerie royale de Paris. Voyez ce que je dis sur ce sujet dans mon travail sur les Estienne, p. 56.

[2] En 1844, M. Le Roux de Lincy, a publié dans le *Journal de l'Amateur de livres*, et a fait tirer à part en une brochure de deux feuilles in-8°, un travail intitulé : *Catalogue chronologique des imprimeurs et libraires du roi, par le père Adry*; mais ces notes informes n'étaient pas destinées à l'impression, et il m'a été impossible d'y trouver le moindre renseignement utile.

[3] Voyez ce que j'ai dit dans l'avant-propos (p. xi) au sujet de Pierre le Rouge, qui se qualifiait d'imprimeur du roi en 1488.

Janot (Denis), 1543-1550 [1].

Estienne (Charles), 1551-1561.

(Robert II), neveu du précédent, 1561-1570.

Mettayer (Jean), 1575-1586.

(Jamet), frère du précédent, 1586-1602.

(Pierre), frère des précédents, 1602-1639.

Patisson (Mamert), 1578-1601.

Sa veuve lui succède et exerce de 1602 à 1606.

Vascosan (Michel de), 1560-1571.

Morel (Federic), gendre du précédent, 1560-1581.

(Federic II), fils du précédent, 1582-1630.

Morel (Claude), 1617 (?).

(Charles), fils du précédent, 1635-1639.

(Gilles), fils du précédent, 1639-1647.

Le Petit (Pierre), succède à Gilles Morel le 27 juin 1647, « avec les prérogatives et gages de 225 livres couchés sur l'Estat [2]. » Il meurt en 1686.

Niverd (Guillaume II), 1561.

Nivelle (Nicolas) et

Chaudière (Guillaume), *imprimeurs de la sainte Union*, 1589-1594.

Prevost (Claude), 1614-1629.

Callemont (Nicolas), 1622-1631.

Sa veuve exerçait en 1631.

L'Huillier (Pierre), 1640.

Estienne (Antoine), 1614-1664. (En 1649 il se qualifiait *premier imprimeur du roi* [3].)

(Henri), son fils, obtient la survivance de son père

---

[1] Les dates que je donne ici sont celles de l'exercice comme *imprimeur du roi*, et non celles de l'exercice comme imprimeur ordinaire, qui généralement sont différentes, du moins quant aux commencements.

[2] Voyez la Recette générale des finances de Paris pour 1671, aux archives générales de France, KK. 356, fol. 53.

[3] Voyez mon travail sur les Estienne, p. 35.

en 1652, mais meurt avant lui, en 1661, probablement sans avoir exercé [1].

Moreau (Pierre), 1640-1647. (Pour sa bâtarde.)

Vitré (Antoine), 1622-1674. (*Linguarum orientalium typographus regius.*)

Chapelet (Sébastien), 1639.

Gast (Jacques de), 1645.

Cramoisy (Sébastien), 24 déc. 1633. En 1640 il est nommé directeur de l'imprimerie royale du Louvre; il se démet en 1651 du titre d'imprimeur du roi en faveur de son petit-fils, Sébastien Mâbre-Cramoisy, et meurt en 1669.

Mâbre-Cramoisy (Sébastien), petit-fils du précédent par sa mère, 1651-1687. Il exerce aussi la charge de directeur de l'imprimerie royale.

Huré (Sébastien Ier), août 1650.

(Sébastien II), fils du précédent, nommé en 1662, en remplacement d'Henri Estienne, fils d'Antoine; meurt en 1678.

Rocolet (Pierre), 14 avril 1635; meurt en 1662.

Foucauld (Damien), gendre du précédent, lui succède, 1662-1687 (?).

Muguet (François), nommé par brevet de retenue en novembre 1661, est nommé définitivement en 1671; en 1686, remet ses lettres pour remplacer Pierre le Petit, aux gages de 225 livres. Meurt en 1702.

(François-Hubert), fils du précédent, lui succède, 1702-1742.

Léonard (Frédéric Ier), succède à Huré, 1678-1712.

(Frédéric II), fils du précédent, lui succède, 1713-1714.

---

[1] Renouard, *Ann. des Est.*, 3e édit., p. 228, col. 1. Voyez aussi mon travail intitulé : *Les Estienne et les types grecs de François Ier*, p. 36.

APPENDICE. 233

La Caille (Jean de), 1644-1673.

Cognard (Jean-Baptiste), succède à Foucauld, 1687-1737.

    Sa veuve, 1737-1760.

        Son fils (Jean-Baptiste II), 1717-1752. (Se démet.)

Langlois (Jacques), 1660-1678.

    Son fils (Jacques II), 1678-1697.

Delespine (Jean-Baptiste-Alexandre), 1702-1746 (?).

Desprez (Guillaume), 1686-1708.

    (Guillaume II), fils du précédent, 1740-1743. (Se démet.)

    (Guillaume-Nicolas), fils du précédent, 1743-1788.

    Il était alors le doyen des imprimeurs du roi.

Le Prieur (Pierre-Alexandre), 1747-1785.

Prault (Laurent-François), 1780 (?).

    (Louis-François), fils du précédent, lui succède, 1780-1788.

Boudet (Antoine), 1768-1779.

Le Breton (François), meurt le 4 octobre 1779.

Pierres (Philippe-Denis), succède au précédent en vertu de lettres de provision du 7 octobre 1779 [1]. Il est nommé premier imprimeur du roi en août 1785.

---

[1] Cette nomination lui suscita quelques difficultés avec ses collègues, comme on en peut juger par la lettre suivante, dont nous avons trouvé une copie à la Bibliothèque du Louvre (collection Nyon, in-4°, n° 663, fol. 285) :

« Lorsque j'ai demandé et obtenu la charge d'imprimeur du roi, dont étoit pourvu M. Le Breton, je n'ai nullement pensé qu'elle pût m'occasionner des désagréments de la part de mes confrères, avec lesquels j'ai toujours eu à cœur d'être en bonne intelligence. Si j'avois pu le prévoir, je suis trop ami de la paix pour m'y être exposé volontairement, en prenant un titre susceptible de contestation. Mais, Monsieur, j'ai cru m'apercevoir que la question, lorsqu'on vous l'a soumise, vous a paru présenter des doutes. Ce motif ne me

Clousier (Jacques-Gabriel), 1788.
Lottin (Auguste-Martin), 1775-1789.
Hérissant (demoiselle), 1788.

Imprimeurs du roi pour le grec [1].

Néobar (Conrad), 1538-40.
Estienne (Robert Ier), 1540-1550.
Turnèbe (Adrien), 1552-1555.
Morel (Claude), 1555-1564.
Vascosan (Michel de), 1560-1576.
Estienne (Robert II), 1561-1570.
Morel (Federic Ier), 1571-1581.
Prevosteau (Étienne), 1581-1600 (?).
Pautonnier (Pierre), 1600-1603 (?).

Imprimeurs du cabinet du roi.

Collombat (Jacques), vers 1744.
   N. *Dehansy*, sa veuve, 1744.
   (Jacques-François), son fils, 1744-1751.
   Jacqueline *Tarlé*, femme de ce dernier, 1751-1752.
   (Jean-Jacques-Estienne), son fils, 1752-1763.

permet pas d'hésiter à abandonner des prétentions qui me semblent fondées.

« Je vous supplie donc, Monsieur, de regarder comme non avenues les prétentions que j'ai faites à ce sujet, et de même que mes confrères ne prétendent point que l'un d'entre eux ait le droit de se qualifier premier imprimeur du Roi, de même je consens à ne prendre le titre que d'imprimeur ordinaire de Sa Majesté, et que, dans l'*Almanach royal*, nous soyons placés par ordre de réception.....

» PIERRES.

« Paris, le 20 novembre 1779. »

Sur ce célèbre imprimeur, voyez Lottin, *Catalogue des Imprimeurs de Paris*, t. II, p. 139.

[1] Pour ce paragraphe, voyez mon travail intitulé : *Les Estienne et les types grecs de François Ier*.

Imprimeurs des cabinet, maison et bâtiments de S. M.

Hérissant (Jean-Thomas), 1764-1772.
    (Marie-Nicole), sa fille, 1772-1788.

Imprimeurs du roi pour les mathématiques.

Leroyer (Jean), 3 févr. 1553 (1554, n. s.), 1565.
Levoyrier (Pierre), 1575-1584.

Imprimeur du roi pour les monnaies.

Dallier (Jean), 23 août 1559.

Imprimeurs du roi pour la musique.

Ballard (Robert Ier), 1554-1606. (Des lettres patentes du 5 mai 1576 nous apprennent qu'il recevait 250 livres tournois à ce titre.)
  Lucrèce *Le Bé*, sa veuve, 1606.
  (Pierre Ier), son fils, 1608-1640.
  (Robert II), fils du précédent, 1640-1679.
  La veuve du précédent, 1679-1693.
  Son petit-fils (J.-B.-Ch.), 1694-1750.
  La veuve de ce dernier, 1750-1758.
  Son fils (Chr.-J.-F.), 1758-1765.
  La veuve de ce dernier, 1765-1792.
  Son fils (Pierre-Robert-Christophe), 1779-1792.

Lors de la Restauration, Louis XVIII nomma imprimeurs du roi les membres de quelques familles de typographes qui avaient porté autrefois ce titre, et d'autres qui avaient acquis une grande célébrité dans leur profession; tels sont les six premiers de la liste suivante, qui comprend tous les imprimeurs royaux de la Restauration :

Lottin de Saint-Germain, 1815-1828 [1].
Ballard, 1815-1828 [2].
    Sa veuve, 1828-1830.
Valade, 1815-1822 [3].
Didot aîné (Pierre), 1815-1822.
    (Jules), son fils, lui succède, 1822-1830.
Didot (Firmin), frère puîné de Pierre, 1815-1827.
Herissant-Ledoux (Mme), 1816-1822.
Lebel, successeur de Valade, 1823-1825.
    Sa veuve, 1826.
Lenormant, 1824-1830.
Didot (Ambroise), fils de Firmin, nommé imprimeur du roi par brevet du 7 décembre 1829. Cette charge s'éteint en ses mains en juillet 1830. M. Ambroise Firmin Didot, qui clôt la liste des imprimeurs du roi, ouverte par Geofroy Tory, a un autre rapport avec ce dernier; comme lui il a pratiqué la gravure. La dédicace de ce livre est imprimée avec un caractère gravé par M. Didot il y a plus de quarante ans. Voyez ce qu'a écrit à ce sujet M. Firmin Didot père, en tête de sa tragédie d'*Annibal*, imprimée chez lui en 1817, et précédée d'une lettre à son fils, qui voyageait alors en Grèce, lettre imprimée avec cette même *anglaise*, qu'il nous apprend avoir été gravée par son fils Ambroise, p. 6.

[1] Il exerçait depuis 1784.
[2] Il exerçait depuis 1813.
[3] Il exerçait depuis 1785.

TABLES.

I

SOMMAIRE CHRONOLOGIQUE.

1486-1495. Tory enfant à Bourges, p. 1 et 2.
1496-1500. Il suit les cours de l'université de Bourges, p. 2 ; il a pour maître Guillaume le Riche, p. 209.
1501-1505. Il va étudier à Paris, à Rome, à Bologne, p. 2 ; il a pour maîtres dans cette dernière ville Philippe Beroal et Jean-Baptiste le Piteable, p. 212.
1505-1507. Il revient à Paris, où il continue ses études, p. 3.
1508. Il envoie à son ami Philibert Babou, résidant alors à Tours, une copie annotée de sa main de l'*Itinéraire* d'Antonin, p. 9.
1509. Il entre comme régent au collége du Plessis, p. 3, et publie deux ouvrages : 1° le *Carmen elegiacum de Passione Dominica*, de son maître Guillaume le Riche, p. 209 : 2° la *Cosmographie* du pape Pie II. Il dédie ce dernier livre à Germ. de Gannay, chanoine de Bourges, p. 3. — Tory avait alors pour devise le mot *civis*, qu'il inscrivait sur les pièces liminaires, p. 4, 10. — Il propose une réforme orthographique pour le latin dans la préface de la *Cosmographie*, p. 211.
1510. Il publie : 1° une édition des *Institutiones* de Quintilien, imprimée à Lyon, et dédiée à Jean Rousselet, de cette ville, p. 4 et 5; 2° une édition de l'opuscule de Valère Probus sur l'interprétation des lettres romaines, p. 5. Ce dernier livre, dédié à Philibert Babou et à Jean Lallemand, deux de ses anciens condisciples de Bourges, renferme beaucoup d'autres pièces d'auteurs anciens et contemporains. On y trouve, entre autres, des vers de Tory lui-même, p. 6 à 8, et de Guillaume le Riche, p. 211.

1511. Tory entre comme régent au collége Coqueret, p. 8. — On lui attribue la publication d'une édition du Recueil des Histoires d'Annius de Viterbe, p. 8.

1512. Il publie une édition de l'*Itinéraire* d'Antonin, p. 9. il entre comme régent de philosophie au collége de Bourgogne, p. 11.

1512-1513. Il étudie le dessin sous la direction de son ami Jean Perreal, p. 11, et apprend la gravure, p. 12.

1514-1515. Il fournit trois dessins pour les *Heures* de Simon Vostre, et les signe [G] et [F]. (*Godofredus faciebat*), p. 113.

1516-1518. Il fait un voyage artistique en Italie, et particulièrement à Rome, d'où il revient plus *italien* que jamais sous le rapport de l'art, p. 12.

1518. De retour à Paris, il se fait recevoir libraire, p. 14, et adopte pour enseigne le *Pot cassé*, p. 29, auquel il ajoute bientôt comme devise parlante un *toret*, p. 30; il établit son domicile sur le Petit-Pont, près de l'Hôtel-Dieu, p. 38.

1519-1520. Il s'occupe de peinture, et exécute les miniatures de plusieurs manuscrits venus jusqu'à nous, p. 13 et 83; il signe ces miniatures de son initiale G, et quelquefois du mot GODEFROY, qui paraît avoir été sa première appellation française, comme traduction littérale de son nom latin Godofredus, p. 83 et 84.

1520-1523. Il se met à étudier la langue française, et se prend pour elle d'une passion patriotique qui lui fait abandonner les auteurs classiques, p. 15 et 16; il adopte alors le nom de *Geofroy*, comme plus français que celui de *Godefroy*, et l'inscrit tout au long, ainsi que son nom de famille (GEOFROY TORY), sur des planches qu'il grave pour lui-même vers cette époque, p. 85, 128; sur d'autres planches, gravées par lui pour d'autres libraires, il met seulement ses deux initiales G. T., p. 84, 115; quelquefois même il ne met que le T, figuré en forme de croix de Lorraine, pour imiter le *toret* de son enseigne, p. 85 et suiv.

1524 (6 janv.). Il conçoit le plan de son *Champ fleury*, où il se propose de faire connaître ses idées pour la meilleure forme des lettres romaines, p. 17 et suiv.

1524-1525. Il publie son premier livre d'Heures, avec des cadres gravés par lui, p. 38, 120 et suiv.

1525-1526. Il s'occupe de la rédaction de son *Champ fleury*, qui était entièrement terminée en 1526, comme le prouvent les termes du privilége donné par le roi pour l'impression, le 5 septembre de cette année, p. 18 et suivantes, et p. 219. Il propose dans ce livre l'emploi de l'accent, de l'apostrophe et de la cédille pour la langue française, qui n'avait encore rien changé aux formes anciennes, p. 27 et suiv. En même temps qu'il s'occupait de la rédaction de son *Champ fleury*, il gravait un grand nombre de planches pour divers libraires et imprimeurs, et les signait tantôt d'un monogramme particulier , qu'on peut rendre par les mots *Godofredus Torinus scalpsit*, p. 129 à 136, tantôt de la simple croix, qu'il adopte définitivement à partir de 1526, p. 31, 82, 89 et suiv.

1526-1529. Il s'occupe de la gravure et de l'impression du *Champ fleury*, p. 41, 141 et suiv. Entre temps il publie plusieurs autres livres d'*Heures*, p. 38 et suiv., 136 et suiv. Cela ne l'empêche pas de s'occuper de littérature ; car il donne alors à un de ses amis le manuscrit d'une traduction d'Orus Apollo faite par lui, p. 41. Le *Champ fleury* paraît le 29 avril 1529, p. 41, et est très-bien accueilli des contemporains, p. 48, 219 et suiv.

1529. Encouragé par cet accueil, Tory rédige les *Reigles generales de lorthographe du langaige francois*, qu'il se proposait de mettre bientôt sous presse, p. 46 ; en attendant, il publie les *Tables de Cebes*, les *Dialogues de Lucien*, les *Chroniques* d'Egnasius, etc., p. 43 et 54. Le développement donné à sa librairie le force à louer une boutique rue Saint-Jacques, 43.

1529 (à la fin). Il se fait recevoir imprimeur, p. 43, et s'établit rue de la Juiverie, n° 16, presque en face de l'église de la Magdeleine, où il transporte son enseigne, p. 51.

1529-1530. Il imprime plusieurs ouvrages pour lui et pour d'autres libraires, p. 54 et suiv. Il fait néanmoins imprimer chez d'autres imprimeurs, p. 44 et suiv.

1530. Il est nommé imprimeur-libraire du roi en considération de ses travaux, et fait plusieurs impressions royales, p. 60.

1531-1533. Il imprime pour lui, pour d'autres libraires et pour le roi, p. 59 et suiv.

1533. Il publie pour le libraire Roffet une édition de l'*Adolescence clementine* de Marot, où il met en pratique son système d'orthographe française, qui est bientôt adopté par tous les autres imprimeurs, p. 64.

1533-1534. Absorbé par ses travaux typographiques, Tory ne peut s'occuper de gravure, p. 67 et 154.

1535. Tory abandonne l'imprimerie pour se livrer entièrement à la gravure ; il fait nommer comme imprimeur-libraire du roi à sa place Olivier Mallard, p. 67 et suiv.

1535-1540. Il se marie, et a un fils appelé Bonaventure, p. 78 et suiv.

1541. Il fait agréer au roi l'un de ses élèves, Claude Garamond, pour graver les types grecs royaux, p. 74.

1549. Il réimprime son *Champ fleury*, sous le titre : l'Art et science de la vraye proportion des lettres, p. 75.

1554 (circa). Il meurt, p. 80, 185.

Nota. Pour les travaux d'art exécutés par Tory de 1515 à 1554, voyez la deuxième partie, p. 81 à 206. — Sur sa famille, voyez p. 213 à 216.

INDEX ALPHABÉTIQUE.

Abrégé des méditations de la vie de Jésus-Christ, 1599, p. 94.
AGRICOLÆ (Rodolphi) *de Inventione dialectica*, 1529, 129; 1542, 156.
ALARD (Guill.), libr., 108.
ALBRET (Henri D') épouse Marguerite de Valois, 140.
ALEXANDRINUS (Apollonius), *de Constructione*, 101.
ALLEMAN (Louis), chargé d'acheter des fers de relieur à Venise, 70.
ANGELIERS (les), impr.-libr., 161, 168, 169.
ANNIUS de Viterbe, édition de lui donnée par Tory (?), 8.
ANTONIN (*Itinéraire d'*), édité par Tory, 9.

BABOU (Philibert), ami de Tory, 6, 9.
BADE (Josse), impr., 99; — (Conrad), impr., 105, 177.
BARRA (Jean), graveur, 91.
BARRE (J. DE LA), chevalier, etc., 49, 50, 52, 133.
BASSENTIN (Jacques), *l'Astronomique discours*, 197.
BAYF (L.), *Annotationes*, 154.
BEROTII (Adriani) *Diluvium*, 106.
BELON (Pierre), naturaliste, ses divers ouvrages, 184, 185, 186.
BERNARD (Salomon), dit le *Petit-Bernard*, graveur, 192 à 197.
BÉROAL (Philippe), l'un des maîtres de Tory, 2, 212.
BÈZE (Théod. DE), *Poemata*, 105, 177.
Bible de Robert Estienne, 1532, 153, 161, 188; 1536-1540, 159; 1546, 160; — d'Henri Estienne, 1565, 161; — de J. de Tournes, 1554, 160; — de Séb. Honorat, 160; — de 1586, 160; — d'Anvers, 1530, 189; — sur le texte d'Erasme, 1543, 189; — en danois, 1550, 189; — en flamand, 1556, 159, 189; — en saxon, 1533, 189.
Blazon des hérétiques, 130.
BOCHETEL (Guill.), *le Sacre de la royne* (deux éditions). 49, 60, 149; — *l'Entrée de la royne*, 50, 60, 149.
Bologne; écoles de cette ville fréquentées par Tory, 2, 212.
BOLOGNINUS (Ange), *de la Curation des ulcères*, 73.
BONFONS (Jean), libr., 107.
BONHOMME (Iolande), veuve de Thielman Kerver, 93, 163, 181, 183. Voy. KERVER.
BOUCHET (Jean), *les Angoyses... du Traverseur*, etc., 100, 155.
BOULLÉ (Guill.), libr. à Lyon, 56, 57, 59.
BOULLE (Jean), libr., à Paris, 57.
Bouquet des fleurs de Sénèque, 108.
Bourges, lieu de naissance de Tory, 1 et 2; Tory joint le nom de cette ville au sien, 4.
Bourgogne (collége de), 11.
Breviaire d'Autun, 181.
BRUCHERII (Joh.) *Adag. ex Erasmicis chil.*, 117.
BRUNETO LATINI, son *Trésor*, 24.
BRYE (Jean DE), impr., 93.
BUNEL (P.), *Épitres*, 109.
BUON (Gabriel), libr., 107, 184; — (Nicolas), libr., 184.

CALVERIN (Simon), impr., 110.
CATHERINOT (Nicolas), 77 à 80, 212.
CAVELLAT (Guill.), libr., 184.
CEBES (*Tables de*), 44, 199. Voyez TORY.
CHAPPUIS (Claude), libraire du roi, 69 et suiv., 228.

Chartres, 164.
CHAUDIÈRE (Regnauld), impr.-libr., 97, 105.
CHESNEAU (Nicolas), impr. et graveur, 203, 204.
CHEVALLON (Claude), impr., 104, 112.
CHOULANT, *Geschichte... der anat. abbildung*, 173.
CHRISTIAN (Nicolas), impr., 164.
CHRYSOSTOME (S. Jean), *Liber contra Gentiles*, 129.
CLAUDE de France, première femme de François Ier, 122.
COEUR (Jacques), 7.
COLINES (Simon DE), impr., ami de Tory, 14, 38, 45, 47, 96, 97, 111, 116, 120, 121, 136, 155, 156, 161, 169, 171, 197, 204.
Colisée de Rome, souvent visité par Tory, 12.
Collége des Trois-Langues, fondé par François Ier, 69, 223.
Commentaires de César, manuscrit avec miniatures de Godefroy, 85; édition avec gravure de Tory, 119.
Copie de l'arrest, etc., 68.
Coqueret (collége), 8, 9.
CORROZET (Gilles), impr.-libr., 102, 184, 199; — (Gilles), *Trésor des histoires*, 102; — (Jean), impr.-libr., 102.
COTEREAU (Rich.), libr. de Chartres, à l'enseigne du *Pot cassé*, 164.
COUSIN (Jean), peintre, 180, 181, 188, 199.
Coustumes... des bailliages, 1527, 100.
Coustumier de la baronnie de Chasteauneuf, 164.
COUSTEAU (Nicolas), impr., 153.
COXE (Léonard), 48, 220, 221, 222.
CRESCENS (Pierre DE), *le Bon Mesnager*, 153.

DALLIER (Jean), libr., 179.
DAVID (Matthieu), impr.-libr., 108.
Description de la prinse de Calais, 110.
DIDOT (Ambroise); sa bibliothèque, 29, 109, 157; son opinion sur l'*Entrée de Henri II*, 180;
imprimeur du roi, 236; graveur, 236. Voy. aussi la *Dédicace*.
DIODORE de Sicile. Voyez MACAULT.
DUBOIS (Simon), impr., 39, 138.
DUPRÉ (Galliot), libr., 153.
DURER (Albert), 21, 55, 106. Voyez MEIGRET.

EGNASIUS, livre de lui traduit par Tory, sous le titre de *Sommaire des Chroniques*, etc., 43 et suiv., 168. Voyez TORY.
ÉLÉONORE d'Autriche, 2e femme de François Ier, 49, 50, 152.
Ensuit le moyen de se preparer pour le sainct sacrement, 165.
Entrée de Henri II, 178 à 181.
Épitaphes de la reine mère, 51, 60, 149.
Epitome juris civilis, 78.
ESTE (Hippolyte D'), ses armes, 181.
ESTIENNE (Henri Ier), 3, 9, 97, 116; — (Robert Ier), imprim. du roi, ami de Tory, 69 et suiv., 97, 98, 118, 153, 154, 159, 175, 178, 197, 198, 204; auteur de deux ouvrages, 205; — (Charles), auteur du *de Nutrimentis*, 1550, 98; impr., 109; publie son *Petit Dict. franç.-lat.*, 109; annote un livre de Bayf, 154; auteur d'un livre d'anatomie, 169 à 175; imprim., 177; — (Henri II), impr., auteur de la *Precellence*, etc., 23, 98; — (Robert II), impr., 109.
ESTIENNE (Jean), argentier de la reine, 228.
EUSÈBE, *Préparation évangélique*, 198, 205; *Hist. eccl.*, voy. SEYSSEL.
EUSTACHE (Guill.), libr. du roi, 52, 53.

FANTE (Sigismonde), *Theorica et pratica... de modo scribendi*, etc., 21.
FAUCHEUX (LE), libraire, 70. Voyez ROFFET.
FENESTELLÆ (L.), *de Magistratibus*, etc., 117.
FEZANDAT (Michel), imprim.-libr., 107.
Figure de l'ancienne et de la nouvelle alliance, 186 à 190.
Figures de la Bible, par Holbein, 192; — par Salomon Bernard, 197.

Figures et portraicts des parties du corps humain, 172 à 175.
FRELLON (Jean), impr., 192.

GANNAY (Germain DE), 3; note sur la famille de ce nom, 3.
GARAMOND (Claude), élève de Tory, 47, 74, 89, 200, 201.
GAUDOUL (Pierre), libr., 110.
GAULTHEROT (Vivant), libr., 76.
GERING (Ulric), impr., VIII, 103, 112.
GIBIER (Éloi), impr., 110.
GILLOT (Jean), *de Juridictione et imperio*, etc., et *Isagoge in juris civilis sanctionem*, 69.
GODEFROY, peintre, le même que Geofroy Tory, 83; ses œuvres artistiques, 85.
GOURMONT (Gilles DE), impr.-libr., 42, 44, 54; — (Jérôme), impr.-libr., 101.
GRANDIN (Louis), impr.-libr., 108.
Grand Marial de la mère de vie, 103.
GRINGOIRE (Pierre), *Blazon des hérétiques* (?), 130; *Heures*, 131; *Chants royaux*, 132; *Travaux d'Hercule* (?), 1 5.
GROLLIER (Jean), 17, 88, 89.
GROULLEAU (Ét.), libr., 110, 177, 182, 184.
GUEROULT (Guill.), *Hymnes du temps*, 197.
GUIERCHE (Michel DE LA), impr. au *Pot cassé*, 73, 163.
GUILLARD (Charlotte), impr.-libr., 103, 104, 112.

HAIENEUVE (Simon), architecte, 22.
HALEVIN (George), *Apologie pour la foi chrétienne*, 59.
Heures de Simon Vostre, 1514 et 1515, 113.
Heures de Tory, in-4°, 1524-1525, 38, 120 à 129, 217; — in-8°, 1527, 38, 136 à 138. 218; — in-4°, 1527, 39, 138 à 141; — in-16, 1529, 55, 146 à 148; — in-8°, 1531 (?), 39, 153; — in-4°, 1531, 29, 60, 150 à 153.
Heures de Mallard, in-8°, 1541, 161 à 165; — in-4°, 1542, 73, 166 à 168.

Heures des Kerver, in-4°, 1522, 93; — in-4°, 1525, 23; — in-8°, 93; — in-8°, 1530, 94; — in-8°, 1550, 101, 164.
Heures de Simon de Colines, in-4°, 1542, 155 à 157; — in-8°, 1544, 169.
Heures de la veuve Jean de Brye, 1548, 93.
Heures de Jean de Roigny, in-16, 1550, 181.
Histoire de la vie des saints, par J. Tigeou, 102.
Histoire de Psyché, 196.
Histoire des empereurs de Turquie, 61.
Histoire du saint Graal, 119.
Histoire paladine, 184.
HOLBEIN, peintre, 192.

I. L. B. graveur, 91, 92, 94, 201.
Insignium aliquot virorum icones, 194.

JANOT (Denis), impr. du roi, 73, 110, 199, 229.
JÉRÔME (saint), *Epistres*, 53.
JOLLAT (Mercure), graveur, 169 à 175.
JOVE (Paul), *Vitæ... vicecomitum Mediolani*, 175; édit. franç., 177.

KERVER (Thielman Ier), imprimeur, 93, 163; — (Thielman II), 101, 163; — (Jacques), 172. Voyez BONHOMME.

L. R., graveur, 93, 200, 201.
LALLEMANT (Jean), ami de Tory; note sur sa famille, 4 à 6.
L'ANGE (Michel), peintre, 55.
LE BAS (Jacques), impr.-libr., 108.
LEFEVRE d'Etaples, *Artificialis introductio*, etc., 97.
LE MAIRE (Jean), architecte, 35.
LE NOIR (Philippe), impr.-libr., 99, 100, 119.
LE PETIT (Jean), impr. royal, 54.
LE RICHE (Guill.), *Carmen elegiacum*, 209, 210, 211. Voy. TORY.
LE ROUGE (Pierre), imprimeur et libraire du roi, XI, 52.
LETELLIER (Pasquier), impr., 182.

LEVEZ (Nicolas) et sa veuve, impr. à Bourges, 78.
LONGIS (Jean), libr., 182, 183.
LONGUEIL (Christophe DE), ami de Tory, 9, 10.
Livre de Thermes, 197.
LUCIEN, *Dialogues,* en grec, 54; trad. en français, 54; *la Mouche,* 60. Voyez TORY.
LUCZELBURGER, graveur, 192.
LUTHER, *Enarrationes,* etc., 189.
Lyon, 191 à 196.

MACAULT, *les Trois premiers livres de Diodore de Sicile,* 29, 66.
MALLARD (Olivier), impr.-libraire du roi, 40, 67 et suiv., 162, 163, 164, 166; — (Jean), écrivain, 68.
MANTEGNA, artiste italien, 136.
MARCORELLE (Jean), impr., 197.
MARGUERITE de Valois, sœur de François Ier, 140, 190.
MARNEF (DE), impr.-libr., 100, 111, 155.
MAROT (Jean), *Sur les deux heureux voyages... du roi,* 1re et 2e édit., 65, 66.
MAROT (Clément), *l'Adolescence clémentine,* 1re, 2e, 3e et 4e édition, 61-65.
MASSÉ ou MACÉ (René), ami de Tory, 15, 48.
MAZOCHI, *Epigrammata sive inscriptiones antiquæ urbis,* in-fol., 13.
MÉDICIS (Cath. DE), 138.
MEIGRET (Louis), *les Quatre livres d'Albert Durer,* 106, 186.
Métamorphoses d'Ovide, 194, 197.
MILLET (MILLÆUS), *Praxis criminis persequendi,* etc., 161.
Missel de Cluny, 159, 182, 183.
Missel de Paris, de 1539, 157, 158, 182, 183; de 1543, 159; de 1559, 94, 159, 183; sans date, 159.
MONTENAY (Georgette DE), *Emblesmes,* etc., 91.
MOREL (Guill.), impr.-libr., 105.
MURET (Ant.), *Juvenilia,* 107; *les Amours de Ronsard,* 184.

NÉOBAR (Conrad), imprimeur du roi pour le grec, 69 et suiv., 223 à 227.
NIVERD (Guill.), impr.-libr., 104.

Nouveau Testament de 1546, 198.
Orange (amphithéâtre d'), vu par Tory, 12.
Orléans, 110.

PACIOL (Lucas), *Divina proportione,* 21.
PALATINO (Giovanbattista), *Libro... nel qual s'insegna a scrivere,* etc., 75.
PALLIER (Jean), impr. libr., 106.
PALSGRAVE, *Lesclarcissement de la langue francoise,* 18, 48, 76, 220 à 222.
PARADIN (Claude), *les Quadrins historiques,* 194; *les Devises héroïques,* 197.
PARADIS (Paul), *de Modo legendi hebraice,* 101.
PARIS (Nicole), impr., 106, 191.
PAULI (Julii) *Receptarum sententiarum libri V,* 78.
PERIER (Charles), libr., 106, 186; — (Thomas), 186.
PERREAL (Jean), peintre, ami de Tory, 11, 20, 34, 35, 36, 83, 114, 137.
PETIT (Jean), libr., 131.
PETIT (Oudin), libr., 107.
PÉTRARQUE, *Triomphes,* manuscrits, 85; imprimés, édit. de 1545 et 1547, 193, 196.
PHAVORIN, philosophe, *la Disputation,* 58.
PIE II, pape, *Cosmographia,* 3, 211.
PITEABLE (J.-B. le), professeur à Bologne, 212.
PLATON, voy. VATEMBERT.
Plessis (collége du), 3, 4, 6, 8.
PLINE, *Epist.,* 1533, 29.
PLUTARQUE, *les Politiques,* 56 et suiv. Voyez TORY.
Poitiers, 100.
PORTE (Maurice DE LA) et sa veuve, libr., 107, 184.
Pourtraicts divers, 194.
Premier livre de la Chron. de dom Flores, 183.
PREVOST (Benoît), impr., 184.
PREVOSTEAU (Ét.), impr., 106.
PROBUS (Valère), livre de lui édité par Tory, 5 à 8.
Procession de Soissons, 59.

Psalmi Davidici, 1532, 99.
Psalterium quincuplex, 211.
Psaumes de Marot, 195.

QUINTILIEN, *Institutiones*, 4 et 5.
Quinze (les) *effusions du sang de J. C.*, in-4°, 1584, 94; in-8°, sans date, 94; autre édit. in-8°, sans date, 94

RABELAIS emprunte un passage à Tory, 19. Voy. *Songes drôlatiques*.
RAVISIUS TEXTOR, *Epistolæ*, 108.
Recueil de Rymes... de E. P., 103.
Réformation des tavernes, 104.
REGNAULT (François), libr., 109, 118; — (Barbe), libr., 109.
RÉMBOLD (Berthold), impr.-libr., 103, 112.
REXMOND (Pierre), émailleur, 189.
RIVARD (Claude), graveur, 91, 200.
RIVIÈRE (Étienne), dessinateur, 170, 171.
ROFFET (Pierre), dit *le Faucheux*, 66, 70, 100; —(Jacques), impr.-libr., 178.
ROIGNY (Jean DE), libraire, 98, 99, 181.
RONSARD. Voy. MURET.
ROUSSEAU (J.-J.), 4.
ROUSSELET (Jean); Tory lui dédie un livre, 4 et 5.
Rozier historial, 1re édition, 118; 2e édit., 119.

SAIX (Antoine DU), *Lesperon de discipline*, 48.
SALLE (A. DE LA), *la Salade*, 119.
SANSAY (Jean de), libraire de François Ier, 52, 53.
Sapience (la), collége de Rome fréquenté par Tory, 2, 26.
SARTENAS (Vincent), libr., 103, 182.
Saverne, vue, 134.
Savoie (écu de), 48.
SCHOIFFER (Pierre), impr., 120.
SEYSSEL (Claude DE), *Hist. ecclés. d'Eusèbe*, 61.
Songe de Poliphile, 212.
Songes drôlatiques, 193.
STRADA (Jacques), *Epitome des Antiquités*, 196.

Temple de chasteté, 108.

TÉRENCE, *Comédies*, in-4°, 1546-1547, 97; — édit. de petit format, 116.
Thesaurus amicorum, 193, 194.
THORINUS (Bonaventura), fils de Tory, 78, 79.
TORY (Geofroy). Ouvrages écrits par lui : 1° *Champ fleury*, 1re édit., 17 et suiv., 141 à 146; 2e édit., 74 et suiv., 142, 143, 145, 146, 178;—2° *les Reigles de lorthographe*, 46; —3° *Ædiloquium*, etc., 29, 44, 148.
— Ouvrages traduits par lui en français : 1° *Tables de Cebes*, 44, 54, 148; — 2° *Sommaire des Chroniques d'Egnasius*, 29, 43, 74, 168; — 3° *Dialogues de Lucien*, 54; — 4° *la Mouche de Lucien*, 60; — 5° *les Politiques de Plutarque*, 56; — 6° *Science de s'enrichir*, de Xénophon, 59.
— Ouvrages édités par lui, avec commentaires : 1° *Carmen elegiacum*, de G. le Riche, 209; — 2° *Cosmographia Pii papæ*, 3;— 3° *Institutiones* de Quintilien, 4; — 4° Opuscule de Valère Probus, 5; — 5° *Recueil des hist. d'Annius de Viterbe* (?), 8; — 6° *Itinéraire d'Antonin*, 9.
— Ouvrages édités par lui comme libraire : 1° Heures in-4°, 1524-1525, 38, 120; — 2° id. in-8°, 1527, 38, 136; — 3° id. in-4°, 1527, 39, 139; — 4° id. in-16, 1529, 55, 146; — 5° id. in-8°, 1531 (?), 39, 153; — 6° id. in-4°, 1531, 29, 150.
— Ouvrages publiés par lui comme simple imprimeur : 1° *Procession de Soissons*, 59; — 2° *Apologie pour la foi chrétienne*, 59;— 3° *le Sacre de la Reine*, 60; — 4° *l'Entrée de la Reine*, 60; — 5° *Épitaphes de la Reine*, 60;—6° *Hist. des empereurs de Turquie*, 61;— 7° *Hist. ecclés. d'Eusèbe*, 61; — 8° *Adolescence clémentine*, 1re, 2e, 3e et 4e édit., 61-65;—9° *Sur les deux voyages du roi*, 1re et 2e édit., 65, 66.
— Pour ses œuvres d'art, voyez de 81 à 206.

Toubeau (Jean), impr. à Bourges, descendant de Tory, 77, 78, 215, 216.
Tournes (de), Jean I*er* et Jean II, impr. à Lyon, 192 à 197 ; — (Samuel), impr. à Genève, 197.
Travaux d'Hercule, 134.
Triomphes de Pétrarque, manuscrit avec miniatures de Godefroy, 85.
Troyes, 115, 190.

Urs Graf, graveur, 119.

Valembert (Simon de), *Dialogues de Platon*, 73.
Valle (L.), *de Linguæ latinæ elegantia* (deux édit.), 129.
Varlot, *Illustr. de l'imprimerie troyenne*, 115, 190, 191.
Vascosan (Michel de), impr., 99.

Vercel (Gérard de), ami de Tory, 9, 10.
Vernassal, *Hist. de Primaleon de Grèce*, 182.
Vidoue (Pierre), impr., 119.
Vincentino (Ludovico), 21.
Vinci (Léonard de), peintre, 21, 55.
Virgile, édit. de 1529, 120 ; *Énéide*, en français, 197 ; — en latin, in-16, 1549, 98.
Vivian (Thielman), 102, 103.
Volcyr (Nicole), *Histoire de la Victoire*, etc., 133.

Wechel (Chrétien), impr., 43, 55.
Woeriot, graveur, 90, 91, 210.

Xénophon, *Science pour s'enrichir*, 59. Voyez Tory.

Zeuxis, peintre, 55.

III

TABLE DES GRAVURES.

1. Monogramme du mot civis........................Page 10
2. Enseigne du *Pot cassé*................................ 29
3. Autre... 30
4. Autre... 31
5. Autre... Ib.
6. Lettre (L) avec les attributs artistiques de Tory......... 34
7. Types des lettres I et K (dessins de Perreal)............. 36
8. L'Hercule français..................................... 82
9. Marque de Charlotte Guillard........................... 112
10. Planche des Heures de 1524-1525...................... 128
11. Planche du *Champ fleury*............................. 144
12. Portrait de Galéace Ier, vicomte de Milan.............. 176
13. Lettre fleurie (G) de Robert Estienne.................. 204
14. Cadre avec la marque de Simon de Colines............. 207

Joindre à cela quelques petits monogrammes qui paraissent aux pages 114, 130, 135, 205, 238 et 239.

ERRATUM.

Page 114, ligne 5, *Gedofredus*, lisez *Godofredus*.

ADDITIONS ET RECTIFICATIONS.

Un renseignement que je dois à M. Ferdinand Denis, de la bibliothèque Sainte-Geneviève, me permet de prolonger de deux ou trois ans la vie de Geofroy Tory, dont j'ai placé la mort *en l'année 1554 au plus tôt* (p. 77); ce renseignement prouve, en effet, que notre artiste vivait en 1556. Pages 185 et 186, j'ai décrit quelques planches d'histoire naturelle conservées isolément au cabinet des estampes de la Bibliothèque nationale, et que j'ai rangées sous le titre de *Gravures de date incertaine* : ces planches n'ont pu être exécutées qu'en 1556, car elles étaient destinées à un ouvrage d'André Thevet, qui n'a été entrepris qu'au retour d'Amérique de ce géographe. Or Thevet partit pour le nouveau monde le 4 novembre 1555 [1], et il y resta quatre mois. C'est donc seulement au commencement de 1556 au plus tôt que Tory put s'occuper de ces gravures. Mais, comme le livre ne parut qu'au commencement de 1558 [2], il se pourrait que Tory y eût travaillé encore en 1557. Voici la description du livre en question :

Les Singularitez de la France antarctique, autrement nommée Amerique, et de plusieurs terres et isles decouvertes de nostre temps. Par F. André Thevet, natif d'An-

---

[1] Voyez les détails qu'a donnés sur ce voyage de Thevet M. Ferdinand Denis dans une lettre imprimée en tête d'un travail de M. Demersay, intitulé : *Études économiques sur l'Amérique,* in-8°, 1851.

[2] Nous allons voir qu'on en préparait une contrefaçon en avril 1558.

goulesme. « A Paris, chez les héritiers de Maurice de la Porte, au clos Bruneau, à l'enseigne S. Claude. 1558. »

Cet ouvrage curieux et rare (il est à la bibliothèque de l'Arsenal, H. 12031) forme un volume in-4°. Il renferme 8 feuillets préliminaires, 166 feuillets de texte et 2 feuillets de tables non chiffrés : en tout, 46 feuilles. Le privilége, qui se trouve au verso du titre, est daté de Saint-Germain-en-Laye, le 18 décembre 1556. Dans la dédicace, adressée au cardinal de Sens, Jean Bertrand, premier garde des sceaux de France, Thevet dit que le pays par lui décrit se peut appeler la quatrième partie du monde, « pour ce que aucun n'en a fait jusques icy la recherche, cuidans tous géographes... que le monde fût limité en ce que les anciens nous avoient descrit. » L'ouvrage renferme 41 gravures dans le texte, non compris les frises, les lettres fleuries et les armes de Jean Bertrand placées sur le frontispice, où elles remplacent la marque de Maurice de la Porte, signée de la croix de Tory[1]. Ces armes ne sont pas signées, et il est peu probable qu'elles soient de notre artiste, car Jean Bertrand ne fut élevé au siège de Sens que le 8 septembre 1557. Sur les 41 gravures intercalées dans le texte, 7 seulement sont signées de la croix de Tory, mais beaucoup d'autres doivent lui appartenir. Sur les 7 signées, 4 représentent des scènes de la vie des sauvages de l'Amérique (elles se trouvent aux folios 6 v°, 31 r°, 47 v° et 151 r°) ; une cinquième représente un oiseau étrange appelé *pa* (fol. 45 r°), et les deux autres des plantes : l'*ananas* (fol. 89 v°) et le *manihot* (fol. 113 v°). Ces trois dernières gravures figurent dans la *Cosmographie universelle* d'André Thevet, publiée en 1575 en 2 vol. in-fol. (Voyez-les, t. II, fol. 936 r°, 948 v° et 994 r°.) Les autres s'y trouvent aussi, mais regravées sur une plus grande échelle et sans signature. (Bibl. nat., G. 49.)

[1] Voyez page 107.

Il ne faut pas confondre ces ouvrages de Thevet avec sa *Cosmographie du Levant*, fruit d'un voyage antérieur de ce géographe en Orient, et dont deux éditions avaient déjà été publiées à Lyon par Jean de Tournes (en 1554 et en 1556), dans le format in-4°, avec des gravures dans le texte.

L'année même de la publication des *Singularitez* de Thevet, il en parut une édition in-8° à Anvers, chez Christophe Plantin, avec un privilége du roi d'Espagne daté de Bruxelles le 20 avril 1558. La hâte apportée à cette contrefaçon prouve l'intérêt qui s'attachait à ce livre. Les gravures sur bois de l'édition d'Anvers ne sont qu'une mauvaise copie de celle de Paris. On y trouve cependant, aux chapitres 56, 58, 67 et 74, des animaux portant le chiffre d'Amman Jost. (Bibl. nationale, O. 1727-1, et bibliothèque de l'Arsenal, H. 12031 quater.)

———

Je profiterai de l'occasion qui se présente naturellement pour faire ici quelques additions et rectifications que de nouvelles investigations m'ont fait connaître depuis l'impression du livre. Je ne relèverai pas, bien entendu, les simples fautes d'impression que tout le monde peut rétablir, car je suis trop typographe pour y attacher de l'importance. Comme homme du métier, je sais qu'il n'y a pas de livre imprimé sans *errata*. C'est ce que reconnaissait Tory, il y a près de quatre cents ans, dans un avis au lecteur placé à la fin de son *Itinéraire d'Antonin*. S'excusant des fautes qui sont dans cet ouvrage, il en rejette la responsabilité sur l'imprimerie, qui ne saurait, dit-il, produire même un petit livre sans erreur : « ... ars ipsa prelaria suopte more hoc in se habet, ut ne libellus quidem sine aliqua menda prorsus imprimi possit. »

Page 24, ligne 2, *Bruneto,* lisez *Brunetto;* de même à l'index général.

P. 27, l. 1 de la note, au lieu de 35, lisez 25.

P. 46, l. 5, *Egnasio,* lisez *Egnasius.*

P. 47, l. 2, *bientôt après,* ajoutez : *avant tout autre imprimeur.*

P. 54, l. 7, *Jean,* lisez *Pierre.*

P. 74, l. 25, *Egnasio,* lisez *Egnasius.*

P. 77, l. 15, lisez 1556 au lieu de 1554.

P. 78. Les deux ouvrages cités en note se trouvent également à la Bibliothèque nationale (F. 3521-4). Le premier porte seul un privilége (daté du 29 août 1595). L'éditeur y est appelé en français *Thorin,* traduction naturelle du nom latin qu'on trouve dans l'avis au lecteur, où on lit quatre fois *Torinus* et une fois seulement *Thorinus,* ce qui vient confirmer mon hypothèse relativement à la descendance de ce libraire de Bourges. On a vu, en effet, que Tory écrivait son nom en latin *Torinus.*

P. 94, note 3. J'ai vu depuis le livre de M. Robert-Dumesnil. Les gravures signées qu'il renferme sont en effet les mêmes que celles qui sont dans les *Quinze effusions,* etc.; mais il en contient beaucoup d'autres, ce qui suffirait seul à prouver qu'il est d'une date postérieure.

P. 95, l. 17, *Sartanas,* lisez *Sartenas.*

P. 96, l. 3 à 8. Effacez la dernière phrase de cet alinéa, qui devient inutile par suite des rectifications de la page 110.

P. 97, l. 3. Chaudière fut l'un des héritiers de Simon de Colines. Il eut pour sa part l'imprimerie et la librairie de ce dernier. En 1548, il publia un catalogue in-8° dans lequel furent compris ses livres et ceux de Simon de Colines, « tum ab Simone Colinæi, tum ab Calderio excusi. » (Voyez Maittaire, *Annales typ.*, t. III, part. 1ª, p. 147.)

P. 98, l. 10, n° 318, ajoutez en note :

J'ai reproduit cette marque sur le titre de mon livre intitulé : *Les Estienne et les types grecs de François I*er (in-8°, 1856).

P. 98, l. 22, *à son tour*, ajoutez :

..... après la mort de son père, arrivée en 1559. C'est sans doute aussi Tory qui a gravé la marque, de différentes dimensions, qui paraît, à partir de 1544, sur les ouvrages grecs imprimés avec les types royaux, comme il a gravé certainement les lettres fleuries et les frises qui figurent sur ces livres. Voyez ce que je dis à ce sujet page 198.

P. 98, l. 25, effacez la phrase *mais il paraît*, etc., jusqu'à *Jean de Roigny*. J'ai vu depuis le livre en question dans la bibliothèque du grand séminaire d'Autun ; mais la marque qu'il porte est celle de Josse Bade, l'un des libraires titulaires. Sans doute Jean Petit et Jean de Roigny mirent la leur sur leurs exemplaires ; mais je pense que celle dont se servit de Roigny est la première de lui que je décris page 99. Par conséquent Tory n'aurait gravé que *deux* marques pour Jean de Roigny.

P. 103, l. 17, ajoutez :

Tory grava encore pour Vincent Sartenas une autre marque que j'ai vue sur deux opuscules in-8° de 1561, ordinairement réunis dans le même volume, et intitulés : 1° *Regime de vivre et conservation du corps humain*, etc. 2° *Recueil de plusieurs secrets très-utiles... pour la santé*, etc. (Bibl. nat., T. 2368 A.) Cette marque représente les initiales V S'entrelacées dans un médaillon au dessus duquel est le soleil, de chaque côté un génie, et au bas cette devise : VINCENTI NON VICTO.

P. 106, l. 15, ajoutez :

Jean Pallier exerça aussi à Paris, car nous avons une édition des *Topiques* de Cicéron, au bas du frontispice de laquelle on lit au-dessous de sa marque : « Paris., ex officina Joannis Palierii, e regione Navarræ, sub signo Leonis Coronati, 1542. » (In-4°, Bibl. nat., X. 1804.)

P. 106-107, article *Perier*. Ce libraire édita, la même année 1557, deux éditions du livre de Durer, l'une en latin, l'autre en français, toutes deux ornées des mêmes bois. Je ne saurais dire laquelle parut la première. Le même libraire avait déjà publié en 1555, pour Louis Meigret, une traduction des « XII livres de Robert Valturin, touchans la discipline militaire, » in-fol. avec gravures, où on voit paraître sa marque signée de la croix de Tory. L'enseigne du Bellérophon fut conservée par Thomas Perier, fils de Charles.

P. 107, l. 16, ajoutez : ***C'est Bias, d'après la Caille;*** et en note.

Vers le même temps il y avait à Lyon un imprimeur appelé Hugues de la Porte, ayant sur sa marque Samson emportant les portes de Gaza sous ses bras, et cette devise : « Libertatem meam « mecum *porto*. » Voyez de lui une Bible latine in-folio, de 1542, Bibl. nat., A. 134.

P. 108, l. 6, *ainsi*, ajoutez : L'apparition de cette marque sur le livre du libraire Alard provient peut-être uniquement de ce que ce livre a été imprimé par Fezandat. Je n'ai pu vérifier le fait, parce que le fragment de frontispice où j'ai vu cette marque et le nom d'Alard ne contient pas le titre du livre. On voit seulement au verso quelques vers grecs qui donnent à penser qu'il s'agit d'un ouvrage de Jean Blaccus, Danois, dont on a déjà une traduction en vers latins d'Isocrate, imprimée également en 1550, chez Regnault Chaudière, in-4°. (*Sermonum liber unus ex Isocratis oratione de regno, carmina heroico*. Bibl. Mazarine, 14524.)

P. 110, l. 2, ajoutez :

La marque de François Regnault fut conservée par sa veuve (Madeleine Bourselle), qui y ajouta ses deux initiales (M. B.), et exerça en son nom jusqu'en 1555.

P. 110, l. 9, ajoutez :

Il (La Caille) nous apprend de plus que la marque de Barbe Regnault passa à Thibaut Bessault, puis à son fils Jean, et enfin à Antoine Houic. J'ai vu, en effet, un livre publié par ce dernier en 1582, orné de l'éléphant de Barbe Regnault.

P. 110, l'article de *Calvarin* doit être refait ainsi :

CALVARIN (Simon), imprimeur-libraire à Paris de 1553 à 1593. — *Deux* marques représentant une femme assise, entourée des attributs des sciences et des arts, et tenant dans une de ses mains une palme ornée de trois couronnes. J'ai vu l'une de ces marques, la plus grande, sur une édition du livre de Rodolphe Agricola, intitulé : de *Inventione dialectica libri tres* (in-4°, 1558), sur le titre duquel on lit : « Parisiis, ex officina Simonis Calvarini, in vico Belovaco, *ad Virtutis insigne.* » (Bibl. nat., X. 2121. A.) La plus petite paraît à la fin d'un livre intitulé : « Conservation de santé et prolongation de vie, etc., composé premierement par noble homme H. (Hieronime) Monteux, conseiller et medecin ordinaire du roi François II, et nouvellement traduit en nostre langue françoise par maistre Claude de Valgelas, docteur medecin, etc. Paris, chez Simon Calvarin, rue Saint-Jacques, à la Rose blanche couronnée. 1572. » C'est un in-16 qui se trouve à la Bibl. nat., T. 2610-1. Ce Simon était sans doute fils de Prigent Calvarin, imprimeur à Paris de 1524 à 1582, et dont la marque est bien différente (voyez *Manuel,* t. II, p. 418, et *Marques typogr.*, n° 137). Elle représente deux personnages tenant un écu suspendu à une vigne, et autour les mots : *Deum time. Pauperes sustine. Finem respice. Prigent Calvarin.* Simon, en s'établissant du vivant de son père, en 1553, avait dû prendre une autre marque.

P. 110, l'article de *Gibier* doit être refait ainsi :

GIBIER (Éloi), imprimeur à Orléans de 1559 à 1572 au moins. — *Une* marque représentant une presse. Cet imprimeur, dont la plus ancienne impression connue est datée de 1559, a évidemment exercé plusieurs années auparavant, puisque sa marque est signée de la croix de Tory. Voici au reste ce qu'on lit à son sujet dans la *Bibliothèque historique des auteurs orléannais,* de dom Gerou, conservée en manuscrit dans la Bibliothèque publique d'Orléans, et dont le conservateur de cet établissement a bien voulu me donner connaissance :

« On peut dire en quelque manière qu'Éloy Gibier est le premier imprimeur d'Orléans : Mathieu Vivian et Pierre Asselin l'avaient précédé, mais on ne connaît qu'un seul ouvrage imprimé par chacun de ces imprimeurs, au lieu que d'Eloy Gibier on en a une grande quantité. On ne sait pas quand il a commencé, mais le plus ancien livre imprimé par lui que nous connaissions est de 1559. D'abord, dans le frontispice de ses ouvrages il ne mettait aucun chiffre. La place où le chiffre doit se trouver était entièrement vide; mais dans la suite il en mit un, et encore ne s'en servait-il pas toujours. Ce chiffre était une presse d'imprimerie autour de laquelle on lisait : *In sudore vultus tui vesceris pane tuo.* »

J'ai vu cette marque à la fin des *Coutumes générales d'Orléans*, imprimées par Gibier, en 1570, in-8°, et qui se trouvent à la Bibliothèque de l'Institut, L. 350 H.; mais l'inscription manque. Elle manque également sur une marque plus petite du même imprimeur, non signée, qui figure à la date de 1572, dans le même recueil de l'Institut.

P. 114, l. 5, *Gedofredus*, lisez *Godofredus*.

P. 117, l. 16. J'ai vu depuis ce cadre sur deux livres plus anciens d'une année : *Compendium grammaticæ græcæ Jacobi Ceporini*, et *Liber de Opificio Dei*, de Lactance, in-8°, 1529, Simon de Colines. (Bibl. de Montbrison.)

P. 130, l. 1, *durant les années 1524, 1525 et peut-être 1526, il...*, lisez *vers 1525, il...*

P. 136, l. 12, *même genre*, ajoutez *que celles de 1524-1525.*

P. 153, après la l. 16, ajoutez cet article :

III. *Terentianus Maurus, de literis*, etc. *Nicolao Brissæo.... commentatore.* In-4°, 1531, Simon de Colines. Ce livre est dédié à Guillaume Petit, évêque de Senlis, dont on voit les armes avec la croix de Tory au feuillet 8 verso des pièces liminaires. La devise est : *Utinam novissima providerent.*

P. 155, l. 17, ajoutez :

Il parut une autre édition de ce livre, chez les mêmes imprimeurs, et avec les mêmes bois, en 1545.

P. 157, après la ligne 12, ajoutez l'article suivant :

Dans la même année 1543, Simon de Colines publia un autre livre d'Heures, in-8°, qui semble être la réduction de celui que je viens de décrire. Comme le précédent, il renferme également 22 cahiers (sign. de A à X). Les pages sont ornées de cadres charmants d'une taille qui paraît appartenir à Tory. Quelques-uns de ces cadres portent la date de 1537, et l'un d'eux le nom de Simon de Colines en toutes lettres, ce qui prouve que ces gravures ont été exécutées pour lui. Comme dans l'édition in-4°, les sujets, au nombre de 13, sont dans un encadrement spécial. Voici l'indication de ces sujets, dont un seul est signé, mais qui tous semblent sortir de la main de Tory :

1° Saint Jean écrivant l'Évangile (signé de la croix).
2° Le Calvaire.
3° La Salutation.
4° La Visitation.
5° La Nativité.
6° L'Annonciation aux bergers.
7° L'Adoration des mages.
8° La Présentation.
9° La Fuite en Égypte.
10° Le Couronnement de la Vierge.
11° La Pentecôte.
12° Bethsabée au bain.
13° Job sur le fumier.

Le seul exemplaire de ce livre que je connaisse appartient à M. Renouvier, de Montpellier, auquel je suis redevable des renseignements que je viens de donner.

P. 162, l. 17, *en*, lisez *vers*.

P. 164, à la fin de la note, ajoutez :

Philippes Cottereau, fils de Richard sans doute, imprimeur du roi à Blois, se servit de la même marque. Je l'ai vue sur un livret imprimé par lui en 1603, sous ce titre : « Reglement pour l'instruction des proces qui se conduiront au bailliage et siege presidial de Bloys, » 2 feuilles in-8° (chez le libraire Potier).

P. 168, après la l. 14, ajoutez cet article :

II. *Dyalogue instructoire des chrestiens en la foy, esperance et amour de Dieu.....* composé par frere Pierre Doré, docteur en theologie..... Imprimé nouvellement par Denys Janot, demourant en la rue Neufve Nostre Dame, à l'enseigne Sainct Jehan Baptiste, pres Saincte Geneviefve des Ardens. » In-16, 1542. Au verso du titre on voit une gravure signée de la croix de Tory. Elle représente la Vierge debout sur un croissant, tenant l'enfant Jésus dans ses bras, et entourée d'une auréole flamboyante. (Bibl. nat., D 4572.)

P. 169, l. 2, *malheureusement incomplet*. M. Renouvier m'écrit de Montpellier, à la date du 13 octobre 1856, que son livre est complet, et renferme 112 feuillets (signat. A à O), plus 4 feuillets sans folios; que les gravures dont il est orné sont de deux sortes : la première représente un empereur à cheval, tenant la hache d'armes, sans marque, mais gravée avec beaucoup de finesse et relevée de ces petits cartouches tant affectionnés par Tory (cette figure est reproduite plusieurs fois); les autres représentent des bustes d'empereurs grossièrement gravés, qui ne sauraient être de Tory.

P. 169, l. 7 et suiv. Effacez cet article, qui se trouve reporté p. 157 sous une autre forme.

P. 173, l. 2, 1545, ajoutez en note :

Si l'on s'en rapporte à la note précédente, ces cinq planches furent gravées entre l'année 1532, date des dessins de Jollat, et 1539, époque où le livre était presque achevé, au rapport de Charles Estienne.

P. 183, après la l. 25, ajoutez l'article suivant :

1551. — OEuvres de Cicéron, publiées par Charles Estienne, de 1551 à 1555, en 4 vol. in-fol., ordinairement reliés en deux tomes. Cet ouvrage important, que j'ai déjà cité (pag. 109) comme renfermant une marque typographique gravée par Tory pour Charles Estienne, est orné d'une frise gravée par le même artiste pour Robert Estienne, et qui paraît dans la *Préparation évangélique* d'Eusèbe, de 1544 (voy. p. 198). On y trouve également plusieurs lettres fleuries signées de la croix de Tory. Ces lettres sont l'E, l'O et l'S du moyen alphabet, car il y en a trois de différentes grandeurs, formés tous trois d'arabesques de la renaissance. Le plus grand est celui qui paraît dans l'Eusèbe in-fol. de 1544, et qui a été par conséquent gravé pour Robert Estienne; mais il est sans signature. Quant à l'alphabet moyen, il a sans doute été gravé pour Charles Estienne, dans cette même année 1551, où il commença à exercer l'imprimerie. Je ne saurais dire si, dans cet alphabet moyen, d'autres lettres ont reçu le signe de Tory (car elles ne figurent pas toutes dans le livre); mais je suis sûr que le G ne l'a pas. Voici quelques détails sur cette édition précieuse, dont, comme je l'ai dit, p. 109, M. Didot possède un exemplaire annoté par Henri

Estienne. Le texte du premier volume, imprimé en 1551, comme le constate une souscription finale (datée du 3 des nones de septembre), renferme déjà une des lettres signées citées plus haut : c'est l'S (fol. 56 et 298). Ce volume a reçu plus tard un grand titre, daté de 1555, et une dédicace (au cardinal de Lorraine), datée également de 1555 (le 6 des cal. de mars), où on voit paraitre la frise de l'Eusèbe de 1544, signée, et portant dans un médaillon la Renommée distribuant des couronnes [1]. Le texte du deuxième volume, également de 1551, comme je l'ai constaté sur un exemplaire incomplet qui se trouve dans la bibliothèque de Montbrison (il est sans souscription ; mais on a ajouté à la main, sur le titre, trois I au chiffre M.D.LI, qui s'y trouvait primitivement, afin qu'il fût semblable aux autres exemplaires), renferme les trois lettres ornées et signées de la croix de Tory (voy. fol. 47, 122, 230, 313, 388, 398); on trouve de plus sur le titre, daté de 1554, la petite marque de Charles citée à la page 109. Le texte du troisième volume fut probablement imprimé en 1552, mais il ne porte pas non plus de souscription. Le titre est daté de 1554; il porte la petite marque à la croix de Tory. Le quatrième porte également sur le titre la date de 1554, mais il ne fut achevé qu'en 1555, comme le prouve la souscription finale (3 des cal. de mars 1555); la vignette du titre est différente de celle des vol. II et III, quoique de même grandeur, et ne porte pas la croix. L'ouvrage ne parut qu'en 1555, comme le démontre la date inscrite sur le titre du premier volume, où figure une autre marque plus grande, également sans la croix. (Bibl. nat. X, 1869.)

P. 185, après la l. 11, ajoutez :

1555. — *Histoire naturelle des oiseaux*, par Belon, in-fol. 1555. Cet ouvrage renferme encore..... (Le reste comme à la page 185, lignes 11 à 18, en supprimant l'observation finale sur la mort de Tory.)

1556. — *Les Singularitez de la France antarctique*, par Thevet. (Prendre à la p. 249 et suiv. les détails relatifs à ce livre, et supprimer tout le premier paragraphe des *Gravures de date incertaine*, pag. 185-186.)

P. 186, après la l. 23, ajoutez :

La même année, Perier publia une édition latine du livre de Du-

---

[1] Cette frise passa en 1561 à Robert II, qui s'en est servi dans un livre intitulé : « Ordonnances de M. le duc de Bouillon pour le réglement de la justice de ses terres. » Petit in-fol., 1568.

rer, en tout conforme à l'édition française; elle est intitulée : *de Symetria partium humanorum corporum.* Je ne saurais dire quelle fut la première imprimée.

P. 193, l. 3, *chacun d'eux*, ajoutez en note :

Tout ce que j'ai dit des de Tournes doit être rectifié d'après les *Notes* que M. Revilliod vient de publier au *Bulletin du Bibliophile* (septembre 1856). On y voit que Jean Ier, qui commença à exercer vers 1543, ne mourut qu'en 1564, et par conséquent employa seul Tory, mort longtemps avant. — Un de mes amis s'occupe en ce moment de dresser le catalogue des éditions des de Tournes. Ce travail, qui verra bientôt le jour, achèvera de nous renseigner sur l'histoire des habiles typographes de ce nom, et jettera, de plus, beaucoup de jour sur les travaux du graveur Salomon Bernard.

P. 193, l. 25, ajoutez en note :

Ces pages étaient destinées à servir d'album. J'en ai vu un exemplaire bien précieux chez le libraire Potier, qui l'a acheté à M. Gaullieur, lequel l'a décrit dans ses *Études sur l'imprimerie de Genève*, p. 207. Cet exemplaire, qui a été arrangé par le libraire Durand, émigré à Genève pour cause de religion, est sans titre et ne renferme que des pages vides, c'est-à-dire n'ayant que des cadres, dans lesquels les amis de Durand, les personnages les plus célèbres de la réforme, de Bèze, Goulard, etc., ont inscrit quelque sentence. Dans des pièces de vers qui précèdent, et qui sont admirablement exécutées, sur peau de vélin, Durand nous apprend qu'il a écrit cela en 1583, sans lunettes, malgré son grand âge, et ayant « la goute aux doigts. »

P. 194, note. Les *Pourtraictz divers* ne sont en effet qu'une deuxième édition du petit volume décrit p. 195, l. 10.

P. 209, avant-dernière ligne, *pourtant de le Riche*, lisez *seulement d'Herverus*.

P. 211, l. 20, *quintuplex*, lisez *quincuplex*.

P. 215, note 2, lisez : In-4°, page 14 de la préface, non chiffrée. (Ce livre est à la Bibl. nat., F. 2682.)

P. 220, l. 7, *phalentium*, lisez *phaleutium*.

P. 240, l. 17, 1554, lisez 1556.

FIN.

www.ingramcontent.com/pod-product-compliance
Lightning Source LLC
Chambersburg PA
CBHW050650170426
43200CB00008B/1237